广西大学哲学社会科学文库

广西参与中国—东盟国际产能合作研究

张协奎　等著

中国财经出版传媒集团
中国财政经济出版社

图书在版编目（CIP）数据

广西参与中国—东盟国际产能合作研究／张协奎等著．--北京：中国财政经济出版社，2021.5

ISBN 978－7－5223－0443－4

Ⅰ.①广…　Ⅱ.①张…　Ⅲ.①区域经济合作－国际合作－研究－广西、东南亚国家联盟　Ⅳ.①F127.67 ②F133.054

中国版本图书馆 CIP 数据核字（2021）第 050077 号

责任编辑：葛　新　　　　责任校对：徐艳丽
封面设计：孙俪铭　　　　责任印制：史大鹏

广西参与中国—东盟国际产能合作研究

GUANGXI CANYU ZHONGGUO DONGMENG GUOJI CHANNENG HEZUO YANJIU

中国财政经济出版社 出版

URL：http：//www.cfeph.cn

E－mail：cfeph@cfeph.cn

社址：北京市海淀区阜成路甲 28 号　邮政编码：100142

营销中心电话：010－88191522　编辑部门电话：010－88190640

天猫网店：中国财政经济出版社旗舰店

网址：https：//zgczjjcbs.tmall.com

北京财经印刷厂印刷　各地新华书店经销

成品尺寸：185mm×260mm　16 开　13 印张　230 000 字

2021 年 6 月第 1 版　2021 年 6 月北京第 1 次印刷

定价：46.00 元

ISBN 978－7－5223－0443－4

（图书出现印装问题，本社负责调换，电话：010－88190548）

本社质量投诉电话：010－88190744

打击盗版举报热线：010－88191661　QQ：2242791300

前　言

2015年，中国明确提出国际产能合作并发布《关于推进国际产能和装备制造合作的指导意见》。“一带一路”倡议为新时代中国—东盟的合作与发展指明了新的发展方向。2016年9月，中国和东盟国家发布《中国—东盟产能合作联合声明》。研究发现，中国同东盟国家的国际产能合作具有互补性、互利共赢等特点，综合起来即为产能互补说。

当前，中国同东盟国家产能合作政策逐步完善，合作规模逐步扩大，合作平台逐渐丰富，合作方式逐渐多样，合作企业呈现国有企业和民营企业并进态势。但也存在合作体制机制和服务体系不健全、制度对接和技术兼容难度比较大、企业国际化和现代化水平不够高、东盟国家整体国情决定风险长存等问题。广西特殊的政治地位和地缘优势促使其成为参与中国—东盟产能合作的“排头兵”。

广西在参与中国—东盟国际产能合作方面，合作规模逐渐扩大，合作行业分布广泛，“两国双园”成绩显著，多种合作方式并存。但也存在总体投资规模偏小、国别投资差异显著、企业分布过于集中、项目推进速度过慢、投资面临各类风险等问题。这些问题有经济总体发展缓慢的原因，也有政策支持体系不够完善、优势产业优而不强的原因，以及社会观望大量存在等原因。

基于广西开展产能合作现状、广西产业集群分析及东盟国家产业限制性规定三个层面的考虑，广西参与中国—东盟国际产能合作排在前十位的优势产业分别为：汽车制造业；纺织服装、服饰业；木材加工及木、竹、藤、棕、草制品业；皮革、毛皮、羽毛及其制品和制鞋业；文教、工美、体育和娱乐用品制造业；计算机、通信和其他电子设备制造业；非金属矿采选业；有色金属矿采选业；非金属矿物制品业；农副食品加工业。广西参与中国—东盟国际产能合作的十大行业依次为制造业；房地产业；采矿业；农林牧渔业；建筑业；交通运输业、仓储和邮政业；批发和零售业；电力、热力、燃气及水生产和供应业；卫生和社会工作业；教育业。

广西参与中国—东盟国际产能合作，总的来说，要加强制度顶层设计，坚持三大发展战略，做实做强服务体系，继续强化合作平台，营造良好合作氛围。具体来说，广西十大行业参与中国—东盟国际产能合作，首先，根据行业要求，按照东盟国家国情制定国别投资优先顺序。其次，按照2017—2020年、2021—2025年、2026—2030年三个阶段，实行“三步走”战略。并且，制造业应继续扩大参与的类型，鼓励制造业民营企业“走向”东盟国家；房地产业应实行多业态错位发展策略；采矿业应坚持资源开发与技术开发相结合、资源开发与生态保护相结合；农林牧渔业应推动科技合作、技术转移与开发以及贸易往来；建筑业应注重“硬件”与“软件”相结合、企业效益与社会效应、生态效益相结合；交通运输业、仓储和邮政业要优先做大交通运输业，同时加强仓储和邮政业布局；批发和零售业要不断优化产品结构，加强专业性建设和国际化销售人才的培养；电力、热力、燃气及水生产和供应业要加强“电力”的多样化合作，以及燃气投资和燃气贸易；卫生和社会工作业应坚持市场投资和人道救助相结合、现代医学与传统医学相结合；教育业要在加强高等教育“走出去”的同时，提高中等教育和基础教育“走出去”的力度。

张协奎

2020年10月8日

目　录

第一章 绪论

第一节 研究背景及意义

一、选题背景

“一带一路”倡议是以习近平同志为核心的党中央主动应对全球形势深刻变化、统筹国内国际两个大局做出的重大战略决策。“一带一路”倡议为新时代中国—东盟的合作与发展提出了新的思路和新的发展方向。商务部数据显示，中国和东盟双边贸易额在 1991 年是 79.6 亿美元，到 2015 年双边贸易额达到 4721.6 亿美元，年均增长 18.5%，双边贸易额占中国对外贸易额的比重由 1991 年的 5.9% 上升到 2015 年的 11.9%①。中国—东盟建立对话关系 25 年来，经贸合作方式不断丰富，合作领域不断扩大，合作效果不断提高。李克强总理在 2016 年 10 + 3 领导人会议上明确表示，中国愿与各国共同努力，把中国—东盟自由贸易区建设成为世界上人口最多、成员最多元化、发展最有活力的自贸区。

但是，按照习近平总书记 2013 年提出的愿景，中国将争取到 2020 年实现与东盟的贸易额突破 1 万亿美元的目标，而 2015 年双边贸易额尚未突破 5000 亿美元。国际产能合作被视为拉动中国和东盟双边贸易的助推器。全国政协副主席杜青林在 2016 中国—东盟产能合作高层论坛中指出，深化中国—东盟产能合作具有深厚基

① 邱海峰．中国东盟经贸合作发展迅速［N］．人民日报海外版，2016 - 7 - 20（2）．

础、独特优势和现实需求，符合彼此发展战略利益。国家发改委产业研究所所长黄汉权认为，中国与东盟的经济关系不再是一种简单的货物贸易关系，而是一种基于产业链上下游的互补关系，中国与东盟的产能合作更能拉动双方的贸易。新加坡国家能源市场管理局董事白学敏表示，根据国际能源组织的预测，东盟地区未来20年需要2.5万亿美元投入能源领域的基础设施。中国与东盟都充分认识到产能合作的重要性，2016年3月23日，中国与湄公河五国共同发表《澜沧江—湄公河国家产能合作联合声明》。2016年9月7日，在第19次东盟与中日韩（10+3）领导人会议上，中国和东盟发起了《中国—东盟产能合作联合声明》。中国—东盟国际产能合作迎来了第一个发展高峰期。

广西位于华南、西南与东盟三大经济圈的结合处，从陆路通行来说，是我国通往东南亚、中东、欧洲、大洋洲及非洲等世界各地最便利的地区之一，也是我国西部地区开放开发的重要窗口，是中国—东盟自由贸易区的“桥头堡”。广西邻边又邻海，中国—东盟博览会永久落户南宁，广西参与中国—东盟的各项合作具备了“先天性”的优势。但是，广西经济基础落后，如何抓住中国—东盟合作的历史性良机，在发展广西自身的基础上助力中国—东盟经济的合作与发展是一个具有重要政治意义、经济意义和社会意义的课题。为此，本书旨在研究中国—东盟新一轮发展中，广西如何抓住国际产能合作这一历史机遇，促进广西产能的国际合作与发展。

二、选题意义

（一）宏观层面

本书宏观层面的意义主要体现在国内意义和国际意义两个方面。

1. 国内意义

第一，从我国经济发展总态势看，国际产能合作是我国经济新常态下保持经济快速发展的重要措施。经济发展的新常态要求我国转变经济增长方式和调整经济结构。国际产能合作有利于发挥产能互补优势，推动经济结构调整和产业转型升级。第二，从我国国际产能合作本身看，中国—东盟国际产能合作是中国国际产能合作的重要组成部分。2015年，中国明确提出国际产能合作并发布《关于推进国际产能和装备制造合作的指导意见》。中国与东盟国家的产能合作是中国国际产能合作的重要组成部分，是中国未来一段时间国家产能合作的重点区域。第三，从国家发展战略看，中国—东盟国际产能合作是促进国家“一带一路”倡议实施的重要内容和方式。东盟国家是我国“一带一路”倡议合作重点之一，也是亚投行投资的重点区域。

2. 国际意义

第一，从国际经济关系看，中国—东盟自由贸易区是目前世界人口最多的自贸区，也是发展中国家间最大的自贸区。中国东盟自贸区的发展不仅影响中国东盟自贸区本身的发展，还深深影响国际经济总体的合作与发展。产能合作则是当前中国东盟经济合作的重要经济增长点。第二，从国际经济合作内容看，国际产能合作将是国际经济合作的重要内容。当前全球正在加速调整产业结构，发展中国家工业化和城镇化进程不断加快，国家产能等基础产业领域将成为国际经济合作的重要内容。第三，从国际政治角度看，各国在东盟国家的竞争日趋激烈。正所谓经济基础决定上层建筑，国际经济决定国际政治。东盟国家的特殊国家政治地位决定了世界各国竞相与其开展广泛的经济合作，以经济合作来影响政治合作。东盟国家的实际情况决定了产能合作将成为今后与东盟国家经济合作的重要内容。

（二）中观层面

本书中观层面的意义主要体现在对广西的改革与发展、政府决策等方面。

1. 有利于发挥广西在“一带一路”倡议中的桥头堡作用

广西特殊的地理位置和地缘优势决定了广西在“一带一路”发展战略中的特殊地位。中国—东盟博览会永久落户南宁以来，广西经济得到了快速发展，拓宽了与东盟国家的合作领域，丰富了与东盟国家合作的方式。广西参与中国—东盟国际产能合作，将进一步深化广西与东盟国家的经济合作，发挥广西在“一带一路”倡议中的桥头堡作用。

2. 有利于广西实施西部大开发战略

广西属于我国西部省区，属于西部大开发战略的主战场。西部大开发战略实施的目的就是要促进我国西部地区的崛起。西部地区的崛起需要大力发展经济，中国—东盟国际产能合作为广西创造了新的经济发展机遇。深入研究广西参与中国—东盟国际产能合作面临的问题及对策，有利于促进广西对外经济的发展，从而促进西部大开发战略的实施。

3. 有利于广西实施经济结构调整与产业转型升级

经济新常态强调的是经济结构稳增长及经济的可持续增长。广西参与中国—东盟国际产能合作有利于广西结合自身产业发展和产能情况，调整经济结构，发展重点产业和优势产业，不断促进产业结构升级和产业输出。

（三）微观层面

本书微观层面的意义主要体现在广西具体的行业、企业和就业等方面。

1. 有利于为广西企业走出去参与国际产能合作提供理论借鉴

《广西壮族自治区推进国际产能和装备制造合作的实施方案》明确将轻工食品、汽车、化工、电力、有色金属、钢铁、工程机械、建材、电子信息等作为重点行业。本书系统研究广西参与中国—东盟国际产能合作的现状、问题和难点，并提出相应的政策建议和具体措施。这些政策建议和具体措施有利于为广西各企业在参与国际产能合作中制定企业战略和对策提供借鉴。

2. 有利于创造更多的就业机会

广西参与中国—东盟国际产能合作，必然需要熟悉东盟国家政治、经济、文化、法律等各种制度及具有实践经验的理论、管理、营销、法律服务等各方面的人才，从而创造更多的就业机会。

具体来说，广西高度重视参与中国—东盟国际产能合作。第一，广西加强国际产能合作的顶层设计。根据国务院关于推进国际产能和装备制造合作的指导意见精神，广西制定了《自治区推进国际产能和装备制造合作的实施方案》，加大省部协同，2016 年 3 月广西与国家发改委签署了《国家发展和改革委员会、广西壮族自治区人民政府关于建立推进国际产能和装备制造合作部省协同机制的合作框架协议》。第二，积极利用中国—东盟博览会、中国—东盟商务与投资峰会、泛北部湾经济合作等多边合作平台，积极向东盟国家宣传我国及广西国际产能合作理念和政策。第三，积极推进境外经济合作区、经济园区等合作模式。第四，加大财政性支持的力度。第五，加强国际产能合作信息化建设，广西根据国别编制了《广西对外投资合作指南》。

第二节　国内外研究现状

一、国内研究现状

本书所指的国际产能合作实际上源于 2014 年 12 月 15 日李克强总理在哈萨克

斯坦提出的中哈产能合作。通过文献综述发现，国内学者关于广西参与中国—东盟国际产能合作方面的研究主要体现在五个方面。

（一）直接关于中国—东盟国际产能合作方面的研究

主要代表性学者有：吴崇伯（2016）认为东南亚国家是我国开展国际产能合作的热点地区，与东盟国家国际产能合作的重点是铁路、港口和电力等基础设施领域，传统制造业如钢铁、水泥、纺织服装等方面的合作逐步深入，跨境电商与信息技术有望成为合作的新行业，产业园区则成为投资新高地。中国与东盟进行产能合作既存在机遇，也存在较大的风险与挑战。黄嘉瑜（2016）从区域价值链的角度来分析中国—东盟的产能合作，认为中国与东盟国家产业存在互补优势，中国与东盟国家的产能合作应强调合作共赢，应针对不同的行业制定不同的合作策略。张杨（2009）从产业专业理论、发展中国家直接投资理论等理论角度出发，认为我国产能在东盟国家具备一定的优势，并且根据国别进行了区分。刘一庆（2016）认为应完善中国和东盟国家的双边、多边产能合作机制，建立产能合作数据库，在海关、税收等方面做好对接。孙硕（2015）分析了2015年中国对东盟10个国家投资流量排序为新加坡、老挝、印度尼西亚、泰国、马来西亚、柬埔寨、越南、缅甸、菲律宾、文莱，投资行业主要是电力、热力、燃气及水生产和供应业。

（二）在“一带一路”倡议视角下研究中国—东盟国际产能合作问题

主要代表性学者有：钟飞腾（2015）分析了“一带一路”产能合作中重点国家和重点产业的选择，在对“投资发展路径理论”“雁型模式”“连续进程模式（笔者总结）”三种产业转移理论分析基础上，鉴于对熊彼特的“创造性毁灭”机制的思考，探索具有中国特色的“创造性转移”机制。郭朝先、刘芳、皮思明（2016）认为在“一带一路”倡议下，国际产能合作规模迅速扩大，合作方式多种多样，合作机制不断完善。但仍然存在规模小、难点多、风险大等问题，需要建立和完善产能合作体制机制与支持服务体系，实施本土化策略，创新商业运行模式，培养和延揽国际化人才，加强对“一带一路”沿线国家研究。俞家海（2015）分析了“一带一路”倡议下在缅甸投资的战略意义和经济意义，同时指出中国在缅甸投资存在政局不稳、投资基础条件较差、受美国在“两洋”对我国的战略挤压等问题。卓丽洪、贺俊、黄阳华（2015）分析了国际上“比较优势”产业转移和“边际产业转移”两种产业转移模式，认为新时代中外产能合作迎来了新的发展机遇。但是存在战略导向与经济激励之间的关系亟须理顺、政治环境差异与中国企业的

“水土不服”、产能合作公共服务体系建设严重滞后、双边投资协定有待进一步完善等问题。认为中外产能合作应以“母子工厂”战略为核心加强顶层设计、构建对外产能转移合作的评估体系、产能合作的公共服务体系建设、鼓励中外合作共建园区、完善配套政策等。陈继勇、蒋艳萍、王保双（2017）认为“一带一路”倡议的实施给沿线国家的产能合作等带来了新的机遇，但是对中国区域竞争、海外投资等方面也存在一定的挑战，中国应充分发挥自身竞争优势，着力在对外直接投资、国际贸易、金融配套和全球治理等方面寻求新路径，并实行差异化发展战略。王元、张换兆（2014）提出在21世纪海上丝绸之路发展中应加强产业发展和转移，围绕重点产业，建立联合高新技术产业开发区等产能合作方面的建议。姜增伟（2016）提出“一带一路”倡议下的国际产能合作，一是发挥政府部门的引导作用；二是发挥贸易投资促进机构的组织作用；三是发挥各类企业的主体作用。马加力（2014）提出了中国—新加坡建立经济走廊的建议，即各国智库应进行切实的联合研究，力争将建设中新经济走廊的理念升级为国家认知和行动，大力开拓资金来源。

（三）在大湄公河次区域视角下研究中国—东盟国际产能合作方面的问题

主要代表性学者有：卢光盛、邓涵、金珍（2016）从GMS经济走廊建设角度提出孟中印缅四国的发展应加强互联互通建设，加强经济走廊利益共享，密切产业合作，尝试建立“4+X”的合作机制。陈昕（2012）认为GMS经济走廊取得了一定的成效，但也存在缺乏统一的协调管理机构、建设资金投入压力大、软环境问题十分突出等问题。进一步提出中国应转变观念，展大国风范和承大国责任，全力推进南北、东西走廊对接，形成高效便捷的交通运输体系，开展产业合作，采取政策优惠措施，吸引国际组织落户云南等政策建议。赵姝岚、王国平（2014）以昆曼通道为例，认为政治互信的不足、昆曼通道沿线国家经济发展水平的差异与双边贸易自由化协定的缺失、文化交流与认同的不足是影响大湄公河次区域合作整体推进的主要因素。

（四）有关广西参与中国—东盟国际产能合作方面的研究

汤志水等（2015）从国际产能合作的角度，认为广西蔗糖向东盟国家转移具备政策、产业、地缘和示范效应等方面的优势，但也存在竞争、财政配套不高、国际风险等问题，并进一步提出鼓励边境种植合作、完善政策支持体系、加快培育市场主体等对策。印宏亮（2016）认为广西推进国际产能合作规模高速增长、合作层次显著提升、合作模式日趋多样化、民营企业地位日益凸显。但是，广西国际产能合作也存在总体规模偏小、企业竞争力不强、政策不完善、面临风险大等问题。为此，广西应加强顶层设计，坚持企业主导，完善合作平台，强化政策支持，创新合作模式。黄红（2016）认为东盟国家对产能合作呈需求巨大、中高端产业需求日渐增大、希望研发合作、出口产品由资源性初级产品为主向工业制成品为主转变、人力资源开发需求旺盛等特点。广西参与中国—东盟国际产能合作，首先，要用好平台，强化机制，包括中国—东盟“两会”、境内外经贸园区、产能合作长效运行机制等内容；其次，要做强企业，提升能力，包括培育企业增强国际化经营能力、提高企业集群化发展水平、加强企业“走出去”人力资源建设等内容；再次，要分类施策对接需求，包括因国施策实现重点突破、因产施策对接市场需求等内容；最后，要政府统筹完善服务，包括发挥政府宏观筹划、搭建信息平台等作用。黄焕升（2016）认为广西企业“走出去”园区化、基地化“两化”趋势初显、“走出去”主体进一步壮大、对“走出去”企业服务进一步增强。广西要谋划一批有代表性的重大项目走出去，首先，要树立抓项目就是抓“一带一路”、就是抓发展的指导思想。其次，要建立国家级、自治区级的储备项目库。再次，要有研究和谋划意识。最后，要加强信息沟通。李世泽（2016）认为国际产能合作中广西应拓展重点行业国际产能合作，加快推进跨境产能合作示范基地建设，培育具有国际竞争力的跨国经营企业，努力提升国际产能合作的便利化水平，积极搭建国际产能合作金融服务平台。

（五）一般性国际产能合作研究及其他省市国际产能合作方面的研究

主要代表性学者有：张洪、梁松（2015）以中哈产能合作为例，运用共生理论，提出了中哈产能合作的共生机制，即建立共生目标：构建以产能合作为核心的中哈一体化组织，建立合理的共生利益分配机制和高效的共生关系协调机制，以及高效的共生环境优化机制。张述存（2016）提出了以构建跨境产业链推动国际产能合作的路径：战略先行、重视开发、多元拓展、促进联系、发展集群。王本力（2016）认为运用国际产能合作化解产能过剩，一是加强政府引导和推动；二是加大进行产能国际合作企业的资金扶持力度；三是排除走出去的税收障碍，四是提高企业走出去水平。杨学覃（2016）认为建设境外农业合作区，深化农业国际产能合作，一是考虑资金需求；二是考虑金融机构的创新；三是考虑文化合作与农业合作相结合。丁学东（2015）认为中国从“世界工厂”到国际产能合作，要从三个方面努力，一是向中西部地区转移传统产业，保持中国“世界工厂”的产业竞争优势；二是通过跨境兼并收购等方式，以资本输出支持制造业向价值链高端延展；三是通过国际产能合作，将国内优势产能或富余产能转移到其他竞争优势相对较弱的国家或地区。具体来说，要推动国际产能合作创新，完善金融支持，提升国际合作实力和效率，注重人才培养，加强中资企业宣传。吴频（2015）认为中国企业“走出去”开展国际产能合作要注意金融支持、投资风险防控、进出通道、法律保障、合作长效机制、境外安全等问题。钟国人（2015）以浙江为例，认为“一带一路”背景下的国际产能合作为浙江带来了新机遇，浙江已经在境外建立了3个国家级和3个省级经贸合作园区，石化、钢铁、建材、水泥和有色等行业已成为浙江企业开展国际产能合作的重点领域。但浙江企业也面临融资难、境外投资受政策影响大等难题。为此，要从投资合作机制、投资框架方案、投资项目清单、投资融资安排、投资服务保障等几个方面进行改革。

从上述研究可以看出，国内学者对产能合作的理论渊源、领域、行业等均有所涉及，同时也对产能合作的机制、平台等有所研究。他们也开始关注中国—东盟国际产能合作研究，但是，总体上相关研究还不够系统和深入。尤其是广西参与中国—东盟国际产能合作方面的研究则更少，目前主要集中在顶层设计、政策、企业、平台等方面。广西特殊的政治地位和地缘优势促使其应成为参与中国—东盟国际产能合作的“排头兵”，广西政府和企业也积极参与到其中来。本书就是基于这一考虑，首先，对国际产能合作进行理论解构，挖掘理论渊源；其次，对中国—东盟国际产能合作及广西参与中国—东盟国际产能合作进行系统研究，在把握中国—东盟国际产能合作现状的基础上，深入分析广西参与中国—东盟国际产能合作的现状，找出存在的问题并分析其存在问题的原因；再次，对中国—东盟国际产能合作的现实基础进行分析，并综合梳理中国—东盟国际产能合作的政策依据；最后，根据广西参与国际产能合作的平台、形式等情况，对广西参与中国—东盟国际产能合作的优势产业和行业进行分析，并对各行业提出具体的发展对策。

二、国外研究现状

Baris Tan（2006）运用马尔科夫链时间序列模型分析了制造业产能合作的利益分配机制[①]。Till Becker、Hendrik Stern（2016）分析了资源分享对制造企业的影

① Tan B. Modelling and analysis of a network organization for cooperation of manufacturers on production capacity [J]. Mathematical Problems in Engineering, 2006, 111 (5): 819 - 830.

响[①]。Qing Guan、Haizhong An（2017）以原油、煤炭、天然气、光电等四种国际贸易商品为例，认为原油、煤炭、天然气等传统行业的合作不会深化两国的贸易合作，光电成为两国深化合作的优先选择。研究认为，政府可以改变传统的两方合作为多方合作，促进能源合作的可持续发展，未来的合作主要在于不同的行业市场[②]。C Ning（2016）认为广西和东盟国家的文化交流与合作正在加速，广西应充分发挥自身优势，不断深化与东盟国家的文化交流与合作，促进中国与东盟的合作与发展[③]。Y Chen（2014）认为广西与东盟国家在采矿业领域存在一定的互补关系，广西应发挥产业链优势，开展采矿领域的战略合作[④]。H Yin、J Pan（2016）认为广西推进国际产能合作是新常态下对外开放与发展的重要动力，不仅可以应对经济下行压力以促进经济的中高速发展，还可以实现广西产业的互补及合作目标[⑤]。随着“一带一路”倡议的提出，广西国际产能合作迎来了新的发展机遇。

综合来说，当前国外有部分学者开始关注中国—东盟国际产能合作，以及广西在中国—东盟国际产能合作中的情况。但是，东盟国家大都处于发展中国家，经济发展相对落后，东盟各国国情复杂，广西本身经济基础也相对落后。因此，基于现实的合作情况，理论界总体上关注广西参与中国—东盟国际产能合作的研究较少。

第三节　研究思路和方法

一、研究思路

本书拟采取以下研究思路：

第一步，理论分析。该部分主要是对国际产能合作理论进行阐述和分析。重点

---

① Becker T, Stern H. Impact of Resource Sharing in Manufacturing on Logistical Key Figures [J]. Procedia Cirp, 2016 (41): 579 - 584.

② Qing Guan, Haizhong An. The exploration on the trade preferences of cooperation partners in four energy commodities' international trade: Crude oil, coal, natural gas and photovoltaic [J]. Applied Energy, 2017 (203): 154 - 163.

③ Ning C. Research and Prospect of Deepening Cultural Exchanges and Cooperation between Guangxi and ASEAN [J]. Around Southeast Asia, 2016 (1): 67 - 72.

④ Chen Y. Promotion the industrial Chain to Accelerate the Regional Cooperation of Mining Economy between Guangxi and ASEAN Countries [J]. Around Southeast Asia, 2014 (7): 46 - 49.

⑤ Yin H, Pan J. Issues and Countermeasure of Guangxi in Promoting International Production Capacity Cooperation under the Background of "the Belt and Road" [J]. Around Southeast Asia, 2016 (4): 60 - 62.

分析国际产能合作相关理论，分析国际产能合作的内涵、原则、形式和内容等。深入挖掘国际产能合作的理论渊源，寻找我国国际产能合作的理论支撑，重点对劣势产能转移、产能互补两种学说进行分析。分析国际产能合作的实践背景和现实意义，在此基础上分析国际产能合作的政策依据。

第二步，现状分析。该部分包括两个层面的内容，一是从宏观层面，即对中国—东盟国际产能合作现状进行分析，重点分析中国—东盟国际产能合作取得的成绩、存在的问题，从宏观层面把握中国—东盟国际产能合作的情况。二是从具体层面，即对广西参与中国—东盟国际产能合作现状进行分析，重点分析取得的成绩、问题及原因。

第三步，自身分析。该部分总体上基于广西当前走出去的产业、广西产业结构优化调整思路及东盟国家对行业的鼓励和限制性三个要素进行分析，提出广西参与中国—东盟国际产能合作的十个优势产业和十个优势行业。

第四步，对策分析。根据中国和东盟国家的相关政策，以及广西产能实际情况，从宏观层面提出加强顶层设计等对策。根据行业特点，对广西参与中国—东盟国际产能合作的十大行业提出了具体的政策建议。

二、研究方法

根据研究特点，本书主要运用以下几种研究方法：

（1）多学科综合分析方法。国际产能合作涉及国际经济学、国际政治学、产业经济学、区域经济学、外交学、国际法学等多学科的理论与方法。

（2）文献研究与调查研究相结合的方法。对国际产能合作理论等需要运用文献研究等方法，对中国—东盟国际产能合作现状的把握等既需要运用文献研究方法，也需要运用调查研究方法。

（3）理论研究与实证研究相结合的方法。对国际产能合作理论的解构需要运用理论研究方法，而对广西参与中国—东盟国际产能合作的成绩、问题、原因及对策等方面进行分析既需要理论研究，也需要实证研究。

总的来说，本书的研究并不是单一地使用上述某一种方法，而是多种方法的集合，而且不局限于上述方法。

第四节 研究内容

本书总体目标是要提出广西参与中国—东盟国际产能合作的对策，在提出对策之前，需要明晰中国—东盟国际产能合作的现状、广西参与中国—东盟国际产能合作的现状、广西参与中国—东盟国际产能合作的优势产业和优势行业等问题。围绕这一总体目标，本书内容主要分为如下几个方面：

一、理论基础和现实基础

第一，基于对当前国际产能合作主流学说的梳理，提出中国—东盟国际产能合作互补说。第二，从国际大趋势、区位基础、差异基础等方面分析中国—东盟国际产能合作的现实基础。第三，从中国、东盟国家、中国与东盟国家三个方面分析目前已经发布的国际产能合作相关文件，分析中国—东盟国际产能合作的政策依据。

二、中国—东盟国际产能合作的现状分析

第一，分析中国—东盟国际产能合作取得的成绩，主要有合作政策逐步完善、合作规模逐步扩大、合作平台逐渐丰富、合作方式逐渐多样、合作企业呈现国有企业和民营企业并进态势等方面。第二，分析中国—东盟国际产能合作存在的问题，主要有合作体制机制和服务体系不健全、制度对接和技术兼容难度比较大、企业国际化和现代化水平不够高、东盟国家整体国情决定风险长存等问题。

三、广西参与中国—东盟国际产能合作的现状分析

第一，分析广西参与中国—东盟国际产能合作的成绩，主要有作规模逐渐扩大，合作行业分布广泛，“两国双园”成绩显著，存在多种合作方式等。第二，分析广西参与中国—东盟国际产能合作存在的问题，主要有总体投资规模偏小、国别投资差异显著、企业分布过于集中、项目推进速度过慢、投资面临各类风险等。第三，分析广西参与中国—东盟国际产能合作存在问题的原因，主要有经济总体发展

缓慢的原因，也有政策支持体系不够完善、优势产业优而不强的原因，以及社会观望大量存在等原因。

四、广西参与中国—东盟国际产能合作的十大优势产业和行业

第一，提出广西参与中国—东盟国际产能合作十大优势产业，主要包括汽车制造业、纺织服装、服饰业、木材加工及木、竹、藤、棕、草制品业等。第二，分析广西参与中国—东盟国际产能合作的十大优势行业，主要包括制造业、房地产业、采矿业、农林牧渔业、建筑业、交通运输业等。

五、广西十大行业参与中国—东盟国际产能合作的政策建议

第一，提出广西十大行业参与中国—东盟国际产能合作的总体发展对策，包括加强制度顶层设计，坚持三大发展战略，做实做强服务体系，继续强化合作平台，营造良好合作氛围等方面。第二，分别按照十大行业提出具体的政策建议。

第二章

中国—东盟国际产能合作理论与现实基础

第一节 中国—东盟国际产能合作的理论基础

2015 年 11 月，李克强总理在《中国经济的蓝图》一文中指出，通过国际产能合作，将中国制造业的性价比优势同发达经济体的高端技术相结合，向广大发展中国家提供“优质优价”的装备，帮助他们加速工业化、城镇化进程，以供给创新推动强劲增长[①]。李克强总理的一番话，道出了国际产能合作的逻辑和思路。简单总结来说，这里国际产能合作是指两个存在意愿和需要的国家或地区之间进行产能供求跨国或者跨地区配置的联合行动[②]。关于国际产能合作，国内外有不少学者和专家对此做了阐释。如印宏亮、潘继南（2016）认为，国际产能合作是国家间产业互通有无、调剂余缺、优势互补的合作方式，是一种国际产业转移与对外直接投资相结合的新模式[③]。国家发展改革委将“产能合作”解释为“产业的输出”加上“能力的输出”，具体而言则是把“产业整体输出到不同的国家去，同时帮助这些国家建立更加完整的工业体系、制造能力”[④]。卓丽洪、贺俊、黄阳华认为，产能国际转移是通过国际贸易、国际投资等方式，将产能从一个国家或地区转移到另一个国家

① 徐颖．国际产能合作：中国新名片［EB/OL］．（2015－12－28）［2017－10－01］．http：//politics. people. com. cn/n1/2015/1228/c1001－27987276. html.

② 郭朝先，邓雪莹，皮思明．“一带一路”产能合作现状、问题与对策［J］．中国发展观察，2016（06）：44－47.

③ 印宏亮，潘继南．“一带一路”背景下广西推进国际产能合作存在问题及对策研究［J］．东南亚纵横，2016（04）：60－62.

④ 钟飞腾．“一带一路”产能合作的国际政治经济学分析［J］．山东社会科学，2015（08）：40－49.

和地区的过程，从而实现生产要素在全球范围内的重新配置组合[①]。那么，国际产能合作到底是一国把其优势产能转移到另一国，还是把其多余的产能转移到另一国，还是两国之间的产能具有一定的互补性，或是前三种形式甚至多种形式兼而有之？工业革命以来，全球产能转移形成了两种理论和美国“优势产业转移”与日本“边际产业转移”两种转移模式[②]。基于国际产能合作的现实情况，笔者将国际产能合作理论概括为两种学说，即劣势产能转移说和产能互补说，而中国—东盟之间的产能合作则应属于产能互补说。

一、国际产能合作的主要理论和模式

（一）产品生命周期论[③]与“比较优势”产业转移模式[④]

1966年，哈佛经济学家雷蒙德·弗农（Raymond Vernon）在《产品周期中的国际投资与国际贸易》中首次分析了产品周期理论。产品生命周期理论基于技术领先、技术创新及技术传播的假设，来研究不同国家之间的贸易往来、产业转移等问题。该理论认为，任何产品都会经历一个生命周期，即产品的诞生阶段、产品的成长阶段、产品的成熟阶段、产品的衰落消亡阶段。因此，弗农将产品发展划分成新产品、成熟产品、标准化产品三个阶段。这里弗农将产品的成长阶段和成熟阶段合并成成熟产品阶段，实际上也包含了前述四个阶段。而且，还可以将产品周期分为开发阶段、成长阶段、成熟阶段、衰退阶段、结束五个阶段，如图2-1所示。

自20世纪50年代开始，美国产业转移正是基于上述理论，出现了“创新国新产品出口垄断时期→仿制国仿制该新产品时期→仿制国产品与原创新国产品竞争时期→原创新国开始进口时期”四个阶段的演进过程，即所谓的美国“比较优势”产业转移模式。“比较优势”产业转移模式至少包含两个层面的内容，一是产业转出国与产业转入国二者在经济上或者至少在某一产业领域存在着一定的差别，而且这种差别量化来说是产业转出国大于产业输入国。二是这种产业在产业转出国已经

---

① 卓丽洪，贺俊，黄阳华．“一带一路”战略下中外产能合作新格局研究［J］．东岳论丛，2015，36（10）：175-179.

② 董小君．中国下阶段产业转移的道路选择——基于产能国际转移日美两种模式的创新探索［J］．人民论坛·学术前沿，2013（24）：69-77.

③ 钟飞腾．“一带一路”产能合作的国际政治经济学分析［J］．山东社会科学，2015（08）：40-49.

④ 卓丽洪，贺俊，黄阳华．“一带一路”战略下中外产能合作新格局研究［J］．东岳论丛，2015，36（10）：175-179.

是比较成熟的产业，且大部分是优势产业，而对于产业转入国来说则属于未发展或发展比较缓慢的产业。该种产业经产业转出国转移到产业转入国能够产生比较明显的经济效益，能够带动转入国产业的发展。

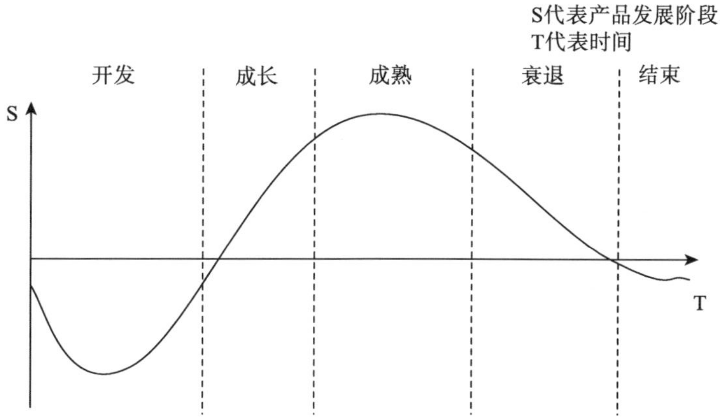

图2-1 产品生命周期曲线图

但该理论也有其不足之处。比如，“比较优势”产业转移模式相对来说只能转移具有比较优势的产业，且必须在转出国和转入国之间存在一定的差距。而对于在转出国处于劣势或者处于产能过剩的产业，或者是转出国和转入国差距较小的情况下，“比较优势”产业转移模式的适应性则要低很多。

（二）边际产业扩张理论与“边际产业转移”模式①

与美国“比较优势”产业转移模式截然不同的是日本的“边际产业转移”模式。日本的“边际产业转移”模式基于日本学者小岛清（K. Kojima）教授提出的“边际产业扩张理论”。1978年，日本学者小岛清（K. Kojima）教授在《对外直接投资》中系统阐述了边际产业扩张理论。作为当时日本对外直接投资的主导理论，该理论的核心思想就是要对本国的产业进行排序，按照产业的优劣从低到高进行排序，产业处于劣势的排在前面，产业处于优势的则排在后面。对外进行投资转移的产业顺序和产业的优劣程度是一致的，如图2-2所示。从图2-2可以看出，L1（代表产品优劣曲线）和L2（代表产品投资顺序曲线）是平行的。

① 卓丽洪，贺俊，黄阳华．“一带一路”战略下中外产能合作新格局研究［J］．东岳论丛，2015，36(10)：175-179.

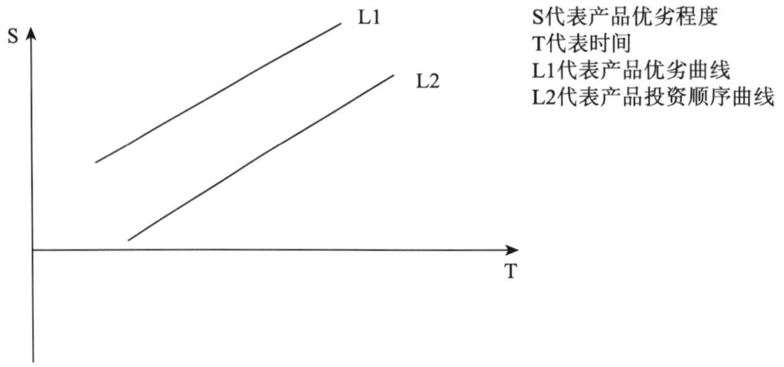

图 2－2　边际产业排序及投资顺序图

边际产业扩张理论下的对外投资，有利于产业转出国的产业调整，以及产业转出国对外贸易的发展。一般来说，边际产业的转移对于产业转入国来说，若是该产业在转入国具有相对的优势，那么有利于产业转入国的产业调整和发展，对产业转入国来说是“正向”作用。若该产业在转入国同样也有一定的基础，那么该产业的转入会在转入国产生竞争，这种情况下对产业转入国来说是“负向”作用。因此，边际产业扩张理论得以在日本实践，是因为日本当时产业转移都是针对发展中国家的。

边际产业扩张理论较好地解释了当时日本的产业转移，以及日本经济的飞跃发展。但边际产业扩张理论也有一定的局限性。比如，边际产业扩张理论下的产业转出国往往是发达国家，而产业转入国则是发展中国家。或者，产业转出国转出的产业在产业转出国具有一定的优势，若是在这种状况下的产业转移，就又回到了比较优势产业转移模式的理论逻辑。

（三）“飞龙”产业转移模式

日本的“边际产业转移”模式也被有的学者称之为“雁行模式”。有的学者认为，基于日本经验的“雁行模式”只是产业转移的一个侧翼，即从高收入的母国向低收入的东道国转移产业①。在产业转移中还存在另一个侧翼，那就是在产业转出国具有比较优势的产业，在产业转入国也具有一定的优势。这个时候的产业转移就会形成“强”与“强”的竞争。在中国对外直接投资实践中，既有发达国家，也有发展中国家。基于这个理论前提，以及中国的实践经验，林毅夫、蔡昉等学者提出了另外一种产业模式——“飞龙”产业转移模式。“飞龙”产业转移模式考虑了

① 钟飞腾．“一带一路”产能合作的国际政治经济学分析［J］．山东社会科学，2015（08）：40－49.

规模、创新等因素，突出中国的巨大规模和就业创造效应①。

（四）几种产业转移模式的比较

综合考虑“比较优势”产业转移模式、“边际产业转移”模式及“飞龙”产业转移模式，我们可以总结出如下信息：一是从产业转出国与产业转入国看，要么是发达国家转入发展中国家，要么是发展中国家转入发展中国家。二是从转移的产业看，要么是具有比较优势的产业从转出国到转入国，要么是劣势产业从转出国到转入国。三是从转移产业竞争度看，要么是具有相对优势的产业转移，转出后不会对转入国相关产业形成竞争，要么是具有优势的产业或劣势产业，转出后与转入国的优势产业或劣势产业形成竞争关系。

因此，综合三种模式的理念看，笔者认为产业的转移可以分为两大类，一类是产能转移竞争说；另一类是产能转移互补说。产能转移竞争说简单来讲，是指该产能在转出国已经处于相对的优势，或者已经处于劣势地位或产能过剩状态，而该产能在转入国也具有一定的优势，或者还处在发展阶段，那么该产能从转出国到转入国，会与转入国相关的优势产业或处在发展阶段的产业构成竞争。这种竞争客观评价有利有弊，若竞争结果是促进了转入国甚至转出国的产业结构调整和产业升级，那么可以界定其是有利的。若竞争结果是不利于转入国或转出国产业结构调整和产业升级，那么就应该界定其是不利的。相反，还有可能加剧二者产业的恶化程度。产能转移互补说简单来讲，是指该产能在转出国与转入国之间具有一定的互补性。当然，该产能在转出国有可能是具有比较优势的产业，也有可能是劣势产业或者过剩产能。只要该产能在转出国能够发挥正向作用，促进其产业结构调整和产业升级，就可以界定其“互补”作用的存在。

二、中国—东盟国际产能合作的产能互补说

中国与东盟国家自1991年对话以来，1996年中国成为东盟的全面对话国。随着中国—东盟自由贸易区（CAFTA）的建立，中国—东盟自由贸易区成为继欧盟（EU）、北美自由贸易区（NAFTA）后世界第三大自由贸易区。而且，中国—东盟自由贸易区是世界上人口最多的自贸区，也是最大的由发展中国家所组成的自贸区。中国同东盟国家在经济、政治、文化、社会等各领域开展了广泛的合作，“一带一路”倡议的提出，更拓展和深化了中国同东盟国家各领域的合作。2016年9月

---

① 钟飞腾．“一带一路”产能合作的国际政治经济学分析［J］．山东社会科学，2015（08）：40－49.

7 日，中国—东盟国家领导人在老挝万象举行的第 19 次中国—东盟领导人会议暨中国—东盟建立对话关系 25 周年纪念峰会上，共同发表了《中国—东盟产能合作联合声明》，这一联合声明将成为中国—东盟新一轮合作的重要航向标。

其实，在 2015 年我国就已经发布了《国务院关于推进国际产能和装备制造合作的指导意见》（国发〔2015〕30 号）。推进国际产能和装备制造合作的意义可以用四个有利于进行概括：一是有利于形成我国新的经济增长点；二是有利于促进企业不断提升技术、质量和服务水平，推动经济结构调整和产业转型升级；三是有利于推动新一轮高水平对外开放，提升开放型经济发展水平，有利于实施“一带一路”、中非“三网一化”合作等；四是有利于深化我国与有关国家的互利合作，促进当地经济和社会发展①。通过扩大对外投资和贸易在全球范围内转移产能、化解国内产能过剩、助推产业结构升级、改善贸易条件并藉此向他国“植入”本国技术格式、产业标准、控制产业链，是美国、日本等发达国家占据国际竞争优势地位的一条重要的成功经验②。目前，中国的产能总体处于中端及中高端水平，技术先进适用，价格合理适中，性价比较高，特别符合广大发展中国家的现实需要和承载能力③。当然，中国处于中高端水平的优势产能，如高铁、钢铁、水泥等，也符合“飞龙”产业转移模式提到的“走出去”战略，进行“强”与“强”的竞争。

综合上述三种产业转移模式，笔者认为中国与东盟国家之间的产能合作应属于产能转移互补说。鼓励以商业原则为主导的产能合作，通过产业升级推动经济发展，使双方产业的生产和需求相匹配，实现可持续发展和共同繁荣④。中国—东盟国际产能转移互补说是由中国和东盟国家的经济、政治等实际国情决定的。首先，从政策层面看。《国务院关于推进国际产能和装备制造合作的指导意见》明确提出要坚持注重实效、互利共赢的原则，要充分考虑所在国国情和实际需求，实现互利共赢、共同发展。《中国—东盟产能合作联合声明》也明确提出，要立足于平等互利这一基础，促使双方产业在生产和需求层面相匹配，促进中国与东盟国家的共同繁荣和可持续发展。而且要重点推进在中国和东盟国家间各自具有一定比较优势，同时符合双方各自优先发展方向和发展水平的领域。在 2010 年东盟成员国通过的《东盟互联互通总体规划》也提出，要把创业和创新等作为优先领域，要把促进东

---

① 李锦．中央企业参与“一带一路”应把握七要点 解读李克强讲话认识央企“一带一路”及国际产能合作特点［J］．中国远洋航务，2015（08）：44－45．

② 卓丽洪，贺俊，黄阳华．“一带一路”战略下中外产能合作新格局研究［J］．东岳论丛，2015，36（10）：175－179．

③ 刘梦娇．产能合作开启中国—东盟合作新篇章［J］．国际工程与劳务，2015（11）：38－39．

④ 中国—东盟产能合作联合声明［N］．人民日报，2016－09－08（002）．

盟的一体化等作为互联互通的目标。因此，从政策层面看，中国同东盟国家的发展是具有互补意义的合作发展。其次，从经济层面看。中国对东盟国家的投资额达到82亿美元，在东盟吸引外资的总额中占8.4%，单一国别继日本和美国外排在第3位。从这个层面看，中国对东盟国家的经济发展具有重要的意义。并且，中国相对于东盟国家而言，经济相对发达，形成了一定的差距。这种差距为中国同东盟国家的产能合作提供了前提性和基础性条件。同时，中国同东盟各国的产业具有一定的互补性，以马来西亚为例。中国与马来西亚在资源环境、产业结构和国内市场需求等方面各具特色，互补性很强，具体而言，中国纺织品、服装、鞋、食品、谷物、建筑材料、机电、化工等产品具有比较优势。而马来西亚在棕榈油、橡胶、天然气、石油等资源性产品上具有较大的优势，具有互补性的这些产业应作为中国企业在马来西亚的投资重点①。因此，中国与东盟国家的国际产能合作应是一种互补性合作。笔者将其总结为中国—东盟国际产能合作互补说。产能合作互补说的核心思想有三点：第一，产能合作双方的产能具有互补性。即A国的优势产业（过剩产业）是B国的劣势产业，反之亦然，B国的优势产业（过剩产业）是A国的劣势产业，这是A国和B国合作的基础。第二，产能合作双方是互利共赢的正向关系。即A国与B国进行产能合作，有利于A、B双方的经济发展。第三，产能合作是双方自愿达成的。这是产能合作的前提。即二者之间不存在倾销或反倾销的不利竞争，双方是一种友好、自愿的合作关系。

第二节　中国—东盟国际产能合作的现实基础

近年来，我国持续进行产业结构调整和产业升级，已经聚集了一大批优势产能，如高铁、有色金属、计算机等。同时，我国在产业结构调整和产业升级过程中，也出现了一批过剩产能，2016年，我国明确提出去产能、去库存、去杠杆、降成本、补短板五大任务。在推进去产能、去库存等工作中，国际产能合作成为优化对外开放的重要举措。中国民营经济国际合作商会驻会副会长兼秘书长王燕国对此解释说，并购、资本投资、产能合作是民营企业很重要的“走出去”途径，但并购和投资因为涉及较大的资本面，并不适合所有企业，因此，国际产能合作便成为更

① 邓洲，李灏. 马来西亚产业竞争力现状及中国与马来西亚产业合作展望［J］. 东南亚纵横，2015（11）：35－40.

多企业参与“一带一路”建设、促进企业转型升级的最佳途径①。在当前国际大形势下，中国与东盟国家开展国际产能合作不仅具有重要的现实意义和长远意义，还具有开展国际产能合作的现实基础。中国与东盟以及“海上丝绸之路经济带”沿线国家开展国际产能合作互有需求、互有优势、互为机遇，符合双方共同利益②。

一、全球一体化的国际大趋势

和平与发展是世界永恒的主题，发展是世界和平的基础，这种基础性作用至少体现在经济基础层面。和平为发展提供了良好的社会环境。因此，以发展带和平、促和平，坚持在发展中求和平才是发展与和平的良性关系。发展在全球关系中的重要体现就是全球一体化，全球一体化的内容涉及方方面面，有经济全球一体化、文化全球一体化、社会全球一体化等。具体到某一领域又可以细分为很多个方面，如经济全球一体化中包括金融全球一体化、市场全球一体化等。因此，世界任何一国的经济、文化、社会等各方面的发展，均离不开全球一体化这一国际大趋势。

具体到中国与东盟国家的关系，中国—东盟自由贸易区的建立，就是经济全球一体化在东南亚区域的体现。全球一体化的国际大趋势决定了中国同东盟国家之间必然的联系和交流。从 2012—2016 年中国对东盟国家投资流量可以看出，中国对东盟国家的投资呈稳步上升的趋势，东盟国家在我国对外投资中占有重要的地位。如表 2 - 1 所示。2016 年末，中国共在东盟设立直接投资企业 4300 家，雇用外方员工 28.39 万人③。在全球一体化大趋势下，中国同东盟各国的国际产能合作变得尤为重要和必要，况且中国同东盟各国的经贸合作本身就具有一定的前期基础。

表 2 - 1　　2012—2016 年中国对东盟国家投资流量统计

年份	2012	2013	2014	2015	2016
投资流量（亿美元）	61	72.67	78.09	146	102.79
占亚洲投资流量比	9.4%	9.6%	9.2%	13.5%	7.9%
占投资流量总额比	6.9%	6.7%	6.3%	10%	5.2%

数据来源：2012—2016 年中国对外直接投资统计公报。

① 汪灵犀．国际产能合作之路怎么走［N］．人民日报海外版，2016 - 03 - 22（002）．

② 臻仁．中国—东盟：打造国际产能合作典范［J］．国际工程与劳务，2016（12）：40 - 41.

③ 商务部，国家统计局，国家外汇管理局．2016 年度中国对外直接投资统计公报［M］．北京：中国统计出版社，2016.

二、命脉紧密相连的区位基础

中国与东盟国家的区位关系决定了中国与东盟国家之间命脉相连。首先，从地理位置关系看，中国同东盟国家均属亚洲版图。东盟国家包括新加坡、泰国、越南、缅甸、文莱、柬埔寨、马来西亚、印度尼西亚、菲律宾、老挝 10 个国家，与中国接壤的有老挝、缅甸、越南 3 个国家。这种天然的地理位置决定了中国与东盟国家之间的联系。其次，从中国与东盟国家的国际关系看，中国同东盟国家同样命运相连。中国和东盟国家于 1991 年启动对话活动，2003 年正式建立了战略伙伴关系。作为东盟对话伙伴，中国第一个加入《东南亚友好合作条约》，第一个与东盟建立战略伙伴关系，第一个明确支持东盟建立东南亚无核武器区，第一个同东盟启动自贸区谈判[①]。从众多“第一”的关系可以看出，中国非常重视与东盟国家的国际关系。从东盟国家的角度也可以看出，中国在东盟国家中的国际政治地位。中国与东盟国家的“政治区位”关系，有力地解释了中国与东盟国家的政治命脉关系。再次，从文化角度看，东盟国家与中国有着千丝万缕的联系。东盟国家自古与中国有着密切的联系，东盟国家华人所占比例高。新加坡有四分之三以上的为华人，连人口最少的文莱华人所占比例也达 11%。最后，从中国与东盟国家的经济交流看，中国与东盟国家在经济上已经成为一个有机统一体。2002 年 11 月，《全面经济合作框架协议》正式由中国、东盟国家签署，中国—东盟自由贸易区建设正式启动。2010 年 1 月，中国与东盟国家全面建成中国—东盟自由贸易区。2014 年 8 月，在第十三次中国—东盟经贸部长会议上，正式启动中国—东盟自由贸易区升级版谈判。随着中国—东盟自由贸易区的不断升级，中国同东盟国家的经济命脉关系也不断增强。中国同东盟国家在能源上也有着密切的联系[②]。综合来说，基于“区位”这一特殊的基础，中国同东盟国家之间的命脉关系紧密相连并不断加强。

三、经济实力的国际差异基础

东盟国家中除新加坡和文莱之外，泰国、越南、柬埔寨、马来西亚、印度尼西亚、老挝、缅甸、菲律宾等国家属于发展中国家。中国虽然也属于发展中国家，但

① 林永传. 中国驻东盟大使细数中国—东盟关系的成果与不足［EB/OL］.（2017-07-15）［2017-10-01］. http://www.chinanews.com/gj/2017/07-15/8278382.shtml.

② Paolo Renna. Dynamic pricing of excess capacity in production networks by fuzzy logic［J］. International Journal of Computer Integrated Manufacturing, 2016, 29 (6): 413-426.

是中国与东盟各国在经济层面存在差异和互补性。这种差异有利于中国同东盟国家之间的经济合作，尤其是国际产能方面的合作。从 2010—2016 中国与东盟国家 GDP 统计看，中国与东盟国家 GDP 存在较大的差异。如表 2－2 所示。经济实力上的差距，有利于在中国和东盟国家之间产生合作的机遇。研究发现，中国和东盟的工业结构互补性较强，中国和东盟的区域合作使得一些产品能够以更低成本进行生产①。例如，我国正在向全球包括东盟国家推行高铁技术，高铁技术将成为我国与东盟国家经济合作的重要突破口和牵引力。实际上，高铁对基础设施、制造业和资源开发的拉动和溢出效应最为明显，对基建承包商、电力设备、工程机械、铁路设备、通信设备、物流六大产业板块影响最为直接②。因此，通过向东盟国家输出高铁技术，我国将在多领域、多产业扩大与东盟国家的合作。另外，能源领域也是如此，东盟国家对能源需求量很大。中国正在进行多元化的能源结构改革，在低碳经济发展、清洁煤炭技术和提高节能效率上积累了大量经验，这是东盟国家迫切需要的③。基于经济实力的整体差异，以及产业结构方面的具体差异，中国—东盟国际产能合作显得尤为重要。

表 2－2　　2010—2016 年中国与东盟国家 GDP 统计表　　单位：亿美元

年份 国家	2010 年	2011 年	2012 年	2013 年	2014 年	2015 年	2016 年
中国	61006.2	75725.54	85605.47	9607224.24	104823.71	110646.65	111991.45
新加坡	2364.22	2755.99	2891.62	3025.11	3081.43	2968.41	2969.66
文莱	137.07	185.25	190.48	180.94	171.23	1293.03	114.00
泰国	3411.05	3708.19	3975.6	4205.29	4065.22	3992.35	4068.40
越南	1159.32	1355.39	1558.20	1712.22	1862.05	1932.41	2026.16
马来西亚	2550.17	2979.52	3144.43	3232.77	3380.69	2962.83	2963.59
老挝	7127.79	8261.30	1019.14	1194.22	1326.83	1439.03	1590.34
缅甸	4954.08	5997.73	5973.11	6013.29	6557.47	6260.09	6742.96
柬埔寨	1124.23	1282.95	1403.84	1544.96	1677.78	1805.00	2001.67
印度尼西亚	7550.94	8929.69	9178.70	9125.24	8908.15	8612.56	9322.59
菲律宾	1995.91	2241.43	2500.92	2718.36	2845.85	2927.74	3049.05

数据来源：世界银行（https：//data.worldbank.org.cn/indicator/NY.GDP.MKTP.CD）。

① 余淼杰，崔晓敏．中国和东盟贸易及产业比较优势研究［J］．国际商务研究，2015，36（04）：5－15.
② 徐飞．中国高铁的全球战略价值［J］．人民论坛·学术前沿，2016（02）：6－20.
③ 田原．东盟期待与中国加强能源合作［N］．经济日报，2016－04－28（004）．

第三节　中国—东盟国际产能合作的政策依据

随着《中国—东盟产能合作联合声明》的发布，中国与东盟国家国际产能合作进入新的阶段。其实，在《中国—东盟产能合作联合声明》发布之前，中国与东盟国家就国际产能合作已经进行了多方的交流和沟通。而且，中国及东盟国家各自已经发布了与国际产能合作相关的声明、政策等文件。因此，中国与东盟国家国际产能合作的政策依据可以分为三大类：一是中国方面的政策；二是东盟国家方面的政策，包括东盟国家之间的相关政策；三是中国与东盟国家共同发布的相关政策。

一、中国相关政策促推中国—东盟国际产能合作

（一）《关于推进国际产能和装备制造合作的指导意见》中有关国际产能合作的内容

2015 年 5 月，国务院印发《关于推进国际产能和装备制造合作的指导意见》（国发〔2015〕30 号）（以下简称《指导意见》）。《指导意见》认为全球进入产业机构调整加速期，紧抓这一市场机遇，积极推进国际产能合作和装备制造合作有利于促进我国经济从中高速增长迈向中高端增长，有利于在新一轮改革开放中增强国际综合竞争力，深化国际互利合作。《指导意见》指出应坚持企业主导与政府推动相结合、突出重点与有序推进相结合、注重实效与互利共赢相结合、积极稳妥与防控风险相结合的原则。《指导意见》明晰应区别重点合作国家，重点在钢铁、建材、有色、铁路、化工、电力、通信、轻纺、汽车、航空航天、工程机械、船舶和海洋工程等行业加强合作。《指导意见》明确提出要提高各类企业“走出去”的水平，加大财税、贷款、金融、保险等方面的改革和支持力度。

（二）《中国制造 2025》中有关国际产能合作的内容

2015 年 5 月，国务院印发《中国制造 2025》的通知（国发〔2015〕28 号）。《中国制造 2025》为我国“十三五”“十四五”时期的制造业发展指明了方向。《中国制造 2025》虽然没有直接论述到国际产能合作的内容，但是涉及制造业国际化、产能转移等方面的内容。制造业国际化方面主要提到了制造业标准的国际化、

品牌价值评价的国际化、产业的国际化布局、国际化的经验能力和管理水平等内容。这些内容均与国际产能合作息息相关。产能方面主要提到了化解过剩产能、鼓励优势产能的国际化转移、运用产业基金等渠道支持优势产能“走出去”等内容。

此外，“十三五”国际产能合作规划、“一带一路”倡议等均为中国与东盟国家国际产能合作提供了政策依据。

二、东盟国家相关规划支持中国—东盟国际产能合作

（一）东盟国家联合发布的相关规划

除中国、中国与东盟国家发布的国际产能合作相关声明外，东盟国家之间也签署了不少联合声明、联合宣言、倡议等文件。例如，《东盟 2025：携手前行》《东盟互联互通总体规划 2025》（以下简称《总体规划》）、《东盟一体化工作计划第三份工作计划》《全球大家庭中的东盟共同体巴厘宣言》等均从不同方面对东盟国家之间经济合作、基础设施建设等做了规定。作为指导本地区互联互通建设的纲领性文件，《总体规划》把发展交通、能源和通信等基础设施，减少政策和制度性障碍，协调相关规章和标准，鼓励创业与创新，以及推动文化交流等作为优先行动领域，把提高东盟的一体化水平、国际竞争力、民众生活水平、地区经济社会发展和应对气候变化能力等作为主要目标①。这些规划、联合宣言不仅对东盟国家国际产能合作产生影响，同时对中国—东盟国际产能合作产生重要影响。

（二）东盟各国发布的相关规划

随着中国—东盟国际产能合作的推进，东盟各国也提出了各自的发展战略和愿景。例如，菲律宾发布《2014—2016 年投资优先计划（IPP）实施指南》、柬埔寨提出“四角战略”、菲律宾提出“雄心 2040”战略、越南提出“两圈一廊”规划。泰国已经颁布了基础设施发展规划（2015—2022），这将拉动 750 亿美元的大市场；《印度尼西亚政府 2015—2019 年中期建设发展规划》将基础设施建设作为优先发展重点，已准备了 313 万亿印度尼西亚盾（约合 231.9 亿美元）建设资金。② 印度尼西亚出台了 2015—2019 年电力发展规划。这些规划里所提到的互联互通、基础设施建设、工业化等都是重要的战略内容。

---

① 闫磊．东盟共同体启动 深化合作契机显现［N］．经济参考报，2015-12-31（004）．

② 吴崇伯．“一带一路”框架下中国与东盟产能合作研究［J］．南洋问题研究，2016（03）：71-81.

三、中国与东盟共同发布的联合声明拉动中国—东盟国际产能合作

（一）《中国—东盟产能合作联合声明》中关于国际产能合作的主要规定

2016年9月，中国与东盟国家领导人在老挝万象正式签署《中国—东盟产能合作联合声明》。该声明重申了中国与东盟国家紧密经济关系和区域一体化的重要性。在坚持平等互利的基础上，鼓励开展以商业原则为主导的国际产能合作，通过产业升级促推经济发展，增强双方产业的互补性，重点在双方优势产业范围内推动符合双方优先发展方向的产业。确认国际产能合作中企业的主导作用，鼓励企业在遵守各国法律、习惯的前提下，开展工程承包、园区合作等多种形式的具体合作。

（二）《澜沧江—湄公河国家产能合作联合声明》中关于国际产能合作的主要规定

2016年3月，《澜沧江—湄公河国家产能合作联合声明》正式发布。澜沧江—湄公河国家主要包括中国、越南、缅甸、泰国、老挝、柬埔寨等。该声明认为澜沧江—湄公河国家在基础设施及产业结构调整等方面均面临不少的挑战，城镇化速度的加快、产业结构的深化调整及互联互通建设的推进，为澜沧江—湄公河国家国际产能合作提供了新的发展机遇。该声明强调坚持互利、平等、共赢的合作原则，通过工程承包、直接投资、技术合作、装备进出口等多样化合作方式，优先在电力、汽车、电网、建材、冶金、轻工纺织、配套工业、医疗设备、轨道交通、信息通信、航空运输、水路交通、装备制造等领域开展产能合作，并且强调在合作中应注重经济发展与生态保护相结合。

（三）《落实中国—东盟面向和平与繁荣的战略伙伴关系联合宣言的行动计划（2016—2020）》中关于国际产能合作的主要内容

2003年10月，中国与东盟国家在印度尼西亚巴厘岛正式签署了《中国—东盟面向和平与繁荣的战略伙伴关系联合宣言》，为进一步落实该联合宣言，中国同东盟国家先后签署了《落实中国—东盟面向和平与繁荣的战略伙伴关系联合宣言的行动计划（2005—2010）》（以下简称《落实联合宣言行动计划（2005—2010）》《落实联合宣言行动计划（2011—2015）》《落实联合宣言行动计划（2016—2020）》）。《落实联合宣言行动计划（2016—2020）》作为指导和提升2016—2020年中国与东盟战略合作伙伴关系的行动指南，其中也不乏国际产能合作方面的内容。例如，提出

加强区域金融基础设施建设，加强农、畜、林及渔业领域的合作，加强通信基础设施建设及互联互通建设，加强能源与矿产方面的合作与开发等。

此外，还有诸多联合声明、联合宣言、谅解备忘录等均可成为中国—东盟产能合作的有力依据。例如，《中华人民共和国与东盟国家首脑会晤联合声明——面向二十一世纪的中国—东盟合作》(1997 年 12 月 16 日)、《中华人民共和国与东盟国家领导人联合宣言——面向和平与繁荣的战略伙伴关系》(2003 年 10 月 8 日)、《中国和东盟领导人关于可持续发展的联合声明》(2010 年 10 月 29 日)、《中国—东盟工商界关于加快增进互利合作的共同行动计划》(2006 年 10 月 31 日)、《中国—东盟农业产业发展高端论坛南宁共识》(2009 年 10 月 1 日)、《中国—东盟林业合作南宁倡议》(2007 年 10 月 30 日)、《中国—东盟矿业合作论坛南宁宣言》(2011 年 5 月 30 日)等。

第三章

中国—东盟国际产能合作：成绩与问题

商务部数据显示，截至2017年5月底，中国和东盟国家双向投资额累计已经超过1830亿美元，其中东盟国家对中国累计投资达到1080亿美元。中国和东盟国家的双边贸易额也逐年递增，从1991年的近80亿美元，已经增加至2016年的4522亿美元，增加幅度近56倍。据估计，到2020年，中国与东盟的贸易额将达到前所未有的新目标，即达到万亿美元的新高度①。2016年，中国对东盟10国的投资额已达102.8亿美元，投资存量达715.54亿美元，占投资存量总额的6.3%。中国已经成为全球继美国、日本投资东盟国家的第三大单体国，东盟国家同样也成为中国的重要对外合作伙伴。2015年，中国提出国际产能合作发展战略，国务院印发的《关于推进国际产能和装备制造合作的指导意见》明确将钢铁、建材、有色、铁路、电力等12个产业作为国际产能合作及装备制造的重点领域。这些重点领域对东盟国家的基础设施建设及产业发展有着重要的推动作用，东盟国家也希望加强与中国产能方面的合作。新加坡已经在中国苏州建立了工业园，马来西亚与中国已经建立了中马钦州产业园和马中关丹产业园。印度尼西亚总统佐科·维多多一上台就非常重视基础设施建设，国有企业部长莉尼·苏马尔诺多次公开表示，希望在基础设施、产业等多个方面加强与中国的合作。缅甸外交部副部长吴丁乌伦曾表示，东盟国家与中国开展国际产能合作，将给政府和企业带来新的发展机遇，促进互利共赢。老挝计划投资部副部长本达维·西苏潘通也表示老挝非常欢迎能源制造业、农业等方面先进技术的支持和转让。总的来说，中国—东盟国际产能合作正如火如荼的进行，取得了一定的成绩，但也面临一些不可避免的问题。

① 马加力．中国—新加坡经济走廊建设的若干问题［J］．东南亚纵横，2014（10）：42-44.

第一节　中国—东盟国际产能合作的成绩

中国与东盟国家自1991年启动对话关系以来，双方就开展了广泛的合作。商务部数据显示，中国和东盟双边贸易额在1991年是79.6亿美元，到2015年双边贸易额达到4721.6亿美元①。2015年，国务院颁发了《关于推进国际产能和装备制造合作的指导意见》，中国同东盟国家继续深化国际产能方面的合作。在第十三届中国—东盟博览会上，中国和东盟国家诸多商界领袖代表均表示中国—东盟产能合作取得了一定的成绩，主要表现在合作政策、合作规模、合作平台、合作方式、合作企业等方面。

一、合作政策逐步完善

随着《关于推进国际产能和装备制造合作的指导意见》的颁发，标志着中国正式进入国际产能合作新时代。其实在该文件发布前，中国已经同东盟国家在经济领域建立了一定的合作关系，并且共同签署了一系列文件。基于本书前面论述的中国—东盟国际产能合作的政策依据，笔者以该文件的发布为界限，主要对中国—东盟国际产能合作共同签署的相关政策文件予以分析。

（一）《关于推进国际产能和装备制造合作的指导意见》发布前的相关政策

关于中国与东盟国家的投资合作，中国早在1985年就分别与新加坡、泰国签署了投资合作双边协定书。中国与东盟国家自1991年启动对话进程后，中国又与东盟其他国家分别签署了投资合作双边协定书。中国—东盟投资合作双边协定书目录如表3-1所示。

此外，中国与东盟国家还发布了许多联合宣言、联合声明、共识、倡议等文件。例如，1997年12月16日在马来西亚吉隆坡发布的《中国与东盟国家首脑会晤联合声明——面向二十一世纪的中国—东盟合作》提到双方应通过贸易、投资等手段，加强技术、资金、信息等方面的交流；2003年10月8日在印度尼西亚巴厘岛发布的《中华人民共和国与东盟国家领导人联合宣言——面向和平与繁荣的战略伙伴关系》

① 邱海峰．中国东盟经贸合作发展迅速［N］．人民日报海外版，2016-7-20（2）．

表 3－1　　　　中国—东盟投资合作双边协定书目录

国家	菲律宾	柬埔寨	老挝	马来西亚	泰国	新加坡	印度尼西亚	越南	缅甸	文莱
名称	《中菲关于鼓励和相互保护投资协定》	《中柬关于鼓励和相互投资协定》	《中老关于鼓励和相互保护投资协定》	《中马关于相互鼓励和保护投资协定》	《中泰关于促进和保护投资协定》	《中新关于促进和保护投资协定》	《中印关于促进和保护投资协定》	《中越关于促进和保护投资协定》	《中缅关于鼓励促进和保护投资协定》	《中国文莱关于鼓励促进和相互保护投资协定》
签订时间	1992 年 7 月 20 日	1996 年 7 月 19 日	1993 年 1 月 31 日	1998 年 11 月 21 日	1985 年 3 月 12 日	1985 年 11 月 21 日	1994 年 11 月 18 日	1992 年 12 月 2 日	2001 年 12 月 12 日	2000 年 11 月 17 日

特别注释：为表述简洁，文中相关文件均采用“中新”“中马”等简要方式（除中国、文莱外）。

资料来源：《广西与东盟投资政策汇编》（上卷），广西商务厅编。

提到双方要加强农业、通信、投资、湄公河领域开发等方面的合作；2010 年 10 月 29 日在越南河内发布的《中国和东盟领导人关于可持续发展的联合声明》明确提出，加强效能、新能源和可再生能源、减排、环保等领域科研研究和技术合作①；2009 年 10 月 1 日在广西南宁发布的《中国—东盟农业产业发展高端论坛南宁共识》明确提出，要推动双方农业产业升级，鼓励中国企业利用农业科技在东盟国家建立农产品基地；2007 年 10 月 30 日在广西南宁发布的《中国—东盟林业合作南宁倡议》提出，要充分发挥中国与东盟国家在林业市场的互补性，鼓励林产品加工、贸易及种植等领域的合作；2011 年 5 月 30 日在广西南宁发布的《中国—东盟矿业合作论坛南宁宣言》明确鼓励矿业贸易和投资，重点加强矿业资源、矿业技术、节能减排等领域的合作。

（二）《关于推进国际产能和装备制造合作的指导意见》发布后的相关政策

在《关于推进国际产能和装备制造合作的指导意见》发布后，中国同东盟各国在联合宣言、联合声明等文件中均直接或间接强调双方国际产能合作，并且与大部分东盟国家签订了产能合作谅解备忘录。例如，2016 年 10 月 21 日，中菲双方在北京发表《中菲联合声明》（表述方式参考表 3－1 注释部分），《中菲联合声明》表达了在基础设施投资、建设、农业、信息科技、工业产能等领域的合作，并且还分别就产能与投资合作、交通基础设施合作等领域签署了谅解备忘录，以及农业等领域的行动计划。2015 年 11 月 6 日，中越双方在越南河内发表《中越联合声明》，明

① 广西商务厅．广西与东盟投资政策汇编（上卷）[M]．南宁：广西人民出版社，2015.

确提出在建材、装备制造、辅助工业、可再生能源、电力等领域加强产能合作。此外，还签订了促进产能合作谅解备忘录。2015 年 11 月 23 日，中马在马来西亚吉隆坡发布《中马联合声明》，双方认为开展产能和装备制造合作潜力巨大，同意发挥各方优势开展产能合作。2016 年 10 月 14 日，中柬共同签署《中柬联合声明》，双方共同制定推进“一带一路”合作规划纲要、产能合作谅解备忘录以及产能合作重点项目协议。这些联合声明以及产能合作谅解备忘录，极大地推动和保障了中国与东盟国家之间的产能合作。

二、合作规模逐步扩大

乘着“一带一路”倡议的东风，伴随着中国国际产能合作战略的出台，中国与东盟国家产能合作规模呈逐步扩大趋势。如表 3－2 所示，截至 2015 年 12 月，中国对东盟国家投资排在前五的分别是新加坡（104.52 亿美元）、老挝（48.42 亿美元）、缅甸（42.59 亿美元）、印度尼西亚（14.51 亿美元）、越南（5.6 亿美元）；东盟国家对中国进行投资排在前五的分别是新加坡（792.21 亿美元）、马来西亚（79.20 亿美元）、泰国（40.57 亿美元）、菲律宾（33.25 亿美元）、文莱（26.20 亿美元）。从商务部数据可以知道，中国和东盟在 1991 年的双边贸易额为 79.6 亿美元，仅相当于马来西亚 2015 年对中国的投资额度。东盟能源中心 2016 年 1 月发布的《东盟 2013—2035 年能源展望》预计，未来 20 年东盟“全领域基础能源供给”将翻两番，这也是支撑东盟整体经济增长所需的能源供给规模①。能源基础设施互联互通初显成效：中缅油气管道全线贯通并向国内输气输油，成为我国第四大能源通道和“一带一路”的代表性项目；中国南方电网公司与越南、缅甸、老挝等周边国家实现电网互联互通，电力贸易实现“零关税”，拉动双边电力贸易快速发展②。在采矿业、农业等其他领域也加快了合作的步伐。

表 3－2　　2015 年中国与东盟国家双向投资累计统计表　　单位：亿美元

东盟国家 / 投资额	文莱	柬埔寨	印度尼西亚	老挝	马来西亚	缅甸	菲律宾	新加坡	泰国	越南
中国投资东盟国家	0.74	4.20	14.51	48.42	4.89	42.59	0.28	104.52	4.07	5.60
东盟国家投资中国	26.20	0.36	24.79	0.45	79.20	79.20	33.25	792.21	40.57	1.24

数据来源：广西商务厅。

① 田原．东盟期待与中国加强能源合作［N］．经济日报，2016－04－28（004）．

② 王嘉珮．中国与东盟能源合作的成就与愿景［N］．中国石油报，2017－03－28（002）．

三、合作平台逐渐丰富

随着中国与东盟国际产能合作的推进，中国同东盟国家产能合作平台逐渐丰富，形成一批经贸合作区、产业园区等特色平台。

（一）中国—东盟自由贸易区和中国—东盟博览会

中国—东盟自由贸易区的建立为中国与东盟国家产能合作创造了一个有利的贸易环境，中国同东盟各国先后签订了产能合作相关文件。一年召开一次的中国—东盟博览会成为中国与东盟国家进行产能合作的重要平台。在第 12 届中国—东盟博览会期间，8 个“首次”中涉及产能合作方面的占了 3 个，即首次举办国际产能合作论坛、国际经济与国际产能合作展、国际产能与装备制造项目对接洽谈会。第 13 届中国—东盟博览会则重点打造“国际经济与产能合作展区”。第 14 届中国—东盟博览会成功举办了多个关于国际产能合作的推介会、合作论坛等活动，如 2017 年 9 月 13 日在南宁举行中国—越南产能合作项目推介会等。

（二）形成了一批境外经贸合作区

东盟境外经贸合作区是指在中国境内注册成立，具有独立法人资格的中控企业，在东盟国家设立中资控股的独立法人机构，负责在所在国进行基础设施、产业开发等业务的产业园区。以中国·印度尼西亚经贸合作区为例，该合作区是中国与印度尼西亚合作的第一个境外经贸合作区，于 2007 年由广西农垦集团负责投资建设。截至 2016 年底，中国·印度尼西亚经贸合作区累计投资 1.56 亿美元，入驻企业达 32 家。其中，有 22 家企业已经投产和经营，在建企业 4 家，筹备企业 6 家，入驻企业累计投资总额达 6 亿美元。表 3－3 所示为通过确认考核的东盟国家境外经贸合作区名录。

表 3－3　通过确认考核的东盟国家境外经贸合作区名录

序号	合作区名称	境内实施企业名称
1	柬埔寨西哈努克港经济特区	江苏太湖柬埔寨国际经济合作区投资有限公司
2	泰国泰中罗勇工业园	华立产业集团有限公司
3	越南龙江工业园	前江投资管理有限责任公司
4	老挝万象赛色塔综合开发区	云南省海外投资有限公司
5	中国·印度尼西亚经贸合作区	广西农垦集团有限责任公司
6	中国·印度尼西亚综合产业园区青山园区	上海鼎信投资（集团）有限公司
7	中国·印度尼西亚聚龙农业产业合作区	天津聚龙集团

数据来源：商务部“走出去”公共服务平台。

（三）开创“两国双园”合作新模式

中马“两国双园”合作模式指的是中国和马来西亚共同合作在对方建立经济开发区。在中国，建立由中方主导的中马钦州产业园，在马来西亚，建立由马方主导的马中关丹产业园。中马双方在两个园区建立合资公司负责开发和运营，中方在中马钦州产业园区占总股51%，马方占49%。同样，马方在马中关丹产业园区占总股51%，中方占49%。目前，中马钦州产业园累计完成基础设施投资20亿元，首期启动区的基础设施和配套体系已初步形成，中马港钦粮油加工、生物医药等项目已建成投资，清真食品等一批东盟传统优势产业项目已入驻；马中关丹产业园建设进展顺利，由广西北部湾国际港务集团、广西盛隆冶金共同投资14亿美元的钢铁项目已开工建设，投产后将成为马来西亚最大的钢铁厂①。在中马双方联合招商的有利机制下，一大批中国名优企业入驻马中关丹产业园，如仲礼集团投资近5亿美元在马中关丹产业园建设轻工业产业园，实行园中园发展模式。总的来说，“两国双园”合作模式为中马双方双向投资创建了一个良好的平台，有利于双方产能合作的开展。

（四）设立跨境经济合作区——“一区两国”模式

除在境外设立经济合作区，与东盟国家建设“两国双园”之外，还有一种经济合作形式，即在国内设立跨境经济合作区。跨境经济合作区主要是针对边境地区开创的一种新的经济合作模式。当前，中国正着力打造一批重点跨境经济合作区。如中国东兴—越南芒街跨境经济合作区、中尼跨境经济合作区等。

四、合作方式逐渐多样

中国与东盟国家产能合作主要以直接投资和合作开发两种形式为主，具体到某一领域又有各种各样的具体合作方式。

（一）直接投资方式

随着中国—东盟自由贸易区的建立，以及“一带一路”倡议的推进，中国向东

① 简文湘．中国与东盟国际产能合作方兴未艾［N］．广西日报，2016－07－23（001）．

盟国家的直接投资逐年增加。2016 年，中国对东盟 10 国投资 102.8 亿美元[①]。中国对东盟国家的直接投资方式主要有：第一，直接在东盟国家建立境外经济合作区。如柬埔寨西哈努克港经济特区、泰国泰中罗勇工业园、越南龙江工业园、老挝万象赛色塔综合开发区、中国·印度尼西亚经贸合作区、中国·印度尼西亚综合产业园区青山园区、中国·印度尼西亚聚龙农业产业合作区等。这种方式的优势是中国企业自己控股，掌握企业发展的话语权，容易形成规模效应。但这种方式也有不利之处，在东盟国家投资要受到所在国诸多条件的制约。第二，直接在东盟国家投资建厂。如广西宇航矿业越南铁矿项目，该项目由中方企业广西宇航矿业有限责任公司在越南投资 6000 万美元，实物出资 1200 万美元。广西柳工也在越南设立了办事处。这种方式投资相对较小，但是难以形成规模效应。第三，直接以产业集群方式进行投资。如上汽通用五菱印度尼西亚制造基地项目，该项目除自身建立了制造工厂、零部件产业园外，还带动了五菱工业、南宁燎望等企业进行投资；广西恒宝丰柬埔寨农业项目群，该项目包括宝丰国际、连云（柬埔寨）生态、巴莱等农业公司。

（二）共同开发方式

合作开发是中国与东盟国家产能合作的重要方式之一，前文所论述的“两国双园”等不仅是中国同东盟各国进行产能合作的平台，也是中国同东盟各国产能合作重要的共同方式。具体来说，第一，园区合作开发方式。如中马合作建立的中马钦州产业园和马中关丹产业园、中新苏州工业园等。第二，项目合作方式。如广西南海星投资有限公司老挝铁矿普查项目，该项目由中方企业广西南海星投资有限公司与老挝政府签订协议共同开发，于 2010 年启动，计划投资 1000 万美元；缅甸剑麻替代种植农业合作项目，该项目由广西剑麻集团有限公司与缅甸娃达国际有限公司于 2007 年 1 月开始合作开发，目前已经投资人民币 3250 万元。

（三）援助开发方式

援助开发也是中国与东盟国家产能合作的重要方式。援助开发主要是指中国以现金或实物方式在东盟国家进行投资建设，建设完成后以获得一定期限经营权的方式获取效益，或以共同开发的方式继续后期合作。如中国—老挝合作开发农作物优良品种，该项目属于广西援助东盟农业试验站项目，是 3 个援助项目中第一个挂牌

① 商务部，国家统计局，国家外汇管理局．2016 年度中国对外直接投资统计公报［M］．北京：中国统计出版社，2016.

成立的农业试验站，主要目标是筛选和培育一批适合在老挝种植的优良品种，目前已经培育了水稻、火龙果、玉米等一批优良农作物品种。

五、合作企业国私并进

中国当前在“一带一路”沿线开展国际产能合作的产业，既有以轻工、家电、纺织服装为主的传统优势产业，也有以钢铁、电解铝、水泥、平板玻璃为主的富余产能优势产业，又有以电力设备、工程机械、通信设备、高铁和轨道交通为主的装备制造优势产业①。中国对东盟投资主要流向制造业，分布在印度尼西亚、新加坡、泰国、越南和柬埔寨等国家②。中国对东盟国家的投资还包括农业、采矿业、基础设施等多种产业领域。从境外经贸合作区分布的主导产业看，虽然不同的合作区涉及的主导产业各异，既有纺织轻工、钢铁橡胶等劳动密集型产业，也有信息技术、绿色环保等新兴产业，还包括了金融保险、物流研发等现代服务业，并且牵头企业多为实力较强的大中型企业③。

在与东盟国家合作的企业中，既有具有强大基础的国有企业，也有非常优秀的民营企业。国有企业比较有代表性的央企有中国铁路、中国电网、南方电网、中国石油、中国海油、中国石化、中国建材集团、中国移动、中国电建等。在具体行业中，铁路建设是中国—东盟产能合作中的典范④，中国铁路总公司运输局局长程先东说，中国铁路具有装备、资源、管理等诸多优势，而东盟国家具有工业化、市场、资源等优势，中国与东盟国家加强铁路合作发展前景广阔⑤。电力合作是中国—东盟国际产能合作的典型代表。如中国与老挝共同签订了230千伏老挝北部电网工程，老挝国家电力公司还与南方电网公司签署了500千伏老挝那磨—勐晖输变电工程EPC框架协议。由中国葛洲坝集团与印度尼西亚国家电力公司及印度尼西亚当地公司PT HUTAMA KARYA组成联合体实施的塔卡拉燃煤电站项目，位于印度尼西亚南苏拉威西省吉利普多市，装机容量2×100MW，项目于2015年5月4日在印度尼西亚总统佐科·维多多视频见证下开工，目前履约进展顺利。国有企业比较有代表性的地方企业有广西北部湾港务集团、鞍钢集团、广西农垦集团有限公司

---

① 郭朝先，邓雪莹，皮思明．“一带一路”产能合作现状、问题与对策［J］．中国发展观察，2016（06）：44-47.

② 张文德．中国—东盟产能合作潜力有待挖掘［N］．中华工商时报，2016-06-03（002）．

③ 卜文娟．中国东盟产能合作仍需一步一个脚印［J］．中国战略新兴产业，2015（18）：75.

④ 吴崇伯．“一带一路”框架下中国与东盟产能合作研究［J］．南洋问题研究，2016（03）：71-81.

⑤ 简文湘．中国与东盟国际产能合作方兴未艾［N］．广西日报，2016-07-23（001）．

等。广西北部湾港务集团于 2017 年 2 月与文莱成立了合资公司，正式接管文莱摩拉港集装箱码头业务。鞍钢集团与印度尼西亚 Krakatau 钢铁公司共同建立工业园区，其中冶炼厂项目年产能预计达 175 万吨。此外，鞍钢集团将在印度尼西亚中苏拉威西省莫罗瓦利建立钢厂，年产能将达到 500 万吨，发电的主要原料为燃煤。

民营企业中比较优秀的代表性企业有阿里巴巴、百度、腾讯、广西海世通食品股份有限公司、广西祖发投资有限公司、桂林市山城旅游开发有限公司等。2016 年 4 月，阿里巴巴投资 10 亿美元收购 Lazada，Lazada 是东南亚地区最大的在线购物网站之一。百度开始对东南亚进行布局，在印度尼西亚建立手机相关系统商店。腾讯早在 2010 年就入股泰国网站 Sanook，随后开始布局东南亚微信市场。广西海世通食品股份有限公司于 2016 年在文莱成立海世通渔业（文莱）有限公司，总投资 2000 万美元，中方投资 1400 万美元，主要在斯里巴加湾进行深海鱼养殖项目。广西祖发投资有限公司在老挝计划总投资达 9000 万美元，主要进行高热带作物的种植和加工。桂林市山城旅游开发有限公司在新加坡设立桂林市米粉王有限公司，投资额已达 400 万美元。

第二节　中国—东盟国际产能合作存在的问题

中国—东盟国际产能合作取得上述重要成绩的同时，也还存在不少问题。既有合作体制机制和服务体系不健全等方面的问题，也有制度对接和技术兼容难度比较大等方面的问题，既有企业国际化和现代化水平不够高等企业内部方面的问题，也有东盟国家整体国情决定风险长存等外部方面的问题。

一、合作体制机制和服务体系不健全

随着《关于推进国际产能和装备制造合作的指导意见》（国发〔2015〕30 号）、《中国—东盟产能合作联合声明》的发布，中国与东盟国家产能合作进入新的阶段。中国与东盟国家产能合作整体上既有中国方面的支持政策，也有东盟国家方面的支持政策，起主要联系作用的是东盟国家之间的联合声明、倡议等相关政策。但是，当前关于中国—东盟国际产能合作的相关政策，总体上还停留在宏观层面，具体的合作体制机制和服务体系不健全。相对而言，欧洲、美国、日本等发达

国家早已形成了较为系统的国际合作体制机制及具体的配套措施。自2014年5月国家发改委发布《境外投资项目核准和备案管理办法》（国家发展改革委第9号令）起，中国政府逐步放松了境外直接投资管理体制，除少数敏感投资国别、投资项目必须经过审批之外，其他境外投资一律实行备案制，清理和取消了一批不合理的限制和收费①。

中国和东盟国家在1991年的双边贸易额是79.6亿美元，到2015年中国和东盟国家双边贸易额已经达到4721.6亿美元。2016年，中国对东盟国家的投资达102.8亿美元，而在2002年中国对外（包含各国）直接投资才27亿美元。中国投资东盟国家虽然规模呈逐年上升趋势，但是总体规模仍然过低。商务部、国家统计局、国家外汇管理局编制的《2016年度中国对外直接投资统计公报》数据显示，2016年中国对外直接投资净额（以下简称流量）总计1961.5亿美元，对亚洲地区的直接投资流量总计1302.7亿美元，占2016年对外直接投资流量比为66.4%。中国对东盟国家的投资量为102.8亿美元，在亚洲投资比中占7.9%。

此外，国际产能合作配套政策及相关支持服务体系相对滞后，信息服务体系不够健全。我国由商务部、发改委等部门负责国际产能相关业务的审批和管理，因涉及国际合作，还涉及外交部等多部门的协调。这种行政体制之下的管理，使国际产能合作的相关信息服务不健全，不利于掌握第一手信息，不能及时做出政策回应和市场反应。

二、制度对接和技术兼容难度比较大

东盟涉及10个国家，10个国家国情、制度等均不相同，单从规模角度来考虑，在东盟国家进行投资其难度非常大。就单一制度如注册公司制度、用工制度、税收制度来说，难度系数也较大。如文莱林业不对外开放，禁止投资与伊斯兰教相悖的领域。2014年5月，文莱正式通过并实施伊斯兰教刑法，法律适用于在文莱包括外国人在内的全体人员，刑法最高可致判刑等。文莱的外资企业必须设立一名文莱籍的居民作为独立董事，工程项目一般只能发包给私人有限公司。柬埔寨禁止农药、杀虫剂等领域的投资。柬埔寨的工会力量特别大。柬埔寨的法律在土地上限制外资收购，若是与当地的企业合作可以拥有土地，但是外方持股比例必须低于当地企业，且必须控制在49%以下。柬埔寨对外籍劳工也有较为严格的限制，必须按照当

---

① 郭朝先，邓雪莹，皮思明."一带一路"产能合作现状、问题与对策［J］.中国发展观察，2016（06）：44-47.

地的相关规定进行申请。而且柬埔寨的法制体系中没有专门对外资保护的相关规定。印度尼西亚在鱼类捕捞业、酒精类工业、机动车检验、通信设施等领域实行保护措施，提高外资的准入条件。印度尼西亚整个经济领域的制度及其不健全，注册公司手续繁多、审批时间过长、税收成本过高。有关劳工的保护条件过于苛刻。因此，总体来说，中国在东盟国家进行投资，制度对接难是摆在投资的首要难题。

中国在东盟国家进行投资的第二个难题是标准问题。中国有自身的产品标准，国际上有国际标准，中国已经加大了与国际标准同步的力度。东盟涉及 10 个国家，除新加坡经济发展水平较高外，其他 9 个国家经济发展相对落后。东盟国家的产品标准化同其经济发展水平一样，也处于相对落后的阶段。具体来说，东盟国家标准化建设和标准化管理部门各异。表 3－4 所示为东盟国家标准化管理部门一览表。东盟国家管理标准部门的多样化加大了与中国技术标准对接的难度。另外，东盟国家在技术标准对接语言方面也存在较大的困难，东盟国家在技术标准对接语言方面存在 7 种语言。表 3－5 所示为东盟国家标准题录和文本使用语言。东盟国家所涉技术标准数量大。目前，东盟国家标准大约 29000 项①。所有东盟国家中，技术标准化最高的是新加坡和文莱，技术标准化较差的是老挝、缅甸和柬埔寨。

表 3－4　　　　东盟国家标准化管理部门一览表①

序号	国家名称	标准化管理部门	隶属部门	是否 ISO 成员
1	越南	越南标准与质量局	越南科学技术部	是
2	泰国	泰国工业标准协会	工业产品标准委员（但由国家工业部、农业部、卫生部分别发布相关行业的国家标准）	是
3	印度尼西亚	印度尼西亚		是
4	缅甸	缅甸标准研究所	缅甸科技研究院（隶属缅甸科技部科学与技术研究司）	是
5	老挝	老挝科技和环境署知识产权、标准化和计量司		是
6	柬埔寨	柬埔寨工业标准局	柬埔寨商务部进口出口检验与反诈骗机构	是
7	马来西亚	马来西亚标准部	马来西亚科技创新部署	是
8	菲律宾	菲律宾贸工部产品标准	隶属菲律宾工商部	是
9	新加坡	新加坡标准、生产力与创新局		是
10	文莱	文莱建筑计划研究所	文莱发展部	是

① 和金生，苏彩和．东盟技术标准现状分析与前景展望［J］．社会科学家，2012（01）：69－73.

表 3 – 5　　东盟国家标准题录和文本使用语言

<table>
<tr><th>序号</th><th>国家名</th><th>标准题录和文本语言</th></tr>
<tr><td>1</td><td>越南</td><td>越南语</td></tr>
<tr><td>2</td><td>泰国</td><td>泰国语</td></tr>
<tr><td>3</td><td>印度尼西亚</td><td>印度尼西亚语</td></tr>
<tr><td>4</td><td>缅甸</td><td>缅甸语</td></tr>
<tr><td>5</td><td>老挝</td><td>老挝语</td></tr>
<tr><td>6</td><td>柬埔寨</td><td>高棉语、英语（法语）</td></tr>
<tr><td>7</td><td>新加坡</td><td rowspan="4">英语</td></tr>
<tr><td>8</td><td>马来西亚</td></tr>
<tr><td>9</td><td>菲律宾</td></tr>
<tr><td>10</td><td>文莱</td></tr>
</table>

三、企业国际化和现代化水平不够高

在参与中国—东盟国际产能合作的企业中，既有经济基础较好的国有企业，也有发展优秀的民营企业。但相对于“走出去”和国际竞争而言，“走出去”的这些企业整体上国际化和现代化水平还不够高，难以形成发展合力，难以实现我国企业整体“走出去”。首先，企业国际化和现代化水平不高表现为管理水平相对不高。对国有企业来说，我国一直在进行国有企业改革，国有企业“政府 + 市场”的特征在国内具有一定的发展优势。但正是因为这种优势和特点，使国企“走出去”的能力相对较弱。对民营企业来说，在我国市场经济发展体制及政治体制下形成了具有国情特色的发展体制机制和发展模式，“走出去”未必能够适应国际竞争，特别是东盟国家复杂的政治、经济环境。其次，企业国际化和现代化水平不高表现为对国际规则和具体国家规则的把握上。自我国加入 WTO 以来，中国对国际经济规则有了更深入的了解和实践。中国自 1991 年与东盟国家启动对话进程以来，经过多年努力促成了中国—东盟自由贸易区的建立，中国加深了对东盟国家的了解。但是，如前所述，东盟国家经济发展缓慢，自身制度建设较差。换言之，东盟国家自身制度建设不足，相应国际经济规则更是落后。这些都加大了中国企业对东盟国家及企业的了解难度。

四、东盟国家整体国情决定风险长存

中国与东盟国家虽然共同建立了自由贸易区，但是，东盟国家的整体国情决定了在东盟国家进行投资风险长存的必然。在东盟国家进行投资，主要存在以下风险：首先，法制层面的风险。法制层面的风险包括两个方面的内容，一是法律方面；二是制度方面。制度方面的风险前面已经论述过，就是东盟国家本身在制度建设方面比较落后。以产品标准化建设为例，东盟国家关于产品标准化的管理及建设比较混乱。法律方面的风险与制度方面的风险大致一样。法律本身不够健全，加之部分国家的法律还带有宗教等因素。其次，经济层面的风险。一是汇率风险，东盟国家同中国汇率相比较国别差距大，汇率波动存在较大的风险。二是具体行业领域的风险。如土地征收、行业限制与保护等。再次，文化层面的风险。文化层面的风险主要体现在两个方面，一是文化传统；二是宗教信仰。文化传统如饮食文化，东南亚国家大都实行“一日五餐”制，即两次正餐加三次茶点。“一日五餐”制直接影响了工作时间。宗教信仰如印度尼西亚，每天必须进行五次半小时的祷告。最后，社会层面的风险。社会风险主要是指社会稳定方面，东盟国家只有新加坡是最稳定、最安全的国家。其他国家本身政治就不太稳定，如泰国、缅甸等。政治不稳定给社会稳定造成了巨大隐患。

第四章

广西参与中国—东盟国际产能合作：成绩、问题及原因

国家发展改委支持广西企业积极参与国家重大国际产能合作项目以及铁路、电力等重大装备“走出去”建设项目，将在建设多双边合作机制、制定重点国别规划、设立股权投资基金等工作中对广西予以支持[①]。作为中国唯一与东盟国家陆海相邻的省份，广西在“一带一路”建设特别是与东盟国家产能合作中具有独特优势和地位，近年来积极主动参与国际产能合作，从过去主要集中在农业、轻工、化工等传统行业，逐步向电力、有色金属、钢铁、汽车、工程机械、电子信息等高端装备制造业拓展[②]。2015 年，广西企业“走出去”成效显著，共备案或核准境外投资企业 72 家，协议总投资 16.07 亿美元，其中，中方协议投资额 13.66 亿美元，实际对外投资 5.95 亿美元，同比增长 105.5%；对外承包工程新签合同 59 份，新签合同额 65.56 亿美元，实际完成营业额 9.40 亿美元，同比增长 7.12%[③]。2016 年，广西备案或核准境外投资企业（含增资和境外机构，下同）66 家，协议投资总额 16.33 亿美元，中方协议投资额 15.71 亿美元，同比增长 15%。截至 2016 年底，广西备案或核准的境外投资企业 703 家，协议投资总额 87.3 亿美元，其中，中方协议投资额 78 亿美元，年均增长 45% 以上，东盟国家占 58% 以上。

---

① 方学．国家发展改革委与广西和吉林建立推进国际产能合作委省协同机制［N］．中国经济导报，2016－03－04（T01）．

② 蓝锋．加强国际产能合作 融入“一带一路”建设［N］．广西日报，2016－09－12（004）．

③ 黄焕升．广西谋划重大项目出海［N］．国际商报，2016－02－26（B03）．

第一节　广西参与中国—东盟国际产能合作的成绩

2016 年 3 月，广西壮族自治区政府与国家发改委签署了国际产能和装备制造合作的协议，明确了广西在中国—东盟国际产能合作中的战略定位，即打造中国—东盟国际产能和装备制造合作示范区①。其实，在未发布《关于推进国际产能和装备制造合作的指导意见》（国发〔2015〕30 号），以及未与国家发改委签署国际产能等合作协议前，广西已经同东盟各国在各领域开展了合作。

一、合作规模逐渐扩大

在广西壮族自治区党委、自治区人民政府的正确领导和有力推动下，广西不断加强对外投资，“走出去”的企业不断壮大。图 4－1 所示为广西对外投资中方协议投资额流量对比图。自 2010 年以来，广西对外投资发展迅猛，2010—2016 年对外投资额是前 10 年的 15 倍。

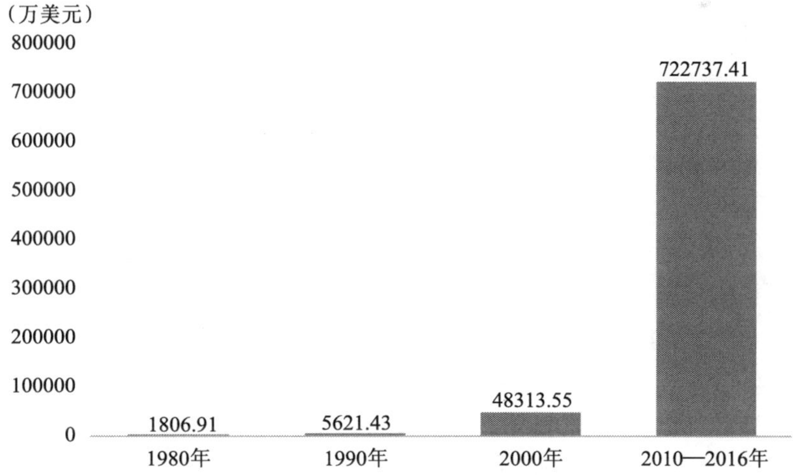

图 4－1　广西对外投资中方协议投资额流量对比

数据来源：广西商务厅。

① 黄红，陈振宇，钟蕾．对接需求 务实推进广西与东盟国际产能合作［J］．广西经济，2016（12）：30－32.

广西作为与东盟国家邻边又邻海的省（区），充分发挥了与东盟国家合作的排头兵作用，东盟国家成为广西对外投资最大的区域。图 4-2 所示为广西对外投资中方协议投资额国别地区分布图（截至 2016 年）。截至 2016 年，广西对外投资中方协议额最大的是马来西亚，占 19.89%，最小的是美国，占 3.06%。从整个协议投资额看，在东盟国家的投资额占了 59%。在东盟国家的投资中，主要集中在马来西亚、缅甸、老挝、越南、印度尼西亚、柬埔寨等国家。

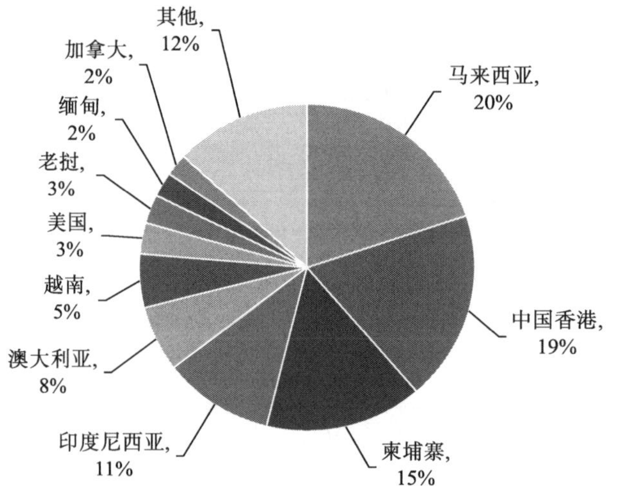

图 4-2　广西对外投资中方协议投资额国别地区分布图（截至 2016 年）

数据来源：广西商务厅。

二、合作行业分布广泛

随着对外投资工作的不断深入，广西对外投资涉及越来越多的行业。从目前广西对外投资分布看，排在前五位的分别是制造业、房地产业、采矿业、农林牧渔业和服务业，投资额度分别是 28.48 亿美元、12.46 亿美元、10.9 亿美元、9.5 亿美元、5.5 亿美元，分别占比 36.94%、15.96%、13.97%、12.11%、7.02%。此外，对东盟国家的投资还涉及建筑业、金融业、交通运输业、批发和零售业等。图 4-3 所示为广西对外投资中方协议投资额行业分布图（截至 2016 年）。

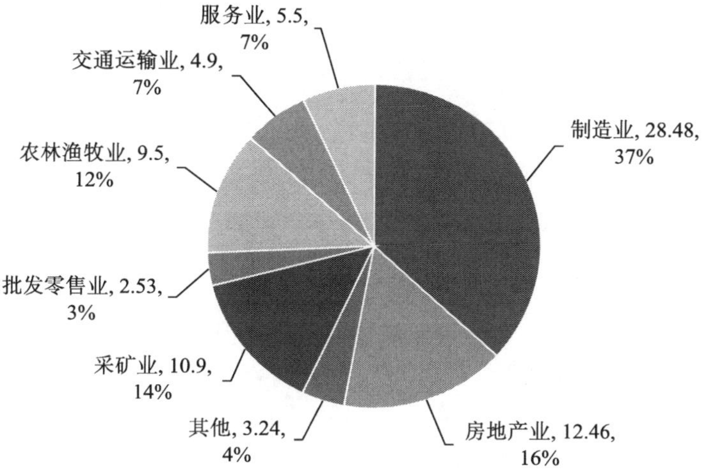

图 4-3　广西对外投资中方协议投资额行业分布图（截至 2016 年）

数据来源：广西商务厅。

三、两国双园成绩显著

2012 年正式设立的中马钦州产业园，与马中关丹产业园区开创了“两国双园”国际园区合作的新模式①。马中关丹产业园区、中国·印尼经贸合作区等境外经贸合作园区吸引大批广西企业抱团入驻，“两国双园”成为国际产能合作新模式②。高朴表示，在开发建设过程中，中马钦州产业园区认真总结中国园区经济从工业集中型园区（1.0 版）向产城融合型园区（2.0 版）再到科教创新型园区（3.0 版）的发展经验，以创建“中国（北部湾）自由贸易试验区”为契机，推进园区开发模式创新和政策创新，积极探索建设具有自由贸易功能的第四代开发园区（4.0 版）③。中马“两国双园”自建立以来，切实取得了不凡的成绩。对马中关丹产业园来说，2014 年 4 月，中方广西北部湾国际港务集团有限公司与广西盛隆冶金有限公司共同出资，成立了联合钢铁（大马）有限公司，这是马中关丹产业园首个入园项目。该项目投资近 14 亿美元，由上海宝冶、中国二十二冶、中国十九冶及中钢集团等央企参与建设。该项目能够年产高端钢铁 350 万吨产。仲礼集团作为陶瓷龙头企业，计划投资约 5 亿美元在马中关丹产业园建设园中园——轻工产业园。湖南

① 吴崇伯.“一带一路”框架下中国与东盟产能合作研究［J］. 南洋问题研究，2016（03）：71-81.

② 李世泽. 国际产能合作 广西大有作为［N］. 广西日报，2016-05-25（012）.

③ 陈正湘，陈惟杉. 中马钦州产业园：依托“两国双园”实现国际产能大合作［J］. 中国经济周刊，2015（41）：70-71.

中科恒源科技股份公司已经与园区签订合作备忘录，计划把该园区作为公司在东南亚的制造和工程基地，同样打造全球领先的园中园——绿色产业园。

中马钦州产业园启动区产业项目布局基本完成。截至2016年底，先后落户园区的产业项目有50多个，总投资已经超过280亿元。一批项目已经启动、开工或投产。启动区7.87平方公里范围内产业项目布局基本完成。通过放大财政资金的杠杆效应，先后设立了产业直投资金（每年1亿—2亿元）、东方汇富中马1号基金（30亿元，一期7亿元）、清控金融东盟基金（50亿元，一期10亿元）、万联证券汇泽智远教育装备基金（1亿元）和国家开发银行城市建设基金（100亿元）。围绕发展科技金融产业发展平台，园区出台《2.5产业项目用地管理试行办法》，按照建设“现代科技产业发展社区”的目标定位，推进高技术产业跨界融合发展，重点建设一批集国际合作、科技研发、生产销售、教育培训、产业旅游等为一体的“科技产业发展综合体”。园区推动EPC规划施工总承包改革，成为广西首个全面推进EPC总承包改革的试点单位。

四、多种合作方式并存

广西在对外投资与合作以及推进国际产能合作过程中，形成了“两国双园”、设立境外经贸合作区、境内经济合作区、经济走廊等多种合作方式。

大湄公河次区域（GMS）经济合作区是中国与越南、老挝、柬埔寨、缅甸、泰国共同推动的次区域经济合作机制。在GMS部长级会议上正式提出经济走廊的概念。亚洲开发银行将“经济走廊”描述为：基础设施开发直接与生产、贸易、投资潜力相联系的指定区域，其目标是将交通走廊的建设与经济发展相结合，以交通线路为载体和纽带，以人流、物流、信息流、资金流为基础，开展投资贸易及优势互补的产业合作，形成共同繁荣、共同发展的跨国经济带。按照GMS交通运输网络的总体布局，GMS经济走廊包括：南北经济走廊，东西经济走廊和南部经济走廊也即第二条东西经济走廊。南北经济走廊以次区域四条纵向的交通通道建设为基础，覆盖昆明至仰光、曼谷、河内，南宁至河内四个经济带[①]。在2016年GMS经济走廊省长论坛上，明确提出要加强GMS国际产能合作。此外，广西正在加紧推进南宁—新加坡经济走廊建设。该经济走廊贯穿中国泛珠三角地区和中南半岛国家，以南宁为起点，经过河内、万象、曼谷、吉隆坡，最后再到新加坡的陆路大通道，并且可以辐射到缅甸。文莱—广西经济走廊自2014年双方签署《文莱—广西经济走

① 陈昕．大湄公河次区域东西经济走廊发展研究与借鉴［J］．管理世界，2012，（12）：179－180.

廊经贸合作谅解备忘录》以来，2016 年召开了第一次联合工作会议，已经有摩拉港等项目正式落地。

境外经贸合作区是企业“走出去”开展国际产能合作一种非常有利的方式，符合国家政策导向，既能降低企业“走出去”的风险和成本，又能形成产业链的集聚效应①。印度尼西亚—中国综合产业园 2013 年 6 月建成，由广西农垦集团承建，是中国在印度尼西亚设立的首个集工业生产、仓储、贸易为一体的经贸合作区。该合作区产业定位是发展机械制造、精细化工、新材料、汽车摩托车配件等，最终目标是建立集生产、贸易、仓储为一体的国际经贸合作区。浙江青山控股集团和青岛恒顺众昇集团则着重于工业园建设。两家企业分别投资数十亿美元，在苏拉威西岛收购镍矿和土地，修建以镍矿资源和冶炼厂为主业的全产业链工业园②。

跨境经济合作区是国际产能合作的又一创新形式。广西与越南目前正在积极推进中越东兴—芒街、中越凭祥—同登、中越龙邦—茶岭三大跨境经济合作区建设，着力将中越东兴—芒街跨境经济合作区打造成为沿边开发开放和边境经济合作新高地③。

五、民营企业作用凸显

东盟是广西参与国际产能合作的重点区域，广西对东盟投资覆盖东盟 10 个国家，主要集中在越南、柬埔寨、印度尼西亚、老挝等国家；广西参与国际产能合作主要涉及矿产资源开采与加工、汽车、工程机械、电力、建材、化工、农业等重点行业；广西已有超过 1/3 的国有企业开展境外投资或对外合作业务，而民营企业异军突起，成为参与“一带一路”国际产能合作的新生力量；柳工、上汽通用五菱、广西农垦、广西水电等一批强优企业积极在“一带一路”沿线国家投资建厂，企业跨国经营能力显著提高④。

在文莱，代表性的民营企业有海世通（文莱）有限公司，该公司成立于 2016 年，总投资 2000 万美元，主要在斯里巴加湾开展深海养鱼等业务。海华渔业生蚝养殖项目由钦州市海华蚝业科技开发有限公司投资 488 万美元，主要从事大蚝和鱼类的养殖，该公司与广西南洋公司合作，进行产业升级，并且计划在钦州建立文莱—广西碳汇渔业基地。瑞安香料加工项目由广西瑞安公司在文莱投资建设，并且

---

① 伊佳．吉林省引导企业参与国际产能合作［N］．国际商报，2016－05－13（B04）．

② 吴崇伯．“一带一路”框架下中国与东盟产能合作研究［J］．南洋问题研究，2016（03）：71－81.

③ 陈时勇，于洪羽．云南、广西参与国际区域合作，实施“一带一路”战略的平台和机制比较研究——兼议滇桂合作［J］．东南亚纵横，2015（07）：49－54.

④ 李世泽．国际产能合作 广西大有作为［N］．广西日报，2016－05－25（012）．

文莱首破惯例，计划在广西贵港、玉林等地建立合作生产基地。盛龙新能源汽车项目由广西盛龙公司投资建立，该项目正在筹备过程中。在柬埔寨，代表性的民营企业有广西福沃得农业技术国际合作有限公司、冠德科技（北海）有限公司、广西恒宝丰农业公司、广西安泰金谷集团有限公司等。在越南，代表性的民营企业有东兴安得房地产开发有限公司、广西升平自筹管理有限责任公司、广西宇航矿业有限责任公司等。此外，在其他东盟国家还有许多民营企业。

民营企业极大地促进了广西与东盟国家的合作，带动了产能合作的开展。民营企业在广西与东盟国家产能合作中，通过直接投资、建立工业园区、建厂等方式，深入到基础设施建设、矿业、农业、渔业等多个领域。

第二节　广西参与中国—东盟国际产能合作存在的问题

广西在“一带一路”和产能合作的大好环境下，充分利用自身优势，大力推进对外投资和合作，积极参与中国—东盟国际产能合作，取得了显著成绩。但是，广西参与中国—东盟国际产能合作仍然存在不少的问题。这些问题包括中国—东盟国际产能合作所存在的合作体制机制和服务体系不健全、制度对接和技术兼容难度比较大、企业国际化和现代化水平不高、国家整体国情决定风险长存等宏观性问题，也包括区域因素、企业特点等微观性问题。前文已经论述分析了中国—东盟开展国际产能合作存在的问题，因此本部分着重分析广西参与中国—东盟国际产能合作所存的问题。具体来说，表现在五个方面。

一、总体投资规模偏小

在中国对外投资及中国—东盟国际产能合作中，广西积极参与对外投资与合作，合作规模总体呈上升趋势，但从当前投资规模看，总体上还是偏小。首先，广西对外投资总量偏小。从 2016 年分省市中方实际投资额排序表中可以看出（如表 4 - 1 所示），2016 年广西对外实际投资额为 89450 万美元，在所有省市中排第 23 位，为上海市投资额的 3.6%，河北省投资额的 28.6%。其次，从广西对外投资中方协议投资额国别地区分布看，（见前文图 4 - 2 所示），在东盟地区的投资比例占到 59%，但是由于其总体基数偏小，决定了广西在东盟国家的投资总体规模偏小。

最后，从广西对外投资额行业分布看（见前文图 4－3 所示），行业规模以制造业为最大，其他行业规模过小。

表 4－1　　2016 年分省市中方实际投资额排序表　　单位：万美元

序号	省市名称	直接投资额	序号	省市名称	直接投资额
1	上海市	2.512.997	17	安徽省	124.097
2	广东省	2.0684.24	18	江西省	123.962
3	北京市	1.550.955	19	黑龙江省	123.89
4	天津市	1.505.364	20	湖北省	120.666
5	江苏省	1.315.950	21	海南省	114.234
6	山东省	1.298.265	22	新疆维吾尔自治区	102.379
7	浙江省	1.094.173	23	广西壮族自治区	89.45
8	福建省	557.092	24	甘肃省	72.042
9	河南省	389.313	25	陕西省	70.353
10	河北省	312.571	26	宁夏回族自治区	42.392
11	辽宁省	296.579	27	吉林省	29.831
12	重庆市	236.841	28	山西省	19.461
13	四川省	183.059	29	新疆生产建设兵团	7.952
14	内蒙古自治区	171.156	30	贵州省	7.206
15	河南省	156.781	31	西藏自治区	2.683
16	云南省	161.283	32	青海省	1.44

数据来源：广西商务厅。

二、国别投资差异显著

从广西与东盟国家双向投资情况看，广西在东盟国家的投资国别差异显著。如表 4－2 所示。广西对东盟国家投资按投资额排序依次为新加坡（12.06 亿美元）、印度尼西亚（4.78 亿美元）、马来西亚（2.99 亿美元）、泰国（2.89 亿美元）、越南（0.19 亿美元）、菲律宾（0.12 亿美元）、文莱（0.11 亿美元）、柬埔寨（0.03 亿美元）、缅甸（57 万美元）、老挝（5 万美元）。排在前 2 位国家是新加坡和印度尼西亚，排在后 2 位国家是缅甸和老挝。广西对新加坡的投资是对老挝投资的 2 万多倍。

从东盟国家流向广西的投资额看，按照投资额排序依次为马来西亚（15.18 亿美元）、柬埔寨（11.86 亿美元）、印度尼西亚（8.29 亿美元）、越南（4.14 亿美元）、老挝（2.24 亿美元）、缅甸（1.92 亿美元）、新加坡（1.21 亿美元）、泰国（0.58 亿美元）、文莱（0.23 亿美元）、菲律宾（0.01 亿美元）。排在首位的马来西亚投资额是排在末位的菲律宾投资额的 1500 多倍。

从广西对东盟国家的投资及东盟国家对广西的投资按照国别对比看，同一国家之间的外资和对外投资差异显著。差异最大的是老挝，差异最小的印度尼西亚。

表 4 -2　　广西与东盟国家双向累计投资情况（截至 2015 年）　　单位：亿美元

国别	累计实际外资	排名	累计对外直接投资	排名
文莱	0.11	7	0.23	9
柬埔寨	0.03	8	11.86	2
印度尼西亚	4.78	2	8.29	3
老挝	5 万美元	10	2.24	5
马来西亚	2.99	3	15.18	1
缅甸	57 万美元	9	1.92	6
菲律宾	0.12	6	0.01	10
新加坡	12.06	1	1.21	7
泰国	2.89	4	0.58	8
越南	0.19	5	4.14	4

数据来源：广西商务厅。

三、企业分布过于集中

从广西对外投资境内主体分布图（截至 2016 年）可以看出（如图 4 -4 所示），在全部对外投资的 703 家企业中，南宁市 225 家，区直 149 家，柳州市 67 家，桂林市 63 家。来宾市 1 家、贺州市 7 家、贵港市 7 家，南宁市企业数是来宾市企业数的 200 多倍。投资企业分布过于集中，不利于广西的区域协调发展及广西对外投资的可持续发展。

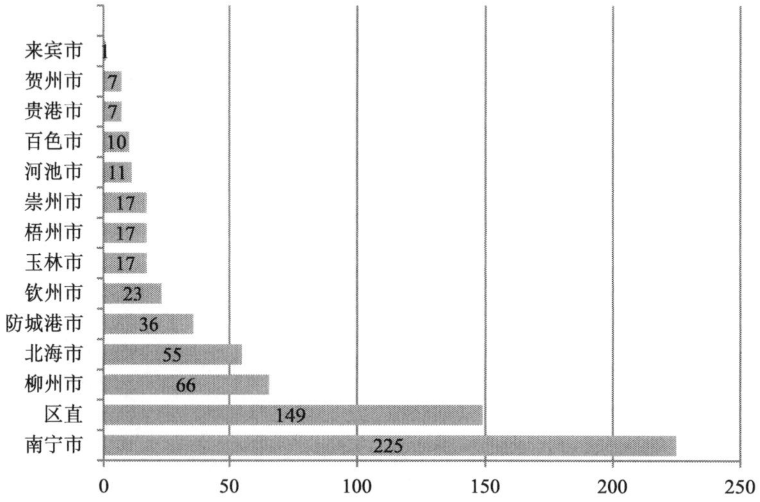

图 4 -4　广西对外投资境内主体分布图（截至 2016 年）

数据来源：广西商务厅。

企业分布过于集中还表现在广西对东盟国家部分领域的投资集中在少数几个大企业。以对外承包工程与劳务合作为例，按2012—2016年营业额统计，广西水电工程局占35.74%，广西海外建设集团占23.28%，广西建工集团第一安装公司占12.13%①。目前具有对外劳务资质的企业只有4家，即广西国宏经济发展集团有限公司、广西泰宁建筑劳务有限责任公司、广西万泰劳务公司和南宁市明胜工程劳务有限公司。

四、项目推进速度过慢

广西对东盟国家的投资额总体规模小，投资项目推进速度过慢。以中马“两国双园”为例，马中关丹产业园至今真正入园项目才2—3个，由于经济、政治、文化等各方面的原因，项目推进速度慢。中马钦州产业园虽然较马中关丹产业园发展得快，目前先后有50多个产业项目落户园区，总投资超过280亿元，但是离总体预期和设想还有较大的差距。实际投产和产生的经济效益不明显。

五、投资面临各类风险

广西参与东盟国家产能合作虽然面临难得的历史发展机遇，但是也不可避免地面临各类风险。有来自广西自身方面的风险，也有来自东盟国家方面的风险，后者大于前者。来自广西自身方面的风险主要是广西“走出去”企业的现代化、国际化水平不高，以及广西地方政府及有关职能部门对“走出去”企业的服务体系不够完善。来自东盟国家方面的风险主要是东盟国家的投资环境比较复杂。这种复杂性主要表现在法律、制度、文化、社会稳定等几个方面。

第三节　广西参与中国—东盟国际产能合作存在问题的原因

广西参与中国—东盟国际产能合作存在总体投资规模偏小、国别投资差异显著、企业分布过于集中、项目推进速度过慢、投资面临各类风险等问题，既有经济方面的原因，也有政策方面的原因，既有产业方面的原因，也有社会方面的原因。

---

① 数据来源于广西商务厅。

一、经济原因：经济总体发展缓慢

广西总体经济发展水平不高是影响广西参与中国—东盟国际产能合作的基础性原因，经济总体水平不高至少在三个方面影响广西参与中国—东盟国际产能合作。第一，基于“总量”总体水平的考虑。2017 年 1—9 月，广西 GDP 为 12757.93 亿元，增速比 7.0%。从近几年广西 GDP 看，在全国排位均处 20 位左右，增速比也维持在 6.5% 左右。广西经济总体发展态势反映了广西总体发展能力水平。第二，基于“财政”角度的考虑。广西经济总体发展缓慢，直接影响了广西的财政水平。财政水平偏低直接影响对产业的政策支持和扶持。广西企业要参与中国—东盟国际产能合作，以目前广西企业的能力及发展趋势来说，还需要政府给予较长时间的政策支持和扶持。第三，基于“经验”角度的考虑。广西经济总体发展缓慢，间接反映了广西企业的发展经验不够丰富。企业的管理经验、融资经验、市场经验等均与企业的发展息息相关。因此，经济总体发展缓慢是广西企业发展不足的表象，其实也可以理解为广西经济发展不足的原因，二者兼而有之。

二、政策原因：支持体系有待完善

企业发展的支持体系可以从两个方面考虑，一是软性支持方面，即出台相关政策、制度；二是硬性支持方面，即有明确的管理机构和管理者，能够对需求做出较为灵敏有效的反映。对于广西相关产业而言，国家及广西层面均出台了相关政策和文件。严格来说，宏观政策是有了，但是缺乏具体的配套政策等支持体系。广西具体产业介入中国—东盟国际产能合作存在政策上的难度。在调研中发现，推进广西产能合作的相关部门至少有发改、商务和工信等部门，发改部门负责宏观的政策制定和指导，工信部门负责产业结构优化和调整，商务部门负责对接、提供信息等服务工作。广西商务厅负责东盟产能合作推进工作的是对外经济合作处及东盟处。两个处室要具体负责广西众多产业及园区的对外投资和发展，实际工作中难以服务众多企业的对外发展。

三、产业原因：优势产业优而不强

广西参与中国—东盟国际产能合作主要涉及矿产资源开采与加工、汽车、工程机械、电力、建材、化工、农业等重点行业[1]。从2017年1—9月主要行业固定资产投资可以看出，前三季度固定资产投资最多的是制造业，总共投资3855.97亿元，同比增长0.8%。采矿业固定资产投资192.11亿元，同比增长-7.3%。农林牧渔业固定资产投资901.52亿元，同比增长31.0%。但是，从总体产业布局看，广西缺乏优势产业，优势产业中缺乏竞争力强的产业。

四、社会原因：社会观望仍然存在

东盟是世界上最具多样性的地区合作组织之一，其成员国在经济发展水平、政治制度、民族、宗教和文化等方面存在明显差异，既有新加坡、马来西亚、文莱等发展水平相对较高的老东盟6国，也有经济相对落后的新东盟4国，即缅甸、老挝、柬埔寨和越南，存在大量贫穷人口和普遍的收入分配不均现象[2]。当今世界经济发展越来越多地受到地缘政治、军事冲突和文化差异的束缚，中国企业对外直接投资面临的国际政治风险日益增大。全球金融危机的爆发彻底暴露出国际金融市场的脆弱性，国际金融市场的动荡很容易传导至实体经济，进而对企业对外投资决策产生重要影响[3]。国际经济大环境，东盟国家的复杂性，加之国内支持服务体系不够完善，广西诸多企业还处于“观望”状态。

① 李世泽．国际产能合作 广西大有作为［N］．广西日报，2016-05-25（012）．

② 闫磊．东盟共同体启动 深化合作契机显现［N］．经济参考报，2015-12-31（004）．

③ 陈继勇，蒋艳萍，王保双．“一带一路”战略与中国参与国际产能合作［J］．学习与实践，2017（01）：5-12.

第五章 广西参与中国—东盟国际产能合作的优势产业分析

第一节 当前广西"走出去"产业分析

广西根据国务院发布的《关于推进国际产能和装备制造合作的指导意见》精神，结合广西自身产业结构调整及产能情况，制定了推进国际产能和装备制造合作的具体实施方案，明确提出重点与广西产业契合度高、产业合作愿望强和产业基础条件好的发展中国家进行产能合作，重点在轻工食品、化工、汽车、电力、钢铁、有色金属、工程机械、电子信息、建材等行业开展产能合作。当前广西已经有部分产业"走出去"，与世界各国开展产能合作。

一、当前广西走出去的主要产业

根据广西对世界各州投资产业的统计（如表 5－1 所示），广西当前"走出去"的产业主要有制造业、采矿业、农林渔牧业、房地产业、交通运输仓储业、服务业、批发和零售业业等行业。在不同的地区，广西实现"走出去"的产业比重存在较大的差异。广西实现"走出去"的产业中，在亚洲比重最大的是制造业，占比 40.07%。在非洲比重最大的是农林牧渔业，占比 46.31。在欧洲比重最大的也是制造业，占比 75.14%。在拉丁美洲比重最大的也是制造业，占比 53.93。在北美洲、大洋洲比重最大的均是房地产业，分布占比 55.06%、72.77%。从广西"走出去"的产业中可以看出，制造业、房地产业是广西"走出去"的核心产业。

表 5-1　　广西对世界各洲投资前五位的行业（截至 2016 年末）

地区	行业名称	中方协议投资额（万美元）	占比%
亚洲	制造业	245.877	40.07
	采矿业	94.198	15.35
	农林渔牧业	64.188	10.46
	房地产业	60.479	9.86
	交通运输仓储业	46.915	7.64
	小计	511.657	83.38
非洲	农林渔牧业	12.626	46.31
	采矿业	5.972	21.9
	服务业	3.822	14.02
	房地产业	3	11
	制造业	8.14	2.99
	小计	26.234	96.22
欧洲	制造业	21.265	75.14
	农林渔牧业	4.651	16.44
	房地产业	1.296	4.58
	服务业	852	3.01
	其他	165	0.58
	小计	28.229	99.75
拉丁美洲	制造业	9.695	53.93
	批发和零售业业	5.172	28.77
	采矿业	2.038	11.34
	服务业	871	4.85
	农林渔牧业	101	0.56
	小计	17.877	99.45
北美洲	房地产业	22.476	55.06
	农林渔牧业	4.75	11.64
	采矿业	5.303	12.99
	制造业	3.06	7.5
	服务业	2.771	6.79
	小计	38.36	93.98
大洋洲	房地产业	37.325	72.77
	农林渔牧业	8.22	16.03
	制造业	4.068	7.93
	采矿业	1.49	2.9
	批发和零售业业	100	0.19
	小计	51.203	99.82

数据来源：广西商务厅。

二、当前广西与东盟国家合作产业分布情况

从广西与东盟国家合作行业看，涉及制造业、采矿业、农林渔牧业、房地产业、交通运输仓储业、服务业、批发和零售业业等行业领域。如表5－2所示。具体来说，广西与越南主要在房地产业、制造业、采矿业、服务业、批发和零售业、农林渔牧业等行业开展产能合作，如广西宇航抗也有限责任公司越南铁矿项目、越南北方升龙汽车制造项目等。广西与印度尼西亚主要在制造业、采矿业、批发和零售业等行业开展产能合作，如上汽通用五菱印度尼西亚制造基地项目、印度尼西亚大宗商品离岸交易中心等。广西与文莱主要在制造业、农林渔牧业、仓储业等行业开展产能合作，如盛龙新能源汽车项目、瑞安香料加工项目、摩拉港项目等。广西与柬埔寨主要在农林渔牧业、采矿业、制造业、批发和零售业等行业开展产能合作，如中柬农业促进中心、冠德（柬埔寨）产业园项目。广西与老挝主要在农林牧渔业、采矿业等行业开展产能合作，如老挝金穗农业有限公司香蕉种植项目、广西南海星投资有限公司老挝铁矿普查项目等。广西与马来西亚主要在交通运输业、仓储业、制造业等行业开展产能合作，如关丹港股权并购项目、马中关丹产业园钢铁项目。广西与老挝主要在建筑业、农业等行业开展产能合作，如中缅管道原油灌区总承包项目、缅甸剑麻替代种植农业合作项目等。广西与菲律宾主要在建筑业等行业开展产能合作，如卡帕干水电站等。广西与新加坡主要在采矿业、住宿餐饮业等行业开展产能合作，如新加坡彩虹矿业公司、桂林市米粉王有限公司等。广西与泰国主要在建筑业、文化、体育和娱乐业、采矿业等行业开展产能合作，如泰国乌泰它尼府糖厂扩建项目、泰中文化传媒集团等。

表5－2　　广西在东盟国家投资重点企业　　单位：万美元

批准日期	所在国家	境内主体	境外企业	中方协议投资额
2013－6－27	越南	东兴安得房地产开发有限公司	安得集团发展有限公司	4024.8
2012－9－26	越南	广西升平资产管理有限公司	越南北方升龙汽车制造有限公司	4947
2011－9－7	越南	广西宇航矿业有限责任公司	顺通达矿业贸易股份公司	6000
2011－2－18	越南	广西万缘东盟商品进出口展示交易有限公司	越南海防市越中万缘联营公司	3673.16
2009－9－15	越南	广西一洲矿业投资有限公司	越南明阳生化有限责任公司	1000
2008－9－22	越南	广西农垦明阳生化集团股份有限公司	越南明阳生化有限责任公司	6800

续表

批准日期	所在国家	境内主体	境外企业	中方协议投资额
2006-9-1	越南	广西中电科技有限公司	中天通讯电子科技有限公司	2500
2016-4-29	越南	柳州五菱汽车工业有限公司	柳州五菱汽车印尼有限公司	3128
2015-5-5	越南	广西澳金投资有限公司	北苏拉威西澳金能源开发投资有限责任公司	32000
2016-4-30	越南	上汽通用五菱汽车股份有限公司	上汽通用五菱汽车股份有限公司	20252.5
2014-4-24	印度尼西亚	南宁商品交易所有限公司	南宁（中国—东盟）商品交易所印度尼西亚大宗商品离岸交易中心	9600
2012-9-26	印度尼西亚	桂林市国际经济技术合作有限公司	印度尼西亚双狮有限责任公司	1200
2010-2-1	印度尼西亚	广西国厚贸易有限公司	印度尼西亚广西国厚贸易有限公司	1000
2009-7-22	印度尼西亚	广西农垦集团有限责任公司	中国印尼经贸合作区有限责任公司	9275.3
2008-8-19	印度尼西亚	广西国平商贸有限公司	广西国平印度尼西亚矿业集团公司	2000
2007-12-10	印度尼西亚	广西国宏经济发展集团有限公司	宏源矿业有限公司	1170
2016-7-28	新加坡	梧州神冠蛋白肠衣有限公司	新加坡神冠私人有限公司	1975.52
2010-5-11	新加坡	梧州神冠蛋白肠衣有限公司	新加坡彩虹矿业私人有限公司	8028
2015-11-6	泰国	广西西马矿业有限责任公司	顺泰矿业有限公司	1280
2014-9-24	泰国	广西桂林市桂柳家禽有限公司	泰国锦业集团有限公司	4113.15
2015-8-11	缅甸	广西河池市南方有色金属集团有限公司	南方有色金属有限公司	2000
2015-5-7	缅甸	广西金甸矿业投资有限公司	缅甸万达矿业科技投资开发集团有限公司	5000
2013-11-4	缅甸	广西创思特汽车服务有限责任公司	缅甸创思特汽车服务有限公司	1500
2012-10-15	缅甸	广西金辉工程建设有限公司	腊戌五星水泥有限公司	7739.1
2015-8-20	马来西亚	桂林市明丰旅游咨询有限公司	马来西亚显著私人有限公司	5000
2014-7-2	马来西亚	广西北部湾联合钢铁投资有限公司	联合钢铁（大马）有限公司	140975.2
2014-5-16	马来西亚	广西桂林市宏溢矿业有限公司	普林思维斯特有限公司	1000
2015-10-21	老挝	广西金穗农业集团有限公司	老挝金穗农业有限公司	2500
2015-8-10	老挝	广西梧松林化集团有限公司	老挝川圹梧松农林开发有限公司	1532.3

续表

批准日期	所在国家	境内主体	境外企业	中方协议投资额
2014－10－30	老挝	北海市海域区勤劳现代农业服务公司	终老合资万象现代农业生态示范园	3332
2014－5－27	老挝	广西祖发投资有限公司	佩达拉—祖发农业开发有限公司	8550
2010－11－23	老挝	广西南海星投资有限公司	南海星（老挝）矿业有限公司	1000
2016－6－8	柬埔寨	广西远航投资开发有限公司	广西远航投资（柬埔寨）有限公司	29000
2015－12－8	柬埔寨	广西普吉农业科技有限公司	正邦国际（柬埔寨）投资建设集团有限公司	20000
2015－9－25	柬埔寨	冠德科技（北海）有限公司	冠德科技（柬埔寨）有限公司	17000
2015－8－12	柬埔寨	广西益华投资发展有限公司	柬埔寨全益投资发展有限公司	5616
2012－1－16	柬埔寨	广西防城港德城实业集团有限公司	哨德集团（柬埔寨）有限公司	15000
2013－8－26	柬埔寨	德保现银丰工贸有限公司	鑫银丰（柬埔寨）工业有限公司	2900
2013－8－16	柬埔寨	嘉鹏置地集团有限公司	嘉鹏集团有限公司	5000
2013－1－9	柬埔寨	广西帝贸投资集团有限公司	柬埔寨柬金国际投资有限公司	5500
2013－1－16	柬埔寨	广西御丰实业有限公司	柬埔寨粮油发展有限公司	3000
2012－12－31	柬埔寨	北海市海域城区勤劳现代服务中心	高锦现代农业示范园	1080
2011－5－10	柬埔寨	广西安泰农业发展有限公司	金谷集团（柬埔寨）有限公司	2000
2010－1－5	柬埔寨	广西有色金属集团有限公司	广西有色金属集团柬埔寨有限公司	2000
2009－10－29	柬埔寨	广西国宏经济发展集团有限公司	国宏柬埔寨实业有限公司	1940

说明：以上系中方协议投资额1000万美元以上项目。

数据来源：广西商务厅。

第二节　新形势下广西产业结构优化调整思路

为推进广西产业机构优化升级，广西发改委于2017年7月28日发布了《广西推动产业结构优化调整工作方案》（桂发改工业函〔2017〕2017号）。该方案明确提出要加大广西实体经济的发展力度，加快广西传统优势产业进行二次创业的速度，创新培育发展一批新兴产业。

一、改造升级传统产业

改造升级传统产业的核心思路是进行传统优势产业的"二次创业"。工业方面，加大食品、石化、有色金属、冶金、建材、电力、造纸与木材加工、纺织服装与皮革加工等传统产业技术改造力度①，不断延伸产业链，加大企业的绿色化改革力度，加快构建绿色制造工业体系。推动糖业、铝业、机械、冶金"二次创业"。服务业方面，大力发展现代物流、信息服务、金融服务、电子商务、商务会展、科技服务、人力资源服务、节能环保服务、海洋服务等生产性服务业②，继续升级养老、旅游、家政、房地产等生活性服务业。农业方面，继续加大粮食和蔗糖料的生产。

二、发展特色优势产业

发展特色优势产业的目的是要增强广西产业核心竞争力。工业方面，大力发展轨道交通装备、海洋工程装备及高技术船舶、高端数控机床与机器人、农机装备、通用航空等先进制造业，重点打造一批信息技术、新材料、节能环保、大健康等新兴产业，大力发展有色金属、化工、建材、制糖、茧丝绸、农林产品加工、生物医药等优势产业③。服务业方面，重点发展物流、科技服务、健康养老、旅游休闲、文化创意等现代服务业，重点建设100个相关产业现代服务业集聚区。农业方面，重点发展油茶、核桃、板栗、种苗花卉、坚果、沉香等特色经济林。

三、改革创新发展模式

广西在产业结构优化调整过程中，不断改革创新发展模式。第一，实行集群发展模式。工业方面加快柳州、桂林、北部湾经济区等先进制造业基地建设，在节能技术、新能源、大健康等产业形成产业集群。服务业方面要形成100个自治区级科技服务、健康养老、旅游休闲等现代服务业聚集区。农业方面要引导二三产业向县城、农业园区聚集，加快建设特色现代农业示范区。第二，多产业融合发展。工业方面要推动制造业等传统工业领域与大数据、互联网、物联网、云计算等现代信息技术融合发展，形成云制造、网络协作制造等新型制造模式，在稀土、汽车、机

①②③ 广西壮族自治区发展和改革委员会．广西壮族自治区发展和改革委员会关于印发推动产业结构优化调整工作方案的通知［EB/OL］．（2017－08－07）［2017－11－13］．

械、钢铁、有色、石化、建材等行业建立智能车间、智能工厂，提升传统行业的智能化水平。服务业方面要推进生产线服务业与现代工业的融合，促进要素跨行业、跨平台的融合。农业方面要加大与互联网、生态、旅游等产业的融合。第三，不断优化布局。工业方面要加大国家产业转移示范区建设，引导汽车、机械等优势产业沿江、沿线布局，加快经济合作区建设。服务业方面要依托交通、产业园区、中心城区、边境经济合作区等区域加快产业聚集。农业方面重点加快农业示范区建设，着力推进宾阳、恭城等农业示范县建设。

第三节　东盟国家市场准入条件分析

东盟各国政治、经济、社会等大环境各不一样，对华战略、投资环境及投资吸引力也各具特色。因此，东盟各国的市场准入条件也存在很大差别。东盟国家对外资有鼓励性行业，也有明确的禁止性或限制性行业。

一、东盟国家对外资的鼓励性行业分析

文莱税赋低，基础设施完善，总体投资环境优越。在油气加工、清真食品、高新科技等行业合作潜力大。鼓励在化工、制铝、制药、建筑材料等行业进行投资。柬埔寨鼓励制造业、新兴工业、建材、家具、纺织业等领域的投资。印度尼西亚与中国在2013年5月共同签署《中印尼经贸合作五年规划》，2015年又共同签署涉及基础设施、航空航天、海上搜救等方面的合作协议，印度尼西亚与中国开展电力、建材、造船、钢铁、光伏等行业的合作。老挝金融环境相对宽松，对投资方给予税收、投资便利、信息服务等多项优惠政策，鼓励外资在各行业进行投资。马来西亚鼓励外资在制造业及相关服务业进行投资，对投资在新兴工业地位的企业可享受部分税务补贴，并在投资、资本、农业等领域出台多项补贴措施。缅甸鼓励外资投资，鼓励以资源为基础的项目及以出口为导向的劳动密集型项目，允许外资在农林牧渔业、制造业、矿业、建筑业等多领域投资。菲律宾主要在制造业、矿业和房地产等行业接受外资。新加坡鼓励外资投资，给予外资国民待遇，明确将电子、石油化工、工程、生命科学等9个行业列为奖励投资领域。泰国与中国在经贸、文化、科技等领域签署了政府间合作协议，泰国对外资保持审慎态度。越南鼓励制造业、

电力、天然气等领域的外资投资。

综合东盟国家对外资的鼓励性行业看，在农林牧渔业、制造业、矿业、建筑业、房地产业、批发和零售业等行业均有所涉及，只是不同国家有不同的侧重点而已。

二、东盟国家对外资的限制性行业分析

东盟国家总体上对危害国家安全的如武器、毒品等，或者违背所在国宗教惯例的，都明确规定禁止投资。此外，各国根据实际情况，也对相关行业的外资投资做了限制或禁止性规定。文莱明确规定不对外资开放林业。柬埔寨禁止在神经及麻醉产品、农药及相关产品、有毒化学品、森林开放等行业的投资。印度尼西亚明确规定受保护鱼类捕捞业、珊瑚相关建筑材料、相关化学产业、通信行业、相关文化产业等25个行业属于禁止投资行业。老挝总体上鼓励外资投资，近年矿业、橡胶等特许经营项目暂停审批。马来西亚对在金融、电信、法律服务、保险、直销及分销行业的外资比例规定不得超过30%—50%。缅甸设立外资最低投资额，制造业、服务业最低额分别为50万美元、30万美元。菲律宾明确规定农业、物流、保险、电信、公共设施等不对外资开放。部分投资领域外资权益控制在25%以内，大部分外资权益控制在40%以内，而且菲律宾占董事会成员比不能少于60%。泰国对外资投资比较严格，限制农林牧渔、广电、土地等行业的投资，部分行业需经商业部长审批，且对投资额做了限定。泰国占董事会比例不少于2/5。越南禁止投资有毒化学品、危害环境及人民健康等行业的投资，对其他行业投资也有相关限定性条件。

从东盟国家对外资的限制性条件看，除新加坡外，其他9个东盟国家均对外资有限制性规定，柬埔寨、印度尼西亚、越南等国家还有禁止性规定。

第四节　广西参与中国—东盟国际产能合作的十大优势产业及行业分布建议

近年来，广西的汽车制造、机械、建材、冶金等优势产业面临市场低迷、产能过剩等问题，而许多“一带一路”国家尤其是东盟国家的相关行业正处于快速发展

阶段①。随着《广西推动产业结构优化调整工作方案》（桂发改工业函〔2017〕2017号）的出台，广西在产业结构优化调整背景下，重新梳理“走出去”与东盟国家进行产能合作的优势产业布局。

一、广西参与中国—东盟国家产能合作的十大优势产业

为较为科学地确定广西参与中国—东盟国际产能合作的十大优势产业，本书分三步进行分析。一是根据广西对外投资额行业分布图、广西对外投资额国别分布图及广西对亚洲投资排前五位的行业，分析广西对东盟国家投资的主要行业。二是根据对广西各地市产业集群的识别，分析广西优势行业排序。三是基于东盟国家对外资投资行业的鼓励及限制性规定，列出广西参与中国—东盟国际产能合作的十大优势产业。

第一步，确定广西对东盟国家投资的主要行业。根据广西对外投资中方协议投资额行业分布（截至2016年）情况看，广西对外投资额从大到小的行业依次为制造业、房地产业、采矿业、农林牧渔业、服务业、交通运输业仓储业、批发和零售业等。根据广西对外投资中方协议投资额国别地区分布（截至2016年）情况看，在东盟国家的投资额占了广西对外投资额的59%。因此，据此比例来推算，广西对外投资中方协议投资额行业分布（截至2016年）中的主要行业领域可以代表广西对东盟国家协议投资行业分布情况。据此推论，广西对东盟国家的投资行业主要集中在制造业、房地产业、采矿业、农林牧渔业、服务业、交通运输业仓储业、批发和零售业等行业。根据广西对世界各洲投资前五位的行业（截止2016年末）情况看，广西在亚洲“走出去”的产业依次为制造业、采矿业、农林渔牧业、房地产业、交通运输仓储业，顺序基本与前述一致。

第二步，对广西各地市产业集群进行识别，分析广西的优势行业分布。按照第三次全国经济普查主要数据公报的分类，运用区位商对各地市39个产业的就业人数进行分析，把LQ≥1的行业提取出来，最后得出广西LQ≥1的产业集群，如表5-3所示。27个LQ≥1的产业中制造业占22个，采矿业占3个，电力、热力、燃气及水生产和供应业占2个。可以看出，广西的优势行业排在第一位的是制造业，排在第二位的是采矿业，排在第三位的是电力、热力、燃气及水生产和供应业。

---

① 肖亮升. 企业“走出去”政协“推一把”[N]. 人民政协报，2016-06-14（002）.

表 5-3　　广西 LQ≥1 的产业

序号	行业名称	区位商
1	汽车制造业	5.655314
2	纺织服装、服饰业	4.81547
3	木材加工及木、竹、藤、棕、草制品业	4.457249
4	皮革、毛皮、羽毛及其制品和制鞋业	4.422705
5	文教、工美、体育和娱乐用品制造业	4.217041
6	计算机、通信和其他电子设备制造业	4.142432
7	非金属矿采选业	4.064691
8	有色金属矿采选业	3.776823
9	化学原料及化学制品制造业	3.768569
10	非金属矿物制品业	3.42818
11	酒、饮料和精制茶制造业	2.957156
12	农副食品加工业	2.675053
13	金属制品、机械和设备修理业	2.355156
14	通用设备制造业	2.314427
15	造纸及纸制品业	2.302256
16	专用设备制造业	2.275026
17	家具制造业	2.254336
18	印刷业和记录媒介的复制	2.170534
19	黑色金属矿采选业	1.913252
20	电力、热力的生产和供应业	1.810682
21	黑色金属冶炼及压延加工业	1.658238
22	橡胶和塑料制品业	1.653448
23	食品制造业	1.650979
24	医药制造业	1.646138
25	金属制品业	1.615634
26	水生产和供应业	1.568093
27	电气机械及器材制造业	1.444362

第三步，基于东盟国家禁止性行业的相关规定，化学原料及化学制品制造业、酒、饮料和精制茶制造业总体上不适宜在东盟国家发展。因此，广西与东盟国家开展产能合作排在前十位的优势产业分别为：汽车制造业（第一位）；纺织服装、服饰业（第二位）；木材加工及木、竹、藤、棕、草制品业（第三位）；皮革、毛皮、

羽毛及其制品和制鞋业（第四位）；文教、工美、体育和娱乐用品制造业（第五位）；计算机、通信和其他电子设备制造业（第六位）；非金属矿采选业（第七位）；有色金属矿采选业（第八位）；非金属矿物制品业（第九位）；农副食品加工业（第十位）。

二、广西参与中国—东盟国际产能合作的行业分布建议

从广西排名前十位优势产业分布行业看，制造业占 81.48%，采矿业占 11.11%，电力、热力及水生产和供应业占 7.41%。前文已经分析了广西对东盟国家的投资行业主要集中在制造业；房地产业；采矿业；农林牧渔业；服务业；交通运输业、仓储和邮政业；批发和零售业七大行业。对比可以发现，广西电力、热力、燃气及水生产和供应业还没有在东盟国家的投资中发挥作用。因此，应将电力、热力、燃气及水生产和供应业列入广西“走向”东盟的行业。

基于东盟国家国情的多样性，以及“走出去”企业融入当地社会的便利性考虑，为“走出去”企业营造良好的社会环境，本书认为应增加卫生和社会工作业以及教育业。此外，东盟国家整体基础设施建设缓慢，本书认为应增加建筑业。综合来说，根据 2017 年 10 月 1 日实施的《国民经济行业分类》中关于行业标准的划分，本书认为，广西参与中国—东盟国际产能合作的行业分布依次为：制造业；房地产业；采矿业；农林牧渔业；建筑业；交通运输业、仓储和邮政业；批发和零售业业；电力、热力、燃气及水生产和供应业；卫生和社会工作业；教育业。

第六章

广西参与中国—东盟国际产能合作的对策及十大行业发展建议

广西参与中国—东盟国际产能合作是一项系统性工程，在合作主体层面需要政府引导、企业主导和社会各界的参与。在合作内容层面，涉及政治、经济、社会等方面。在具体合作产业层面，涉及制造业、农林牧渔业、采矿业、建筑业、批发和零售业等行业。因此，广西参与中国—东盟国际产能合作需要整体层面的发展策略。具体到某一优势产业，又需要具体的“走出去”路径和合作对策。

第一节　广西参与中国—东盟国际产能合作的对策

广西参与中国—东盟产能合作需要解决几个重要的现实问题：一是制度问题。国际产能合作是一项系统工程，需要加强制度的顶层设计。二是发展战略和路径问题。东盟共有10个国家，国情各异，产能合作涉及制造业、农林牧渔业、采矿业等各类行业，需要在合作国别、产业等方面提前进行战略策划。三是服务体系问题。当前的关键问题不是有没有服务体系的问题，而是如何做实做强的问题。四是通过什么合作的问题。当前广西与东盟国家已经有“两国双园”、境外经济合作区等多种平台，当前的问题是如何把这些平台用好。五是社会舆论氛围问题。东盟国家国情复杂、经济不景气等诸多因素夹杂在一起，当前许多企业对东盟的合作处于“观望”状态。

一、加强制度顶层设计

加强广西参与中国—东盟国际产能合作的顶层设计，需要明确如下几个重点问题：一是定位问题。广西特殊的地理位置，决定了其在中国—东盟合作中的重要作用。广西在中国—东盟国际产能合作中应坚持“排头兵”“主力军”的定位。二是目标问题。2016 年，中国对东盟国家总投资 102.8 亿美元，仅占对亚洲投资的 7.9%，广西对东盟国家总投资 46.29 亿美元，占中国对东盟国家总投资的 45%。广西应在这一基础上，继续加大对东盟国家的投资，力争每年以不低于 10% 的速度发展。三是战略步骤问题。广西应立足实情，把与东盟国家的合作作为经济增长的重要着力点。具体来说，实行“三步走”战略：第一步，实现产业布局，即按照东盟国家的产业发展进行广西的产业布局，我们对产业布局不能简单的理解，而应将其作为一个整体性的推进，通过产业上下游联动形式走出去①。第二步，稳固推进，即按照预定的产业布局，全面推进产业合作。第三步，高速发展，即实现广西与东盟国家产业的深度融合与发展。四是进度安排问题。根据“三步走”战略，第一步在三年内完成，第二步在五年内完成，第三步争取在五年内完成。五是制度配套问题。对外投资及合作程序比较繁杂，广西应提前做好调查和研究工作，以不违反国际规则、国内准则为前提，以便利产业发展为原则。

二、坚持三大发展战略

广西参与中国—东盟国际产能合作应坚持国别区分战略、优势产业优先发展战略和产业梯队发展战略相结合的三大发展战略。国别区分战略是指根据东盟国家投资环境、投资便利度等对 10 个国家进行区分，把东盟国家分成三个优先顺序，第一顺序投资国家为新加坡、越南、马来西亚、泰国和缅甸，第二顺序投资国家为老挝、菲律宾和柬埔寨，第三顺序投资国家为印度尼西亚、文莱。优势产业发展战略是指按照广西产业优势、广西产业调整思路及东盟国家对产业的鼓励程度，设立产业优先发展等级。如将制造业、采矿业、建筑业等列入优先发展等级。产业梯队发展战略是指广西和东盟国家的产能合作不能只局限于现有产业或优势产业，应在合作中逐步培育新的产业，如文化业、体育娱乐业、居民服务业、金融业等。

三、做实做强服务体系

广西参与中国—东盟国际产能合作的服务体系体现在两个方面：一是“硬件”服务体系；二是“软件”服务体系。“硬件”服务体系主要是指服务广西企业“走

① 吴频．中国企业“走出去”与开展国际产能合作［J］．对外经贸实务，2015（05）：4－6.

出去”的具体机构。目前涉及广西“走出去”的“硬件”服务体系主要有广西商务厅、发改委、工信委等部门，基于广西与东盟国家合作的需要，可以考虑成立对外合作局，或者在现有的东盟博览局加挂对外合作局的牌子。该方面可以借鉴贵州省的做法，贵州省为了发展大数据产业专门成立了大数据局。“软件”服务体系主要是指服务广西企业“走出去”的配套政策和具体措施。回顾美国四次产能国际合作的历程，会发现为保护美国海外投资利益，推动国内产能走出去，美国主要采取以下措施：实施海外投资保证；提供金融信贷支持；采取所得税和关税优惠扶持等①。韩学渊认为，国际产能合作需要“兵马未动，粮草先行”，也就是投资资金首先得到位，后续才能把其他的技术、装备带过去②。中国先后成立了亚洲基础设施投资银行和丝路基金有限责任公司。利用好“一带一路”国家和广西的多层次多渠道融资平台，为对外投资和对外承包工程企业提供更好的融资服务③。杨秀萍提出，中国同东盟各国应逐步完善产能合作机制，形成产能合作数据库，做好海关、税收、进出口等方面的对接，充分保障双方企业合作工作的开展。

四、继续强化合作平台

目前，广西与东盟国家进行产能合作有“两国双园”“一区双国”、境外经济合作区、境外产业园、经济走廊等多种形式的平台。“两国双园”是指中马钦州产业园和马中关丹产业园，境外经济合作区如中国·印度尼西亚经贸合作区，经济走廊代表如文莱—广西经济走廊、南宁—新加坡经济走廊等，境外产业园如冠德（柬埔寨）产业园项目。这些平台设立的初衷和目的就是为了深化广西与东盟国家的经济合作。但是，这些平台的作用还没有得以充分发挥。以“两国双园”为例，中马钦州产业园虽然目前落户园区的产业项目已经有 50 多个，投资总额超过 280 亿元。但是，还没有企业正式进入生产。马中关丹产业园入园项目才几个。因此，当下要推进广西与东盟国家的产能合作，必须强化“两国双园”“一区双国”、境外经济合作区、境外产业园、经济走廊等平台的作用。

---

① 王本力，张海亮，曾昆．国际产能合作：化解产能过剩新思路［J］．中国工业评论，2015（11）：64－69.

② 陈惟杉．高端对话之国际产能合作的中国动力 中国企业如何走出去参与国际产能合作［J］．中国经济周刊，2015（50）：66－74.

③ 黄焕升．广西谋划重大项目出海［N］．国际商报，2016－02－26（B03）．

五、营造良好合作氛围

经济合作需要良好的社会氛围，既要营造良好的国内氛围，也要加大在东盟国家的宣传力度。从社会氛围来讲，主要有两个方面：一是中国方面；二是东盟国家方面。存在的问题是中国的企业担忧“走出去”，而东盟部分国家对中国“走出去”的企业持抵制态度。营造良好的社会氛围，对内要做好政策宣传，做好服务工作，切实为“走出去”企业服务。对外从微观角度来说，要做好“走出去”企业的管理和引导工作，尤其是要引导“走出去”企业融入当地文化，减少冲突的发生。对外从宏观角度来说，要处理好与东盟国家的关系。由政府主导建立合作交流平台与渠道，为各利益相关方提供合作服务，将中国优势产能与东盟合作方需求精准结合①。

第二节　广西十大行业参与中国—东盟国际产能合作的政策建议

根据广西当前对外投资的主流行业分布，以及广西与东盟国家开展产能合作的需求，本书建议广西参与中国—东盟国际产能合作的行业分布依次为：制造业；房地产业；采矿业；农林牧渔业；建筑业；交通运输业、仓储和邮政业；批发和零售业；电力、热力、燃气及水生产和供应业；卫生和社会工作业；教育业。十大行业各具行业特点，东盟各国国情多样，十大行业应在坚持“三步走”战略基础上，按行业特点及双方情况开展产能合作。

一、广西制造业参与中国—东盟国际产能合作的政策建议

广西制造业“走向”东盟国家起步于广西国际公司1987年在泰国设立的泰宁农业化技术开发有限公司。中国多样化的出口结构给东盟国家带来新的发展机遇②。

① 邹骥．中国—东盟产能合作应具有战略眼光［N］．联合时报，2016－07－12（003）．

② John Wong，Sarah Chan. China’s Emergence as a Global Manufacturing Centre：Implications for ASEAN［J］．Asia Pacific Business Review，2002，9（1）：79－94.

当前制造业在广西“走出去”行业中占据首位。截至2016年，相关数据显示，广西制造业占对外投资的36.49%。广西十大优势产业中，制造业占81.48%。广西制造业与东盟国家已经有了一定的合作基础，建议从以下方面努力：

第一，制定广西制造业“走向”东盟国家的国别投资优先顺序。综合现有投资情况、广西产业情况及东盟国家行业环境三大因素，建议广西制造业“走向”东盟第一顺序投资国家为马来西亚、缅甸、新加坡、越南和柬埔寨，第二顺序投资国家为老挝、泰国，第三顺序投资国家为文莱、印度尼西亚、菲律宾。

第二，实行广西制造业参与中国—东盟国际产能合作“三步走”战略。第一步，2017—2020年，继续做大做强现有制造业在东盟国家的投资。广西制造业在东盟国家的代表性项目有马中关丹产业园钢铁项目，协议投资14亿美元，这是广西目前对外投资额最大的项目；上汽通用五菱印尼制造基地项目，协议投资额中中方占3.35亿美元，这是目前广西对外投资的第二大项目；中国·印度尼西亚经贸合作区，截至2016年底，累计投资额达1.56亿美元；广西柳工东盟布局项目群，目前柳工已经在新加坡、越南分布设有柳工机械亚太公司、柳工越南办事处等分支机构。此外，还有新加坡神冠项目、越南北方升龙汽车制造项目等。第二步，2021—2025年，推动现有制造业投产盈利水平，继续扩大制造业布局。经过前3年的建设及准备，在这5年要全面推动投产，并实现盈利。继续扩大在老挝、泰国等国家的制造业投资。第三步，2026—2030年，实现制造业在东盟国家的全覆盖，前期投资企业全面实现盈利，规模效应至少要翻一番。

第三，继续扩大“走向”东盟国家的制造业类型。汽车制造业（第一位）；纺织服装、服饰业（第二位）；木材加工及木、竹、藤、棕、草制品业（第三位）；皮革、毛皮、羽毛及其制品和制鞋业（第四位）；文教、工美、体育和娱乐用品制造业（第五位）；计算机、通信和其他电子设备制造业（第六位）；非金属矿物制品业（第九位）；农副食品加工业（第十位）属于排在广西前十位的优势产业，但是这些优势产业还没有在与东盟国家的产能合作中发挥作用。因此，应扩大制造业中的优势产业“走出去”力度。

第四，鼓励制造业民营企业“走向”东盟国家。当前，广西制造业“走出去”以国有企业为主，占比超过80%。在总结制造业国有企业“走出去”经验的基础上，鼓励制造业民营企业以独资或与国有企业合资的方式“走向”东盟国家，不断增强制造业在东盟国家的投资活力。

二、广西房地产业参与中国—东盟国际产能合作的政策建议

东盟国家除新加坡外，其他国家房地产业发展缓慢。目前国内不少房地产商瞄准了东盟房地产市场，如碧桂园瞄准了马来西亚市场。东盟国家房地产存在很大的市场潜力，广西房地产业可以“走向”东盟国家开辟新的市场。

第一，制定广西房地产业“走向”东盟国家的国别投资优先顺序。第一顺序投资国家为马来西亚、新加坡、印度尼西亚、泰国等，第二顺序投资国家为越南、菲律宾、文莱，第三顺序投资国家为柬埔寨、老挝、缅甸。

第二，实行广西房地产业参与中国—东盟国际产能合作“三步走”战略。第一步，2017—2020 年，在第一投资等级国家马来西亚、新加坡、印度尼西亚、泰国等分别设立 1—2 家房地产企业，并且进入实质运营阶段。鼓励广西荣和企业集团有限责任公司、广西保利置业集团有限公司、中房集团南宁房地产开发公司、广西广房房地产开发有限公司等企业在东盟国家进行投资。第二步，2021—2025 年，继续扩大在第一投资等级国家的布局，并逐步在第二投资等级国家进行投资。前期在第一投资等级国家的投资应进入盈利阶段。第三步，2016—2030 年，继续扩大对第一和第二投资等级国家的投资，并逐步在第三投资等级国家进行投资。在东盟国家的房地产业应向多元化发展迈进。

第三，广西房地产业“走向”东盟国家应实行多业态错位发展策略。房地产业涉及房地产开发、物业管理、中介服务和房地产租赁经营等多种业态。东盟国家房地产市场潜力大，但是其市场环境复杂。实行多业态错位发展策略，目的是哪种业态成熟，就优先进入哪种业态。待其他业态成熟后，再相继进入。这种错位发展思路有利于企业快速打开东盟国家房地产市场。

第四，广西房地产业“走向”东盟国家应充分利用好政策红利。广西房地产业“走向”东盟市场，正好切合我国“一带一路”倡议的发展思路，也符合当前我国推进中国—东盟国际产能合作的需要。“一带一路”倡议及国际产能合作推进过程中，亚投行、丝路基金等发挥了很重要的金融保障作用，广西房地产业应充分利用好相关政策红利。

三、广西采矿业参与中国—东盟国际产能合作的政策建议

广西采矿业“走向”东盟国家相对较晚，广西地矿发展中心于 1998 年在马来

西亚投资68万美元建立了马广金矿有限公司。截至2016年底，广西已经备案或核准对外投资矿业企业共67家，协议投资总额达13.3亿美元，中方协议投资额占10.9亿美元。广西“走出去”的矿业企业主要分布在东盟国家。为促进广西采矿业参与中国—东盟国际产能合作，本书建议：

第一，制定广西采矿业“走向”东盟国家的国别投资优先顺序。第一顺序投资国家为马来西亚、新加坡、柬埔寨、老挝、越南、印度尼西亚、泰国等，第二顺序投资国家为菲律宾、文莱，第三顺序投资国家为缅甸。

第二，实行广西采矿业参与中国—东盟国际产能合作“三步走”战略。第一步，2017—2020年，继续做实做强广西采矿业“走向”东盟国家的现有企业，同时完成其他东盟国家的矿业布局。广西采矿业在东盟国家代表性项目有：广西南海星投资有限公司老挝铁矿普查项目，该项目总投资额1000万美元，2010年启动至今已完成资源普查工作；广西宇航矿业越南铁矿项目，该项目投资额6000万美元；桂林矿产地质研究院海外勘探公司群，该公司是桂林矿产地质研究院资源开发有限公司和领航资源勘查有限公司等6家境外企业的总称，负责在柬埔寨、缅甸等东盟国家，以及在澳大利亚、加拿大等国家的矿产勘探活动；广西西马矿业有限责任公司在东盟国家成立了龙鑫矿业有限公司、顺泰矿业有限公司、瑞丰矿业有限公司等项目。根据现有布局，广西采矿业应继续完善在菲律宾、文莱、缅甸等国家的矿业布局工作。第二步，2021—2025年，实现广西采矿业在东盟国家的全面布局，实现企业的稳步发展和利润增长。第三步，2016—2030年，实现广西采矿业在东盟国家的全面提质发展，不断提高盈利能力，整体利润应翻一番以上。

第三，广西采矿业“走向”东盟国家应坚持资源开发与技术开发相结合。虽然东盟国家在煤炭、镍、铜、铝土矿、褐煤、钾盐、铁矿石、磷灰石等矿业资源方面具有可观的储量。但是矿业资源毕竟是有限的，在矿业资源的开发过程中，同时应加强矿业利用技术的开发，不断提高各类矿业的利用率和附加值。

第四，广西采矿业“走向”东盟国家应实现资源开发与生态保护相结合。虽然矿业资源不在中国境内，为保护矿业资源所在地的生态环境，进而保护全球生态环境，促进全球可持续发展，广西采矿业在“走出去”的过程中也应坚持生态发展理念，充分体现中国的大国责任、大国胸怀、大国理念。

四、广西农林牧渔业参与中国—东盟国际产能合作的政策建议

广西农林牧渔业“走出去”起步于广西国际经济技术合作公司于1987年在冈

比亚投资建立的桂花家禽蔬菜发展公司。近几年，广西农林牧渔业走出去成绩显著。截至2016年底，广西在农林牧渔业备案或核准对外投资企业72家，协议投资总额达10.94亿美元，中方协议投资额达9.45亿美元。其中，对东盟国家的投资超过67%。总的来说，广西农林牧渔业参与中国—东盟国际产能合作建议如下：

第一，制定广西农林牧渔业“走向”东盟国家的国别投资优先顺序。农林牧渔业实际上涉及农业、林业、牧业和渔业四个行业。在东盟国家，部分国家对这四个行业有限制性规定，例如，文莱不对外开放林业，印度尼西亚不对外开放受保护鱼类捕捞业，菲律宾不对外开放农业，泰国限制农林牧渔的行业交易。因此，应分别对农业、林业、牧业和渔业四个行业制定国别投资优先顺序。具体来说，广西农业“走向”东盟第一顺序投资国家为老挝、柬埔寨、越南、新加坡、文莱、缅甸，第二顺序投资国家为印度尼西亚、马来西亚、泰国，第三顺序投资国家为菲律宾。广西林业“走向”东盟第一顺序投资国家为老挝、柬埔寨、越南、印度尼西亚、缅甸，第二顺序投资国家为新加坡、马来西亚、菲律宾，第三顺序投资国家为文莱、泰国。广西渔牧业“走向”东盟第一顺序投资国家为老挝、柬埔寨、越南、文莱、缅甸，第二顺序投资国家为马来西亚、新加坡，第三顺序投资国家为菲律宾、印度尼西亚、泰国。

第二，实行广西农林牧渔业参与中国—东盟国际产能合作“三步走”战略。第一步，2017—2020年，做实做强现有广西“走向”东盟的农林牧渔业合作项目，同时做好农林牧渔业布局准备工作。当前广西“走向”东盟的农林牧渔业代表性项目中，农业代表项目有：广西农垦明阳生化集团越南归仁木薯产业项目，该项目投资总额6800万美元，是广西在越南投资的最大农业项目，主要种植和加工木薯；中柬农业促进中心，该项目系国家级对柬援助项目，援助金额约650万美元，主要以粮食和能源作物为主；广西祖发投资公司老挝甘蒙省农业开发项目，主要种植香蕉等热带水果。林业代表性项目有：老挝川圹梧松农林开发有限公司。牧业和渔业代表性项目有：文莱渔业生蚝养殖项目，该项目投资总额2000万美元，主要从事深海养鱼；美国扬翔中牧贸易公司。农林牧渔业涉及面广，应在该阶段做好布局准备工作。第二步，2021—2025年，逐步扩大农林牧渔业覆盖国家，总体规模翻一番。第三步，2016—2030年，基本实现农林牧渔业全覆盖（禁止或限制的国家除外），实现总体利润翻一番。

第三，推动农林牧渔业科技合作、技术转移与开发。张明伟认为，不仅输出过硬产品，还要输出标准与规范[①]。广西农林牧渔业在“走向”东盟国家过程中，不

① 陈惟杉. 高端对话之国际产能合作的中国动力 中国企业如何走出去参与国际产能合作［J］. 中国经济周刊，2015（50）：66－74.

仅要进行产业合作与转移，还要进行科技合作与技术转移。而且，在技术合作与转移的过程中，同时还要注重农林牧渔业的技术开发，提高农林牧渔业的品质和附加值，促进农林牧渔业的产业升级和可持续发展。

第四，加强农林牧渔业领域的贸易往来。东盟国家既是农林牧渔业的重要生产基地，也是重要的消费和贸易基地。农林牧渔业需要通过贸易来提升产能合作的规模和效益。

五、广西建筑业参与中国—东盟国际产能合作的政策建议

东盟国家除新加坡外，均属发展中国家。东盟基础设施的总体情况和行业现状表明，东盟诸国中除新加坡、文莱的基础设施达到世界先进水平之外，其他国家的基础设施都亟需提高[①]。东盟国家基础设施建设总体落后，目前正是东盟国家工业化、城镇化推进的重要时期，东盟各国在基础设施建设方面市场潜力大。鉴于东盟各国基础设施巨大的投资需求、有限的公共预算以及东盟各国宏大的基础设施发展计划，对于东盟国家而言，寻找可以利用的资本，并把这些资本引导到合适的基础设施项目中是东盟各国基础设施发展的关键举措[②]。因此，广西建筑业应充分抓住这一发展机遇。

第一，制定广西建筑业“走向”东盟国家的国别投资优先顺序。世界经济论坛《全球竞争力报告 2013—2014》显示，东盟各国除了新加坡、马来西亚和泰国外，其他 7 个国家在 148 个国家排名中都没有进入前 50 名，其中只有新加坡和马来西亚的 GCII 指数大于 5，泰国、文莱和印度尼西亚的 GCII 指数大于 4，而越南、老挝、菲律宾、柬埔寨和缅甸的 GCII 指数均小于 4，特别是菲律宾、柬埔寨和缅甸的 GCII 指数基本上位于世界较低水平[③]。据此，广西建筑业“走向”东盟第一顺序投资国家为缅甸、老挝、柬埔寨、菲律宾，第二顺序投资国家为越南、文莱、印度尼西亚，第三顺序投资国家为新加坡、马来西亚、泰国。

第二，实行广西建筑业参与中国—东盟国际产能合作“三步走”战略。第一步，2017—2020 年，对处于第一顺序投资的缅甸、老挝、柬埔寨、菲律宾等国家，按照公路、铁路、港口、航空运输、电力等基础设施领域进行产业布局，并逐渐实

① 王峰，罗志鹏．东盟基础设施的潜在需求及中国的投资对策［J］．深圳大学学报（人文社会科学版），2012，29（04）：103－108.

② 郭宏，葛顺奇．中国对东盟基础设施投资研究［J］．国际经济合作，2016（12）：48－53.

③ 姜巍，陈万灵．东盟基础设施发展与 FDI 流入的区位选择：机理与实证［J］．经济问题探索，2016（01）：132－139.

施。同步对第二、第三顺序投资国家进行布局。第二步，2021—2025 年，第一顺序投资国家投资行业的布局全面实施，逐步实现盈利。同时对第二、第三顺序投资国家进行投资。第三步，2016—2030 年，对东盟国家建筑业进行全面投资，实现利润稳步增长，规模稳步扩大。

第三，广西建筑业“走向”东盟国家应注重“硬件”与“软件”相结合。“硬件”是指建筑业在“走出去”过程中的专业设备、技术等。“软件”则是指在交通等设施建设之外，注重中国与东盟的标准、流程、边检等的软件连通，注重文化、创新等产业的对接，注重法律法规协调，并通过培训、认证等方式加强中国与东盟专业技术服务业的一致性①。

第四，广西建筑业“走向”东盟国家应坚持企业效益与社会效应、生态效益相结合。在加大开拓东盟市场的进程中，中国的工程承包企业需承担必要的社会责任②。东盟国家多具宗教信仰，风俗习惯差异显著，广西建筑业在“走出去”过程中，应充分注意这些社会差异，积极融入当地社会，降低社会风险。同时，应注重对当地生态的保护。

六、广西交通运输业、仓储和邮政业参与中国—东盟国际产能合作的政策建议

交通运输业、仓储和邮政业主要包括铁路、道路、水路、航空、管道、联运、装卸、仓储、邮政等具体的领域。广西与东盟国家有着天然的地理位置优势，决定了广西交通运输业、仓储和邮政业参与中国—东盟国际产能合作的优势及意义。目前广西与东盟国家已经在交通运输业、仓储和邮政业开始了广泛的合作，海上运输以北部湾港口为依托，已经开辟了直航东盟国家的“中国钦州港—韩国—印度尼西亚—泰国—越南”外贸集装箱航线。目前广西北部湾港通往东盟国家的集装箱航线已达 39 条。近期“渝桂新”南向通道已经试运行。陆上交通广西与越南陆路边界线长达 1020 公里，广西有东兴、凭祥等 8 个县（市）与越南广宁、凉山等 3 个省接壤，现有边境陆路口岸 11 个，边贸点 26 个。航空方面已经开通了面向河内、曼谷、新加坡、雅加达等多个东盟国家的航线。铁路方面已经开通到达越南，正计划向泰国、缅甸、新加坡等国家延伸。邮政方面已经由广西邮政公司建立了东盟跨境电商监管中心。综合广西交通运输业、仓储和邮政业“走向”东盟的现状，本书

① 郭宏宇，竺彩华．中国—东盟基础设施互联互通建设面临的问题与对策［J］．国际经济合作，2014（08）：26－31.

② 周密．拓展“10＋1”框架下的东盟基础设施建设市场［J］．国际经济合作，2010（03）：54－57.

建议：

第一，制定广西交通运输业、仓储和邮政业“走向”东盟国家的国别投资优先顺序。第一顺序投资国家为新加坡、马来西亚、越南、缅甸、泰国、老挝，第二顺序投资国家为文莱、柬埔寨，第三顺序投资国家为印度尼西亚和菲律宾。

第二，实行广西交通运输业、仓储和邮政业参与中国—东盟国际产能合作“三步走”战略。第一步，2017—2020 年，做实做强现有交通枢纽，完善海运、空运、陆运等在东盟国家的布局，继续完善邮政业在东盟国家的布局并开始在东盟国家布局仓储业。第二步，2021—2025 年，实现海运、空运、陆运等在东盟的全布局，形成广西在东盟国家海运、陆运、空运的交通枢纽。具体来说，广西要实现与东盟所有国家的海运连接，开辟到所有东盟国家的航线，将现有陆路连接线延伸至东盟其他国家。第三步，2016—2030 年，继续深化广西与东盟国家的经贸合作，切实发挥广西在东盟国家交通枢纽的效用。

第三，优先做实、做强、做大广西交通运输业。交通运输业是仓储和邮政业发展的基础，更是广西与东盟国家开展经贸合作的前提。具体来说，广西要在“六横七纵八支线”高速公路网络基础上，立足于广西与越南的陆路合作基础，将高速公路延伸至泰国、缅甸等其他东盟国家。铁路要在“一环四纵四横”基础上，继续以越南为基点，向东盟其他国家延伸。航运方面要利用北部湾航空、南航、中航等航空公司，实现对东盟国家的全覆盖，在目前东盟国家 18 个首都、中心城市通航的基础上，继续扩大在东盟国家航线的覆盖面。在广西与东盟交通枢纽完善的基础上，才能更好地推进联运、邮政业的发展。此外，继续推进广西与东盟国家的管道合作。能源领域的管道合作能够更好地将中国包括广西与东盟国家联系起来。在中缅油气管道合作基础上，继续加强与东盟其他国家的管道合作。

第四，做强邮政业与加强仓储业布局同步进行。充分发挥广西邮政公司建立的东盟跨境电商监管中心的作用，加强与东盟国家邮政业的合作。就东盟区域而言，各国邮政行业发展情况不一：新加坡、马来西亚的邮政公司，属于上市企业，发展状况良好；泰国、印度尼西亚和菲律宾的邮政企业，属于国有公司，发展状况一般；缅甸、文莱，邮政业还未改革，邮政员工是国家公务员；越南、老挝和柬埔寨等国的邮政，虽然已经完成公司化改革，但发展速度十分缓慢①。从东盟国家邮政业的现状可以发现，广西邮政业积极“走出去”有很大的市场。随着交通的发展，以及电商的快速增长，海外仓储成为一种新的业态。东盟国家经济成本相对较低，在东盟国家进行仓储布局，将成为广西“走出去”一个新的经济增长点。

① 张志文，苏亚，叶妍妍．跨境物流 东盟经济增长新动力［N］．人民日报，2016－02－29（22）．

七、广西批发和零售业参与中国—东盟产能合作的政策建议

中国对东盟国家的批发和零售业投资逐年增加。东盟国家继续保持广西外贸第一大合作伙伴地位，2016 年，在打造中国—东盟自由贸易区升级版的背景下，广西对东盟国家进出口 1835.4 亿元，增长 1.6%，占同期广西外贸总值的 57.9%[①]。2016 年对外投资中，批发和零售业 19.63 亿美元，占 19.1%，主要分布在新加坡、泰国等[②]。批发和零售业逐渐成为广西“走出去”新的经济增长点。具体来说，本书建议：

第一，制定广西批发和零售业“走向”东盟国家的国别投资优先顺序。第一顺序投资国家为新加坡、马来西亚、泰国、印度尼西亚、老挝，第二顺序投资国家为越南、缅甸、文莱、柬埔寨，第三顺序投资国家为文莱和菲律宾。

第二，实行广西批发和零售业参与中国—东盟国际产能合作“三步走”战略。第一步，2017—2020 年，做好广西批发和零售业在东盟国家的布局工作，争取在东盟各国分别设立 1 家以上企业。目前南宁商品交易所在印度尼西亚成立了大宗商品离岸交易中心。第二步，2021—2025 年，实现广西批发和零售业覆盖东盟国家主体城市。第三步，2016—2030 年，继续扩大广西批发和零售业在东盟国家的投资力度，实现广西批发和零售业在东盟国家的全覆盖，效益要翻 2 倍以上。

第三，不断优化广西批发和零售业“走出去”的产品结构。广西的比较优势产品，如汽车、机械设备、家用电器、工程机械、电子信息等，在东盟国家具有一定的基础，应将该类产品继续做实做优。继续开发新的批发和零售产品，不断增强广西批发和零售业的可持续发展能力。

第四，加大批发和零售业专业性、国际化销售人才的培养。我国零售企业要想尽快实现向国际化经营迈进，就必须引进一些熟悉国际零售业市场和发展趋势的高级专门人才，同时在经营管理的手段、技术和理念上逐步同国际接轨[③]。根据国情和贸易品类制定合理的营销策略。当前，网络宽带成为东盟国家一个重要的经济增长点[④]，批发业应抓住电商这一发展机遇。

---

① 刘倩文，杨伟娟 .2016 年广西外贸总体规模与上年基本持平 贸易结构发生重大变化［EB/OL］.（2017 - 03 - 17）［2017 - 11 - 12］.

② 商务部，国家统计局，国家外汇管理局 .2016 年度中国对外直接投资统计公报［M］. 北京：中国统计出版社，2016.

③ 杨帆，徐思 . 我国零售企业的国际化浅析——以东盟为例［J］. 中国商贸，2011（14）：6 - 7.

④ Tuan Hock Ng，Chun Teck Lye，Ying San Lim. Broadband penetration and economic growth in ASEAN countries：a generalized method of moments approach［J］. Applied Economics Letters，2013，20（09）：857 - 862.

八、广西电力、热力、燃气及水生产和供应业参与中国—东盟国际产能合作的政策建议

随着东盟国家经济的不断发展，东盟国家对电力、热力、燃气等需求量日益剧增，亟需东盟电网、燃气网、水供应网的互联互通。互联电网目前被划分为三个分区，大湄公河次区域电网（GMS，泰国、越南、老挝、缅甸和柬埔寨），印度尼西亚、马来西亚、新加坡（IMS）分区电网，跨婆罗洲电网（文莱、马来西亚沙巴及沙捞越州、印尼西加里曼丹、菲律宾）[①]。东南亚国家电力联盟为东盟国家电力提供了用电保障[②]。当前，中国对东盟电力基础设施的投资主要集中在新加坡和印度尼西亚[③]。燃气方面，中国已经同缅甸建立了中缅燃气管道。中国和东盟在能源储量分布方面总体上互补性较强[④]。中国和东盟国家在电力、热力、燃气等方面具有较大的合作潜力。就广西来说，可以在电力、热力、燃气等方面参与中国—东盟国际产能合作。

第一，制定广西电力、热力、燃气及水生产和供应业“走向”东盟国家的国别投资优先顺序。就电力、热力来说，第一顺序投资国家为马来西亚、泰国、印度尼西亚、越南，第二顺序投资国家为新加坡、老挝、菲律宾，第三顺序投资国家为缅甸、文莱、柬埔寨。就燃气来说，第一顺序投资国家为越南、缅甸、泰国、老挝、柬埔寨，第二顺序投资国家为印度尼西亚、马来西亚、新加坡，第三顺序投资国家为文莱和菲律宾。

第二，实行广西电力、热力、燃气业参与中国—东盟国际产能合作“三步走”战略。第一步，2017—2020 年，继续做实做强现有电力、热力、燃气等投资，做好未来十年在东盟国家的电力、热力、燃气布局。第二步，2021—2025 年，在马来西亚、泰国、印度尼西亚、越南等国家实现电力投资全覆盖，在越南、缅甸、泰国、老挝、柬埔寨等国实现热力、燃气投资全覆盖。在新加坡、老挝、菲律宾进行初步电力投资，在印度尼西亚、马来西亚、新加坡进行热力、燃气初步投资。第三步，2016—2030 年，进一步扩大广西电力、热力、燃气在东盟国家的布局，实现规模翻两番、效益翻一番以上的基本目标。

---

① 王诗超，苏步芸．东盟电力投资策略研究［J］．南方能源建设，2016，3（01）：21－26.

② Ahmed T，Mekhilef S，Shah R，et al. Investigation into transmission options for cross－border power trading in ASEAN power grid［J］．Energy Policy，2017（108）：91－101.

③ 姜慧，韩琪．东盟新四国电力基础设施与中国投资策略研究［J］．国际经济合作，2016（08）：75－79.

④ 史丹，侯建朝．中国和东盟能源行业的互补性格局研究［J］．中外能源，2016，21（08）：1－11.

第三，广西“电力”走向东盟国家要采取多种合作形式，实现资本投资和技术投资相结合。东盟国家电力市场需求差别大，总体而言，应采取资本投资和技术投资相结合的方式。如印度尼西亚可以直接进行资本投资，马来西亚资本投资受限，可以进行资本投资和技术投资。印度尼西亚、马来西亚和泰国等电力需求市场大，可以作为重点资本投资国。而缅甸、柬埔寨、文莱等电力市场相对要小，则可以采取合资或技术投资的方式进行。

第四，广西热力、燃气业走向东盟国家主要采取燃气投资和燃气贸易两种方式。对与广西陆路交通比较相近的缅甸、越南、泰国、柬埔寨、老挝等国家采取燃气投资的方式，进行燃气开发、运营等方面的合作，如中缅燃气大管道项目，由越南油气集团和中国新奥能源组建的越南城市燃气投资发展股份有限公司项目等。对与广西隔海相望的新加坡、马来西亚等国家，则应采取燃气贸易、技术投资等合作方式。

九、广西卫生和社会工作业参与中国—东盟国际产能合作的政策建议

2016 年，全区卫生计生人员总数 390588 人（含乡村医生 32038 人和卫生员 2943 人），卫生人员比上年增加 15018 人，增长了 4.00%①。全区医疗卫生机构总诊疗人次数 2.54 亿人次，比上年增加 232.48 万人次，增长了 0.92%[1]。广西卫生人力逐年扩大，卫生服务能力逐年增强。此外，广西还拥有壮医、瑶医等具有民族特色的传统医学。全区共有提供住宿的养老服务机构和设施 1.2 万个，床位 16.2 万张，年末收养 6.9 万人。为儿童提供救助收养服务的机构 43 个，床位 3130 张，年末收养 1550 人。民政部门直接救助 60.1 万人次②。2016 年，在南宁成功举办了首届中国—东盟社会工作论坛。广西卫生和社会工作业具备“走向”东盟国家的实力。

第一，制定广西卫生和社会工作业“走向”东盟国家的国别投资优先顺序。对卫生业来说，第一顺序投资国家为缅甸、泰国、越南、柬埔寨，第二顺序投资国家为马来西亚、老挝、菲律宾，第三顺序投资国家为印度尼西亚、新加坡、文莱。对社会工作业来说，第一顺序投资国家为缅甸、越南、柬埔寨，第二顺序投资国家为老挝、马来西亚、菲律宾，第三顺序投资国家为泰国、印度尼西亚、文莱、新

① 广西壮族自治区卫生计生统计信息中心．2016 年广西卫生和计划生育事业发展情况简报［EB/OL］．(2017-09-29)［2017-11-15］．http://www.gxhfpc.gov.cn/xxgks/tjxx/sjnbss/2017/0929/42645.html.

② 广西壮族自治区统计局，国家统计局广西调查总队．2016 年广西壮族自治区国民经济和社会发展统计公报［N］．广西日报，2017-04-27（015）．

加坡。

第二，实行广西卫生和社会工作业参与中国—东盟国际产能合作“三步走”战略。第一步，2017—2020年，做实做强现有卫生项目，着手开始进入东盟社会服务市场。同时做好广西卫生和社会工作业参与东盟市场的战略布局。目前广西卫生业参与东盟市场的代表性项目有：广西中医药研究院、越南凉山富林股份有限公司共同签署特色药食两用植物及中药材种植基地建设合作协议；广西药用植物园与柬埔寨卫生部共同签署开展中药戒毒药物研究、共建柬埔寨药用植物种植基地合作协议，此外还与马来西亚国际传统医药研究院签署联合共建马来西亚国家药用植物园合作协议；广西国际壮医医院与马来西亚医师公会签署技术培训合作协议，并与泰国KKS传媒有限公司签署了学术交流友好战略合作。第二步，2021—2025年，继续扩大广西卫生业参与东盟国家投资的力度，实现东盟国家卫生业项目的全覆盖。着力培育典型社会养老服务项目。第三步，2016—2030年，实现卫生业项目规模翻两番，效益翻一番以上的战略目标。实现社会服务项目的全覆盖。

第三，广西卫生和社会工作业“走向”东盟国家应坚持市场投资和人道救助相结合。东盟国家在卫生和社会工作业存在巨大的市场需求，广西卫生和社会工作业“走向”东盟能够产生较好的经济效益。但是，卫生和社会工作业是与民生最为紧密的行业，考虑到东盟国家的社会效应，为广西及全国在东盟国家营造良好的社会氛围，因此应坚持市场投资和人道救助相结合。

第四，广西卫生业在“走向”东盟国家中应坚持现代医学与传统医学相结合。广西具有壮医、瑶医、侗医、苗医、针灸等特色传统医学。广西卫生业“走向”东盟国家为广西壮医、瑶医、侗医、苗医等传统医学走向世界开辟了新的窗口。

十、广西教育参与中国—东盟国际产能合作的政策建议

广西与东盟国家在教育业上已经开展了广泛的合作。“十二五”期间，来桂学习的留学生达47623名，其中东盟国家留学生37346人，占比78.4%；共拨款7200万元用于招收和资助东盟国家留学生；广西教育厅先后组织广西高校在马来西亚、印度尼西亚、泰国、老挝和柬埔寨举办了5次“广西—东盟国际教育展”[①]；农业部、国家旅游局、国家中医药管理局、中国法学会等分别在广西成立了中国—东盟农业培训中心、中国—东盟旅游人才教育培训基地、中国—东盟传统医药交流合作

① 林涌泉，陈俊源．广西与东盟教育合作硕果累累［EB/OL］．（2016-01-03）［2017-11-15］．http：//www.gxnews.com.cn/staticpages/20160113/newgx56957fdf-14262493.shtml.

中心人才培养基地、中国—东盟法律培训基地等7个“东盟教育培训基地”，广西大学、广西民族大学等9所高校设立了面向东盟的培训基地。教育服务作为重要的文化交流手段，对中国—东盟经济合作有着重要的推动作用[①]。在推进中国—东盟国际产能合作大背景下，促进广西教育业“走向”东盟国家，继续发挥文化交流对经济合作的促进作用。

第一，制定广西教育业“走向”东盟国家的国别投资优先顺序。第一顺序投资国家为新加坡、泰国、越南，第二顺序投资国家为马来西亚、印度尼西亚、老挝、菲律宾，第三顺序投资国家为缅甸、文莱、柬埔寨。

第二，实行教育业参与中国—东盟国际产能合作“三步走”战略。第一步，2017—2020年，继续做实做强广西和东盟国家现有合作教育成果，完善广西高等教育在东盟国家的布局，着手准备中等教育和基础教育“走向”东盟国家。第二步，2021—2025年，不断扩大高等教育“走向”东盟国家的规模，中等教育和基础教育“走向”东盟国家出具成效。第三步，2016—2030年，广西与东盟国家的高等教育合作进一步完善，中等教育和基础教育在东盟国家的规模翻一番。

第三，广西教育业“走向”东盟国家以高等教育为主导，辅之以中等教育和基础教育。广西与东盟国家在高等教育领域已取得一定的成绩，下一步发展思路是要不断扩大广西高等教育“走向”东盟的规模，以及完善在东盟国家的布局。同时，要解放思想，在中等教育和基础教育领域加大同东盟国家的合作，促进广西中等教育和基础教育“走向”东盟国家。

第四，不断丰富广西教育“走向”东盟国家的形式。目前已经有合作办学、培训、开办孔子学院等“走出去”形式。中国在东盟国家现共开设31所孔子学院，其中广西建设了7所。应继续加大孔子学院建设的力度。广西教育业“走向”东盟国家可以实行海外办学模式。海外办学是新时期推动我国高等教育实现走出去，共建“一带一路”的重要举措[②]。同时，也可以在东盟国家开展中等教育和基础教育领域的海外办学。

---

① 王勇辉，管一凡．中国对东盟教育服务贸易：优势、问题与对策——以东盟来华留学生教育为视角［J］．东南亚研究，2014（05）：72－78.

② 熊嘉逸．“一带一路”战略下高职发展的困境及出路——以“中国—东盟教育合作”为例［J］．中国高校科技，2017（07）：55－57.

第七章

结论与展望

第一节 研究结论

中国同东盟国家产能合作取得了一定的成绩，主要表现在：政策逐步完善，合作规模逐步扩大，合作平台逐渐丰富，合作方式逐渐多样，合作企业呈现国有企业和民营企业并进态势。但也存在合作体制机制和服务体系不健全、制度对接和技术兼容难度比较大、企业国际化和现代化水平不高、东盟国家整体国情决定风险长存等问题。广西特殊的政治地位和地缘优势促使其成为参与中国—东盟国际产能合作的“排头兵”。广西参与中国—东盟国际产能合作取得了一定的成绩，主要表现在：合作规模逐渐扩大、合作行业分布广泛、“两国双园”成绩显著、多种合作方式并存。但也存在总体投资规模偏小、国别投资差异显著、企业分布过于集中、项目推进速度过慢、投资面临各类风险等问题。产生这些问题的原因主要有经济总体发展缓慢、政策支持体系不够完善、优势产业优而不强、社会观望大量存在等。

在分析中国—东盟国际产能合作及广西参与中国—东盟国际产能合作基础上，本书认为：

1. 中国—东盟国际产能合作应坚持产能合作互补说

本书主要基于中国与东盟国家的现实情况，以及中国与东盟各国的相关政策，结合当前国际产能合作两种主流学说——劣势产能转移说、产能互补说进行深入分析，提出中国—东盟国际产能合作的产能合作互补说。产能合作互补说的核心思想有三点：第一，产能合作双方的产能具有互补性；第二，产能合作双方是互利共赢的正向关系；第三，产能合作是双方自愿达成的。

2. 中国—东盟开展国家产能合作具有现实基础和政策依据

本书认为，全球一体化的国际大趋势、命脉紧密相连的区位基础、经济实力的国际差异基础是中国与东盟国家产能合作的现实基础。中国发布的《关于推进国际产能和装备制造合作的指导意见》等文件，东盟国家发布的《东盟 2025：携手前行》《东盟互联互通总体规划 2025》等文件，中国与东盟国家之间联合发布的《中国—东盟产能合作联合声明》等系列文件，是中国—东盟国际产能合作的政策依据。

3. 推进十大优势产业和十大优势行业参与中国—东盟国际产能合作

本书基于广西开展产能合作的现状、广西产业集群分析及东盟国家对产业的限制性规定三个层面的考虑，提出广西参与中国—东盟国际产能合作排在前十位的优势产业分别为：汽车制造业（第一位）；纺织服装、服饰业（第二位）；木材加工及木、竹、藤、棕、草制品业（第三位）；皮革、毛皮、羽毛及其制品和制鞋业（第四位）；文教、工美、体育和娱乐用品制造业（第五位）；计算机、通信和其他电子设备制造业（第六位）；非金属矿采选业（第七位）；有色金属矿采选业（第八位）；非金属矿物制品业（第九位）；农副食品加工业（第十位）。考虑到这十大优势产业主要集中在制造行业，根据当前广西参与东盟国家产能合作的行业现状，本书提出广西参与中国—东盟国际产能合作的十大行业分布，依次为制造业；房地产业；采矿业；农林牧渔业；建筑业；交通运输业、仓储和邮政业；批发和零售业业；电力、热力、燃气及水生产和供应业；卫生和社会工作业；教育业。

4. 新时代广西参与中国—东盟国际产能合作的对策和十大行业发展思路

本书认为，广西参与中国—东盟国际产能合作，总的来说，要加强制度顶层设计，坚持三大发展战略，做实做强服务体系，继续强化合作平台，营造良好合作氛围。具体来说，广西十大行业参与中国—东盟国际产能合作，首先，根据行业要求，按照东盟国家国情制定国别投资优先顺序。其次，按照 2017—2020 年、2021—2025 年、2026—2030 年三个阶段，实行“三步走”战略。另外，本书认为，制造业应继续扩大“走向”东盟国家的制造业类型，鼓励制造业民营企业“走向”东盟国家；房地产业应实行多业态错位发展策略，充分利用好政策红利；采矿业应坚持资源开发与技术开发相结合、资源开发与生态保护相结合；农林牧渔业应推动科技合作、技术转移与开发，加强农林牧渔业领域的贸易往来；建筑业应注重“硬件”与“软件”相结合、企业效益与社会效应、生态效益相结合；交通运输业、仓储和邮政业要优先做大交通运输业，同时加强仓储和邮政业布局；批发和零售业要不断优化产品结构，加强专业性建设和国际化销售人才的培养；电力、热力、燃气业要加强“电力”的多样化合作，以及燃气投资和燃气贸易；卫生和社会工作业应坚持市场投资和人道救助相结合、现代医学与传统医学相结合；教育业要在加强高等教育“走出去”的同时，提高中等教育和基础教育“走出去”的力度。

第二节　研究展望

本书虽然比较系统地探讨了广西如何参与中国—东盟国际产能合作，但也存在一些不可避免的问题需要继续深入研究。

1. 进一步丰富和完善产能合作互补说

本书是基于中国与东盟国家的现实情况、相关政策，以及当前国际产能合作的主流学说，提出中国—东盟国际产能合作的产能合作互补说。目前提出了三点核心思想，即产能合作的产能互补性、互利共赢、双方自愿。有必要对这一核心进行更深入、更系统的分析，以进一步丰富和完善产能合作互补说，为国际产能合作提供更为完善的理论分析框架。

2. 建立国际合作产能优势产业分析模型

本书对广西十大优势产业的确定主要基于当前产业、优化思路、国外环境三个层面。本书主要从宏观角度提出对策，从更加量化、更加具体的角度来进行分析。

3. 建立产业互补度测算模型

本书涉及广西十大行业与十个东盟国家的合作，若是能够建立产业互补度测算模型，则可以更加精准地分析各行业在各个国家的发展情况，从而为各行业在东盟各国的投资提供决策参考。

参考文献

[1] Paolo Renna. Dynamic pricing of excess capacity in production networks by fuzzy logic [J]. International Journal of Computer Integrated Manufacturing, 2016, 29 (06): 413 -426.

[2] John Wong, Sarah Chan. China's Emergence as a Global Manufacturing Centre: Implications for ASEAN [J]. Asia Pacific Business Review, 2002, 9 (01): 79 -94.

[3] Ahmed T, Mekhilef S, Shah R, et al. Investigation into transmission options for cross - border power trading in ASEAN power grid [J]. Energy Policy, 2017 (108): 91 -101.

[4] Tuan Hock Ng, Chun Teck Lye, Ying San Lim. Broadband penetration and economic growth in ASEAN countries: a generalized method of moments approach [J]. Applied Economics Letters, 2013, 20 (09): 857 -862.

[5] Tan B. Modelling and analysis of a network organization for cooperation of manufacturers on production capacity [J]. Mathematical Problems in Engineering, 2006, 111 (05): 819 -830.

Becker T, Stern H. Impact of Resource Sharing in Manufacturing on Logistical Key Figures [J]. Procedia Cirp, 2016 (41): 579 -584.

[6] Qing Guan, Haizhong An. The exploration on the trade preferences of cooperation partners in four energy commodities' international trade: Crude oil, coal, natural gas and photovoltaic [J]. Applied Energy, 2017 (203): 154 -163.

[7] Ning C. Research and Prospect of Deepening Cultural Exchanges and Cooperation between Guangxi and ASEAN [J]. Around Southeast Asia, 2016 (01): 67 -72.

[8] Chen Y. Promotion the industrial Chain to Accelerate the Regional Cooperation of Mining Economy between Guangxi and ASEAN Countries [J]. Around Southeast Asia, 2014 (07): 46 -49.

[9] Yin H, Pan J. Issues and Countermeasure of Guangxi in Promoting International

Production Capacity Cooperation under the Background of "the Belt and Road" [J]. Around Southeast Asia, 2016 (04): 60-62.

[10] 广西商务厅. 广西与东盟投资政策汇编（上卷）[M]. 南宁：广西人民出版社，2015.

[11] 商务部，国家统计局，国家外汇管理局.2016 年度中国对外直接投资统计公报 [M]. 北京：中国统计出版社，2016.

[12] 郭朝先，邓雪莹，皮思明."一带一路"产能合作现状、问题与对策 [J]. 中国发展观察，2016 (06): 44-47.

[13] 董小君. 中国下阶段产业转移的道路选择——基于产能国际转移日美两种模式的创新探索 [J]. 人民论坛·学术前沿，2013 (24): 69-77.

[14] 卓丽洪，贺俊，黄阳华."一带一路"战略下中外产能合作新格局研究 [J]. 东岳论丛，2015，36 (10): 175-179.

[15] 钟飞腾."一带一路"产能合作的国际政治经济学分析 [J]. 山东社会科学，2015 (08): 40-49.

[16] 李锦. 中央企业参与"一带一路"应把握七要点 解读李克强讲话认识央企"一带一路"及国际产能合作特点 [J]. 中国远洋航务，2015 (08): 44-45.

[17] 刘梦娇. 产能合作 开启中国—东盟合作新篇章 [J]. 国际工程与劳务，2015 (11): 38-39.

[18] 邓洲，李灏. 马来西亚产业竞争力现状及中国与马来西亚产业合作展望 [J]. 东南亚纵横，2015 (11): 35-40.

[19] 臻仁. 中国—东盟：打造国际产能合作典范 [J]. 国际工程与劳务，2016 (12): 40-41.

[20] 余淼杰，崔晓敏. 中国和东盟贸易及产业比较优势研究 [J]. 国际商务研究，2015，36 (04): 5-15.

[21] 徐飞. 中国高铁的全球战略价值 [J]. 人民论坛·学术前沿，2016 (02): 6-20.

[22] 马加力. 中国—新加坡经济走廊建设的若干问题 [J]. 东南亚纵横，2014 (10): 42-44.

[23] 卜文娟. 中国东盟产能合作仍需一步一个脚印 [J]. 中国战略新兴产业，2015 (18): 75.

[24] 吴崇伯."一带一路"框架下中国与东盟产能合作研究 [J]. 南洋问题研究，2016 (03): 71-81.

[25] 和金生，苏彩和. 东盟技术标准现状分析与前景展望 [J]. 社会科学家，

2012 (01): 69 – 73.

[26] 黄红，陈振宇，钟蕾. 对接需求 务实推进广西与东盟国际产能合作 [J]. 广西经济，2016 (12): 30 – 32.

[27] 陈正湘，陈惟杉. 中马钦州产业园：依托“两国双园”实现国际产能大合作 [J]. 中国经济周刊，2015 (41): 70 – 71.

[28] 陈昕. 大湄公河次区域东西经济走廊发展研究与借鉴 [J]. 管理世界，2012 (12): 179 – 180.

[29] 陈时勇，于洪羽. 云南、广西参与国际区域合作，实施“一带一路”战略的平台和机制比较研究——兼议滇桂合作 [J]. 东南亚纵横，2015 (07): 49 – 54.

[30] 陈继勇，蒋艳萍，王保双. “一带一路”战略与中国参与国际产能合作 [J]. 学习与实践，2017 (01): 5 – 12.

[31] 吴频. 中国企业“走出去”与开展国际产能合作 [J]. 对外经贸实务，2015 (05): 4 – 6.

[32] 王本力，张海亮，曾昆. 国际产能合作：化解产能过剩新思路 [J]. 中国工业评论，2015 (11): 64 – 69.

[33] 陈惟杉. 高端对话之国际产能合作的中国动力 中国企业如何走出去参与国际产能合作 [J]. 中国经济周刊，2015 (50): 66 – 74.

[34] 王峰，罗志鹏. 东盟基础设施的潜在需求及中国的投资对策 [J]. 深圳大学学报（人文社会科学版），2012，29 (04): 103 – 108.

[35] 郭宏，葛顺奇. 中国对东盟基础设施投资研究 [J]. 国际经济合作，2016 (12): 48 – 53.

[36] 姜巍，陈万灵. 东盟基础设施发展与 FDI 流入的区位选择：机理与实证 [J]. 经济问题探索，2016 (01): 132 – 139.

[37] 郭宏宇，竺彩华. 中国—东盟基础设施互联互通建设面临的问题与对策 [J]. 国际经济合作，2014 (08): 26 – 31.

[38] 周密. 拓展“10 + 1”框架下的东盟基础设施建设市场 [J]. 国际经济合作，2010 (03): 54 – 57.

[39] 杨帆，徐思. 我国零售企业的国际化浅析——以东盟为例 [J]. 中国商贸，2011 (14): 6 – 7.

[40] 王诗超，苏步芸. 东盟电力投资策略研究 [J]. 南方能源建设，2016，3 (01): 21 – 26.

[41] 姜慧，韩琪. 东盟新四国电力基础设施与中国投资策略研究 [J]. 国际经济合作，2016 (08): 75 – 79.

[42] 史丹，侯建朝．中国和东盟能源行业的互补性格局研究［J］．中外能源，2016，21（08）：1－11.

[43] 王勇辉，管一凡．中国对东盟教育服务贸易：优势、问题与对策——以东盟来华留学生教育为视角［J］．东南亚研究，2014（05）：72－78.

[44] 熊嘉逸．“一带一路”战略下高职发展的困境及出路——以“中国—东盟教育合作”为例［J］．中国高校科技，2017（07）：55－57.

[45] 印宏亮，潘继南．“一带一路”背景下广西推进国际产能合作存在问题及对策研究［J］．东南亚纵横，2016（04）：60－62.

[46] 邱海峰．中国东盟经贸合作发展迅速［N］．人民日报海外版，2016－7－20（2）.

[47] 汪灵犀．国际产能合作之路怎么走［N］．人民日报海外版，2016－03－22（002）.

[48] 中国—东盟产能合作联合声明［N］．人民日报，2016－09－08（002）.

[49] 闫磊．东盟共同体启动 深化合作契机显现［N］．经济参考报，2015－12－31（004）.

[50] 田原．东盟期待与中国加强能源合作［N］．经济日报，2016－04－28（004）.

[51] 王嘉珮．中国与东盟能源合作的成就与愿景［N］．中国石油报，2017－03－28（002）.

[52] 简文湘．中国与东盟国际产能合作方兴未艾［N］．广西日报，2016－07－23（001）.

[53] 张文德．中国—东盟产能合作潜力有待挖掘［N］．中华工商时报，2016－06－03（002）.

[54] 方学．国家发展改革委与广西吉林建立推进国际产能合作委省协同机制［N］．中国经济导报，2016－03－04（T01）.

[55] 蓝锋．加强国际产能合作 融入“一带一路”建设［N］．广西日报，2016－09－12（004）.

[56] 黄焕升．广西谋划重大项目出海［N］．国际商报，2016－02－26（B03）.

[57] 伊佳．吉林省引导企业参与国际产能合作［N］．国际商报，2016－05－13（B04）.

[58] 李世泽．国际产能合作 广西大有作为［N］．广西日报，2016－05－25（012）.

[59] 肖亮升．企业“走出去”政协“推一把”［N］．人民政协报，2016－06－14

(002).

[60] 邹骥. 中国—东盟产能合作应具有战略眼光 [N]. 联合时报，2016-07-12 (003).

[61] 张志文，苏亚，叶妍妍. 跨境物流 东盟经济增长新动力 [N]. 人民日报，2016-02-29 (22).

[62] 广西壮族自治区统计局，国家统计局广西调查总队. 2016 年广西壮族自治区国民经济和社会发展统计公报 [N]. 广西日报，2017-04-27 (015).

[63] 徐颖. 国际产能合作：中国新名片 [EB/OL]. (2015-12-28) [2017-10-01]. http://politics.people.com.cn/n1/2015/1228/c1001-27987276.html.

[64] 林永传. 中国驻东盟大使细数中国—东盟关系的成果与不足 [EB/OL]. (2017-07-15) [2017-10-01]. http://www.chinanews.com/gj/2017/07-15/8278382.shtml.

[65] 广西壮族自治区发展和改革委员会. 广西壮族自治区发展和改革委员会关于印发推动产业结构优化调整工作方案的通知 [EB/OL]. (2017-08-07) [2017-11-13].

[66] 刘倩文，杨伟娟. 2016 年广西外贸总体规模与上年基本持平 贸易结构发生重大变化 [EB/OL]. (2017-03-17) [2017-11-12].

[67] 广西壮族自治区卫生计生统计信息中心. 2016 年广西卫生和计划生育事业发展情况简报 [EB/OL]. (2017-09-29) [2017-11-15]. http://www.gxhfpc.gov.cn/xxgks/tjxx/sjnbss/2017/0929/42645.html.

[68] 林涌泉，陈俊源. 广西与东盟教育合作硕果累累 [EB/OL]. (2016-01-03) [2017-11-15]. http://www.gxnews.com.cn/staticpages/20160113/newgx56957fdf-14262493.shtml.

附录

专题研究报告

专题一

广西制造业参与中国—东盟国际产能合作研究

东南亚国家是我国开展国际产能合作的热点区域。广西作为中国—东盟国际产能合作领域的排头兵，具有显著的区位优势，在推进中国—东盟国际产能合作方面取得了丰厚的成果。制造业作为实体经济的主体产业，是广西参与中国—东盟国际产能合作的第一优势产业。从多个层面、多个角度研究广西制造业参与中国—东盟国际产能合作的现状，发掘产能合作出现的问题，探索深化产能合作的发展路径，对于实现双方在工业发展上的双赢局面、促进经济的转型升级具有重要的意义。

一、广西制造业参与中国—东盟国际产能合作的现状

工业是国民经济的主导，而制造业是工业的主体部门。目前广西已形成了较为完整的工业体系，制造业得到长足发展，装备制造业不断壮大。如食品、有色、化石、冶金、汽车、机械等产业已经成为推动广西经济增长的支柱性产业，医药、电子信息制造、造纸与木材加工、纺织服装与皮革等已成为广西的特色产业。除此之外，广西还拥有一批实力较为强劲的制造业企业，如柳钢、柳工、玉柴机器、上汽通用五菱等。截至2018年末，广西制造业部门的工业企业法人单位数和工业企业法人单位从业人员分别占总数的86.3%和88.7%；制造业规模以上工业增加值比上年增长4.3%，企业利润达965.2亿元。其中计算机通信和其他电子设备制造业增加值增长21.7%、木材加工业增长19.6%、农副食品加工业增长15.8%、有色金属冶炼加工业增长14.6%、黑色金属冶炼加工业增长5.2%[1]。2015—2019年，广西制造业总产值从1.51万亿元上升至1.79万亿元，可见广西制造业稳中向好的发展趋势。

而在东盟10个国家中，除了新加坡外，其余9个东盟国家工业化发展时间不长，制造业产业部门不齐全，且发展高度依赖外来投资[2]。广西地处中国—东盟自

由贸易区的核心区域，毗邻东盟，是中国—东盟博览会和中国—东盟商务与投资峰会的承办地，广西在参与中国—东盟国际产能合作方面具有突出的区位优势。产能合作的关键在于发挥合作双方的比较优势，广西参与国际产能合作的优势产业，如汽车制造业；纺织服装、服饰业；木材加工及木、竹、藤、棕、草制品业；皮革、毛皮、羽毛及其制品和制鞋业；文教、工美、体育和娱乐用品制造业；计算机、通信和其他电子设备制造业等，主要集中在制造业部门。总之，广西制造业参与中国—东盟国际产能合作的空间和潜力巨大。

（一）进出口贸易方面

1. 贸易总量迅速扩大

2018 年，广西对东盟国家进出口总值为 2061.5 亿元，占广西进出口总额的 50.2%，增长 6.3%；出口 1259.8 亿元，占广西出口总额的 57.9%；进口 801.7 亿元，占进口总额的 41.5%[3]。2019 年，广西对东盟国家进出口总值为 2334.7 亿元，占广西进出口总额的 49.7%[4]，增长 13.3%。东盟连续 20 年成为广西最大的贸易伙伴，其中，越南、泰国、马来西亚和印度尼西亚是广西的主要贸易国，而制造业产品是广西的主要进出口产品。2019 年仅机电产品出口就占据同期广西出口总值的 50.1%，进口机电产品占同期广西进口总值的 33%。根据海关数据，2018 年，广西制造业货物进出口总额为 524 亿元，仅与越南的制造业货物进出口总额占广西制造业货物进出口总额的比值就达到 49.3%[5]。我国与东盟国家在钢铁、水泥、电解铝、玻璃、光伏等行业的进口互补性较强，而出口相似度较低[6]，广西制造业企业在此类行业的产能合作方面具有较好的机会。

2. 贸易结构不断优化

广西的信息技术产业、新材料产业、生物产业和高端装备制造业等新兴产业正平稳发展，在制造业部门上的研发投入逐年提高，出口产品逐渐由劳动密集型向技术密集型转变，产品附加值和技术含量进一步提高。以广西在东盟的第一贸易伙伴——越南和广西最主要的出口制造品——机电产品的贸易为例。广西与越南贸易往来历史悠久，早期贸易出口商品主要有农机具，如柴油机、手扶拖拉机、碾米机等，从整机出口过渡到零部件出口，越南逐渐建立起自己的生产线，广西在农机具出口方面的优势丧失后开始扩大摩托车出口；接着又从摩托车出口为主过渡到以轻、中型汽车与成套工程机械设备为主的出口结构。立足于当前新一代信息技术、高端装备产业的发展，广西形成了贸易多元化发展势态，出口范围扩大，主要的出口产品包括包含电脑在内的电子产品、其他机器、设备及其配件等，还包括广西装备制造先进技术的出口。

（二）直接投资方面

2019 年，广西对外实际投资额达 3.12 亿美元，备案或核准的非金融类境外投资企业超过 50 家（含境外机构），中方协议投资额达 9.26 亿美元，其中，对东盟地区的中方协议投资额占比 60.9%，制造业占比 50.5%。在广西对外投资合作领域方面，工程机械、汽车等装备制造合作备受关注。另外，广西对外投资合作模式也十分多样，包括但不限于对外工程承包、直接投资设厂以及产业园区建设等。2019 年，广西对外承包工程完成营业额达 6.82 亿美元，其中，在东盟开展的对外承包工程完成营业额占比高达 61.9%；工业建设项目完成营业额占比 40.5%，行业占比最高[7]。直接投资设厂相对少见，产业园区模式是近年来产能合作发展的特色方式，且产业园区模式因其产生的集群效应成为投资新高地[8]，在中国—东盟国际产能合作领域运用广泛。

1. 工程机械、汽车等装备制造合作程度加深

基础设施和装备制造领域是中国—东盟国际产能合作的主要领域，东盟国家铁路、港口、电力等基础设施建设推进的同时催生了对交通运输设备制造以及机械工程设备的巨大需求。广西汽车集团把握发展契机，主动开拓东南亚市场，于 2017 年 7 月在印尼建成首个海外零部件制造基地。积极谋求与国际先进产能合作的广西制造业企业还有广西玉柴机器集团有限公司（玉柴公司）。2013 年，玉柴公司与马来西亚石油公司展开合资合作，为玉柴公司提升自身润滑油制造技术奠定了基础。2015 年，上汽通用五菱汽车公司和上汽集团共同出资建设上汽通用五菱印度尼西亚工厂，该工厂总投资 7 亿美元，占地 60 万平方米，包括主机厂和供应商园区。该工厂具备年产 12 万辆整车的能力，为当地创造就业岗位、带动其他产业发展提供了契机。

2. 产业园区建设加快

推进境外经贸园区及工业园区建设可以带动产能转移，帮助企业减小“走出去”的风险。为此，广西建设了一批跨境、境外经济合作园区。目前产业园区主要以与印度尼西亚、马来西亚、越南等东盟国家合作为主。产业园区的承建及多个项目落地均与制造业息息相关，产业园区已成为广西制造业参与中国—东盟国际产能合作至关重要的平台。

广西北部湾国际港务集团与马来西亚合资方共建马来西亚—中国关丹产业园区，其产业定位包括石化、汽车装配、钢铁、棕榈油加工、铝材深加工、橡胶等传

统制造业，目前吸纳了广西投资集团、桂林国际电缆集团等多家广西企业。目前共有10多个项目与产业园区签订投资协议，协议投资额超245亿元，其中年产350万吨的钢厂项目已建成投产。中国于马来西亚合作推进的另一国际产业园——中马钦州产业园区地处广西钦州市，其产业定位以装备制造业、电子信息业、新能源及新材料、农副产品深加工、现代服务业为主导，将按照“政府搭台、园区支撑、企业运作、项目带动、利益共享”的合作模式，建成高科技、低碳型、国际化的工业园区。印度尼西亚·中国综合产业园于2013年6月由广西农垦集团建设，是中国在印度尼西亚设立的首个集工业生产、仓储、贸易为一体的经贸合作区，其产业定位为机械制造、汽车摩托车配件、精细化工、仓储物流及新材料等。广西北投集团与越南谅山省在产业园区建设运营、城市和交通基础设施建设等方面深入合作，投资建设越南谅山广西北投产业园项目，重点打造“加工制造、现代物流、国际金融”三大产业体系。除此之外，在文莱投资的摩拉港项目目前已形成了“三基地”格局，即海产品养殖加工基地、电动汽车生产基地和香料加工贸易基地。

二、广西制造业参与中国—东盟国际产能合作存在的问题

（一）广西制造业层面

1. 本土制造业发展不充分

相比多数东盟国家，广西的制造业基础更好，但与发达地区的制造业发展质量和水平相比仍有较大落差。从制造业内部产业结构看，2018年，以食品产业、石化产业、有色金属产业、冶金产业、建材产业、造纸与木材加工业、纺织服装与皮革产业为代表的传统产业占规模以上工业增加值的比值高达59%，劳动密集型和资源密集型产业占比较高；高耗能产业占比达到42.1%；而战略性新兴产业如新能源、新材料、智能装备制造等占规模以上工业增加值的比重仅为13.9%，且高端产品甚少涉及，高端装备制造业增加值仅占战略性新兴产业的5.1%，自主品牌少，且以代加工为主[9]。从制造业的研发投入看，广西工业企业研发投入经费增速缓慢，投入强度低。2018年，广西工业企业研发投入主要集中在制造业部门，且总体投入强度仅为0.51%，远低于全国平均水平1.23%，制造业分行业投入强度超过2%的行业仅有3个[10]。这说明广西制造业目前仍存在能源资源消耗强度较大、研发创新能力薄弱、内部产业结构有待优化等发展不平衡、不充分问题，可供产能合作的产品往往附加值较低、竞争力不足，而东盟国家制造业竞争力较强的产业也主要集中

在低端制造业。因此，不便利用广西与东盟国家之间的比较优势进行深入合作，导致在与东盟国家进行产能合作时的区位优势难以发挥。

2. 社会资本参与度不足

由于广西制造业一旦参与中国—东盟国际产能合作，其涉及金额往往数额巨大，投资合作的期限也较长，因此，目前广西制造业“走出去”以国有企业为主，其占比超过80%，民营企业占比则相当小。然而民营企业，尤其是民营中小企业，因其进入门槛较低，数量众多，能够有效解决就业压力和维持社会稳定；同时它还具有较强的市场活力以及技术创新优势，对市场需求变化反应较快；相比国有企业，一定程度上可以规避东道国处于国家安全发起的部分审查，便于更高效地开展国际化经营活动。制造业是我国民营企业的主要分布行业，未来的产业合作将会以民营企业为主[11]。但是民营中小企业抵御风险的能力相对较弱，所以目前民营中小企业在广西制造业参与中国—东盟国际产能合作的存在感微弱。较低的社会资本参与度将导致产能合作项目资金来源渠道单一，无法发挥社会资本的功能，不利于产能合作的长远、持续发展。

（二）市场层面

1. 市场竞争激烈

一方面是来自广西周边省份对东盟国家市场份额的竞争；另一方面是来自包括东盟国家在内的国际市场的竞争。广西和云南均具有毗邻东南亚的区位优势，而海南与越南隔海相望，具有海上运输优势。广西的近邻广东省本身就是制造业大省，其制造业发展基础更好，近年来高技术制造业的企业数量、资产规模和经济总量均呈现快速增长趋势。除此之外，广西制造业参与中国—东盟国际产能合作主要集中于中低端产品。随着东南亚国家依赖其资源和廉价劳动力优势逐渐发展起本国的优势制造业，广西制造业就有可能因其工艺技术水平有限、品牌影响力不强等原因而被替代。例如，2010年越南出台扶植中小企业生产汽车轮胎和轮轴等促进汽车制造业发展的相关政策后，吸引了大量世界知名汽车工厂前来投资设厂，给诸如柳钢、五菱汽车等广西制造业企业带来巨大压力[5]。

2. 制造业“越顶转移”现象频发

“越顶转移”是指东部地区的产业或者部分外资企业越过中国投资环境日益改善的中西部地区，往东南亚等地区转移。该现象早在2012年左右就已出现，但随着近年来我国要素成本上升、中美贸易摩擦升级以及资源环境压力加大，进一步加快了国内产业抱团向东盟“越顶转移”的速度，代工型、劳动力密集型制造业则是转移大潮的主要对象[12]。越南是广西招商引资最主要的竞争者。例如，亚马逊、甲骨文、微软、三星、奥林巴斯等企业都已相继从中国东部转入越南，南宁市富士康2019年上半年转移了40亿元订单至越南[5]，我国电视机龙头企业TCL在越南等国家开设电视机工厂等[12]。制造业“越顶转移”一定程度上使广西失去作为产业承接者增加产能的机会；还可能在新的承接国形成具有竞争优势的制造业产业，对广西本土生产同质产品的企业形成巨大压力；部分企业转移还可能带动上下游企业集体转移，甚至包括中高端制造业的转移，从而不利于广西具有竞争优势的制造业发展，也不利于广西制造业继续参与产能合作。

（三）东盟国家层面

1. 基础设施建设不完善

大多数东盟国家的基础设施建设不完善问题普遍存在且由来已久，是进行制造业产能合作的重要障碍。由于存在机场、铁轨、码头、公路等基础设施运力不足，电力、水力稳定供应难以保障，自然资源勘探和开采条件较差等诸多问题，无形中增加了制造业企业在东盟的投资成本。尽管不少东盟国家政府早已认识到基础设施建设对提升制造业和贸易竞争力、提振国民经济的意义，并积极谋求在基础设施领域的发展，然而巨大的资金缺口和技术难题限制了这一目标的顺利达成。

2. 产业配套滞后

多数东盟国家缺乏完备的工业体系，产业链条不完善，许多产品无法生产。例如，老挝、缅甸和柬埔寨都是典型的农业国，工业基础薄弱；越南以加工、组装为主的加工制造业占主导地位，配套工业较少；泰国和马来西亚仍停留在中高级劳动密集型工业组装阶段。因此，许多中间产品需要依赖进口，从而增加生产制造的成本和风险。尽管不少境外产业区已经建立或已被国家商务部考核确认，但大部分境外产业园区都是由一个或几个较大型龙头企业组成，尚未形成完整的上下游产业链[13]。缺乏配套设施的产业园区也难以产生对制造业企业的吸引力并发挥其聚集效应。

三、广西制造业参与中国—东盟国际产能合作的对策建议

（一）政府层面

1. 调整优化产业结构

广西制造业自身的发展是其参与中国—东盟国际产能合作的基石。为了充分利

用广西制造业的产业优势，应对日益趋紧的资源环境约束，应逐步推进广西制造业向中高端、绿色发展方向迈进，促进广西制造业的高质量发展。政府应当转变发展思路，积极推进制造业行业转型升级，有选择地逐步淘汰部分高耗能、低附加值的落后产能，结合广西各地区区位优势和产业布局战略，加快先进制造业和高技术制造业的发展，推进包括新一代信息技术、智能装备制造、节能环保、新材料、新能源汽车和大健康等在内的战略性新兴产业，开拓高端装备制造空白领域，扶持已有的高端装备制造企业；加快产业聚集，引导龙头企业带动上下游产业协调发展，通过聚集发展提升战略性新兴产业发展效率。

2. 鼓励民营企业“走出去”

社会资本在参与国际产能合作方面具有诸多优势，但也存在一定的困难。一方面，由于民营企业，尤其是民营中小企业抵御资金风险的能力较差，应当给予适当的政策支持，完善针对民营企业的政策性金融服务以及财政优惠政策；总结国有企业“走出去”的经验，鼓励制造业民营企业以独资或与国有企业合资的方式“走向”东盟国家。另一方面，部分企业初涉东盟国家市场，在摸索阶段缺乏有效的海外投资经营经验和充足的海外管理人才，东盟国家又大多数属于欠发达国家，信息来源和渠道相对匮乏，导致企业在了解东盟国家的营商环境、对市场做出灵活反应方面存在困难，政府可以尽量完善东盟各国的信息收集系统，跟踪和检测目标国的环境变化，发布和更新目标国投资政策、贸易规则等相关的产能合作信息，及时预警突发紧急事件，扩展产能合作商机，帮助企业做出合理的决策。

3. 因势利导产业转移

制造业“越顶转移”现象早已存在且有利有弊。其弊端如前文所言，其优点在于被转移对象往往是低端制造业。如果是将已经丧失比较优势或附加值较低的企业转移出去，一定程度上为广西发展更为先进的制造业“腾笼换鸟”，推进产业价值链朝着中高端攀升。因此，应当客观看待“越顶转移”现象的“双刃剑”作用，并合理分析该现象带来的影响，进而做出正确的决策。除此之外，广西也具备越顶产业转移的卡位功能，通过优化营商环境，提高政府行政效率和办事透明度，精简审批程序，完善大数据、5G、物联网等新型基础设施建设，加大在物流补贴、资本招商、财政优惠、人才引进等方面的支持力度，为先进产业转移提供特殊便利条件，以吸引优质产业入驻，从而改善广西制造业基础和产业链水平。

4. 积极建设工业产业园

工业产业园作为广西制造业企业投资项目开展的重要平台，其重要性和意义不言而喻。应当以工业产业园区作为建设重点，释放园区的聚集效应，通过产业聚集增强中小企业在外抵御风险的能力，引导国内企业在境内外双重布局。加强与目标国政府的磋商会谈，争取企业落户园区可获得的优惠政策，推动广西具有比较优势的制造业在当地批量建厂，优化投资合作结构。同时，支持不同类型、不同规模等级的企业和组织机构入驻园区，重视关联产业的合理布局，尽可能完善园区上下游产业链条和产业配套设施，营造良好的园区生态。优先支持基础设施建设相关制造业参与园区内的产能合作，尤其是工程机械、汽车等装备制造方面的合作。

（二）企业层面

1. 加大研发投入强度

目前广西制造业企业的科研经费投入还比较少，且主要依赖自身的研发力量，与研发机构、高等院校之间的合作较少。产学研合作不仅有利于减少企业自主研发的风险，也能提高研发资金的使用效率。因此，广西制造业企业在重视自主研发、加大研发资金投入之余，还应主动与高校、科研院所展开产学研合作，联合建立研发机构和技术中心，加快先进人才和技术流动；同时善用知识产权保护工具，维护自身正当权益。通过研发提高产品技术含量和附加值，提升自身市场竞争力，以求尽可能在激烈的市场竞争中脱颖而出。

2. 科学评估产能合作环境

尽管我国驻东盟各国大使馆的经商参赞处、国内的东盟智库、东盟研究院等机构为在东盟投资和经商的企业提供了一定的有效信息，但对于考虑与东盟国家展开长期、大型产能合作项目的企业而言，目标国的实地考察以及科学且全面的合作环境评估分析是十分必要的。除了要评估目标国相关产业的发展水平、政治清廉度、法律环境、工业基础和配套设施的整体条件等较为宏观的指标外，还需深入调研当地同质竞争对手、来自周边省份或是外国竞争对手等情况；还需动态追踪和评估国际时事政治对产能合作的间接影响，例如，近年来中美经贸摩擦对业务涉美的中国制造企业的影响，新冠疫情蔓延对发达国家产业回流的影响，等等。

3. 积极参与东盟基础设施建设

东盟国家的基础设施问题既是挑战，也是机遇。因为基础设施建设离不开制造业产品供应，积极主动地参与完善东盟国家的基础设施，广西制造业的国际市场空间才能不断打开。广西制造业企业应把握发展机遇，加强与东盟国家围绕基础设施建设展开技术交流与合作，针对具体的基础设施建设项目提供包括但不限于电子通信设备、通用和专用设备、钢铁、玻璃、水泥以及各种仪器等制造品，或就地投资设厂。其他关联企业，如目前已成为广西支柱产业一部分的有色金属制造企业和汽车制造企业也可进一步深入合作。更加顺畅的互联互通设施将为广西参与中国—东盟国际产能合作带来更大的发展契机。

4. 做好风险防范工作

国际产能合作涉及的风险包含政治、经济、制度、宗教等多个方面，且东盟各国甚至各地区的情况都有所差异。为了应对投资和贸易环境的不确定性，企业势必需要有效的措施以防范和化解风险。企业可以在充分了解合作对象国的基本情况后，建立关于产能合作的事前、事中和事后风险监测系统、风险预警和风险应对方案；通过购买相关保险来分散一定的风险；企业还可依托产业园区，在面临难以抵抗的冲击时通过“抱团取暖”渡过难关。

参考文献

[1] 广西壮族自治区人民政府门户网站．广西第四次全国经济普查公报［EB/OL］．［2020－08－01］．http：//www. gxzf. gov. cn/html/gxsj. shtml.

[2] 陈慧．“一带一路”背景下中国——东盟产能合作重点及推进策略［J］．经济纵横，2017（04）：42－47.

[3] 广西壮族自治区统计局．广西统计年鉴 2019［EB/OL］．http：//tjj. gxzf. gov. cn/tjsj/tjnj/material/tjnj20200415/2019/zk/indexch. htm.

[4] 南宁海关．2019 年广西外贸进出口稳定增长［EB/OL］．［2020－08－01］．http：//nanning. customs. gov. cn/nanning _ customs/600333/600339/600341/2878234/index. html.

[5] 许雪芳．探析“一带一路”倡议下广西与越南制造业深化合作策略［J］．国际经济合作，2020（03）：127－138.

[6] 严佳佳，曾金明．“一带一路”倡议下我国与东盟产能合作研究［J］．福州大学学报（哲学社会科学版），2018，32（03）：34－42.

[7] 广西壮族自治区商务厅合作处．图解：2019 年 1—12 月广西对外投资合作情况［EB/OL］．［2020－08－01］．http：//swt. gxzf. gov. cn/swsj/dwhzsj/t1441819. shtml.

[8] 吴崇伯．“一带一路”框架下中国与东盟产能合作研究［J］．南洋问题研究，2016（03）：71－81.

[9] 广西壮族自治区统计局网站．战略性新兴产业平稳快速发展——广西第四次全国经济普查系列报告之十九［EB/OL］．［2020－08－01］．http：//tjj. gxzf.

gov. cn/tjsj/yjbg/qq_267/t4385089. shtml.

[10] 广西壮族自治区统计局网站. 研发投入保持增长 存在问题值得关注——广西第四次全国经济普查系列报告之二十一 [EB/OL]. [2020-08-01]. http://tjj. gxzf. gov. cn/tjsj/yjbg/qq_267/t5471734. shtml.

[11] 王跃生, 张羽飞. 民营企业助推"一带一路"高质量发展: 优势、挑战与对策 [J]. 新视野, 2020 (04): 24-31.

[12] 中国宏观经济研究院产业研究所所长黄汉权, 中国宏观经济研究院产业研究所副研究员任继球. 全球化大变局下中国须因势利导产业转移 [N]. 中国经济时报, 2020-08-03.

[13] 唐红祥, 陈慧. 中国—东盟产能合作的困境与出路 [J]. 人民论坛, 2020 (11): 140-141.

专题二

广西房地产业参与中国—东盟国际产能合作研究

党的十九大报告指出：经济新常态下创新对外投资方式，加速国际产能合作是实施“走出去战略”的必然要求。2008 年以后，中国房地产业发展迅猛，涌现出大批房地产企业。但近年来国内房地产市场趋于饱和，竞争日趋激烈。同时中国经济增速趋缓、土地价格趋高和政府调控趋严等因素也压缩了房地产企业的效益上升空间。积极参与国际房地产业产能合作，拓展海外市场和谋求盈利新增长点成为中国房地产业未来的发展趋势。

而“一带一路”倡议更是为房地产业参与国际产能合作提供了良好的政治基础和经济机会。东盟国家是“一带一路”建设的重要伙伴，也是近年经济发展势头强劲的新兴市场。东盟各国政府均为吸引外资提供优惠政策，鼓励外商参与当地房地产业开发建设。广西作为中国—东盟的开放门户，拥有特殊的地缘优势，应在与中国—东盟国际产能合作中积极发挥桥头堡作用。根据国家统计局数据，2018 年，广西房地产业主营业务收入和商品房销售收入均超过 2000 亿元，营业利润为 257.39 亿元。可见广西房地产业已基本具备参与中国—东盟国际产能合作的能力。研究如何推动广西房地产业与东盟国家产能融合，对广西而言既有助于增强广西房地产企业自身竞争力，获得海外市场的先发优势，又有助于广西对外经济发展和房地产业结构调整；对东盟国家而言，不仅能提高当地居民的居住水平还能带动建材和旅游等相关产业发展，提高当地的就业水平和经济水平。

一、中国与东盟房地产业合作的政策

（一）中国—东盟国际中国关于房地产企业对外投资的政策

尽管中国政府对国内企业参与国际产能合作方面整体上采取鼓励态度，例如，

2016年发布的《中国—东盟国际产能合作联合声明》。但为了维持中国外汇市场的稳定性，政府同时对境外投资采取审慎态度。房地产业属于资本密集型产业，并且国内房地产企业在境外投资的经验不足。为遏制房地产业海外投资的非理性倾向，中国关于房地产企业对外投资政策具有管控性和引导性的特点。根据2018年商务部颁布的《对外投资备案（核准）报告暂行办法》和发展改革委公布的《国家发展改革委关于发布境外投资敏感行业目录（2018年版）的通知》，相关部门应对中方投资额等于或大于3亿美元的海外房地产项目进行重点督察和后续定期监管，但对单纯利用境外外汇且投资额在3亿美元以下的境外房地产项目无任何投资限制。

（二）东盟各国关于投资房地产业的政策

中国房地产企业海外投资不仅受国内政策影响，也要遵循国外相关政策法规。各国政策法规的差异是国际产能合作中普遍存在的问题，因此，在参与东盟房地产业产能合作过程中，要加强对东盟各国关于外商投资房地产业政策法规的了解。此外，中国房地产市场已经具备规模效应，中国房地产企业在国内的品牌效应较强，但在国际市场上仍缺乏知名度。而海外项目的置业群体也仍以国内客户和海外华人为主。例如，新华联置地有限公司在马来西亚开发的新华联南洋国际度假中心，仅有10%左右的马来西亚客户，大部分客户仍是具有海外投资需求的中国客户[1]。因此，东盟各国对于外国购房者的政策规定也影响中国房地产企业的海外投资战略。由于东盟各国关于外商投资房地产项目和外国人购房政策存在差异，这里对各国政策中影响较大的条款进行要点总结，具体如表2－1所示。

表2－1　东盟各国关于外商投资房地产项目和外国人购房政策要点

国家	外商投资房地产投资合作规定	外国人购房规定
新加坡	①外商收购住宅房地产进行开发需向新加坡住房管理署申请开发资格证书，证书要求项目竣工日起2年内售完全部单位； ②外商开发房地产项目须在新加坡央行开设专项项目账户，受新加坡央行监管； ③建筑工程雇佣本地与外籍工人比例为1∶7，外籍建筑工人需持有新加坡建设局“技术资格专门考试（SEC）”合格证	①外国人不允许购买政府组屋； ②新加坡政府对外国购房者征收重税并严格控制中国买家申请的购房贷款； ③外国人购房需缴纳3%印花税、额外15%的海外投资者印花税（ABSD）以及承担律师费（新加坡房屋交易必须由律师操作）

续表

国家	外商投资房地产投资合作规定	外国人购房规定
马来西亚	①百货中心、酒店旅游和建筑工程允许外商独资，不设股权限制；为吸引外资，政府关于外商投资房地产业的政策法规较为宽松； ②马来西亚允许土地私有，已获政府审批的开发项目土地的最终征用结果由开发商和各个土地业主在政府部门公证下谈判决定； ③相比于传统商业地产项目，马来西亚政府对旅游地产开发项目开通“绿色通道”，给予如建材部分或全部免税等政策优惠	①马来西亚第二家园计划身份者可直接投资房地产甚至拥有永久产权，无须经政府部门审批； ②外籍人士在马来西亚的最低购房金额为100万马币（164万元人民币）； ③购房主要税费为印花税、律师费和门牌税，持有房屋五年内出售的增值税为30%
泰国	①泰国政府允许符合规定的外国企业拥有泰国土地并享有一定的特权和豁免； ②公寓项目最多可对外籍购房者出售49%	①外籍人士不得购买别墅等永久产权房产，但可购入永久产权公寓； ②购房税率平均水平低于3%
印度尼西亚	①建筑工程等领域的外资企业可在无投资申请下直接申请营业许可证； ②外国企业无土地所有权，可拥有30年建筑权和35年开发权； ③承包工程的外国企业须在印度尼西亚设立有限公司或代表处，并获得印度尼西亚公共工程部颁发的承包工程准字	①印度尼西亚各州对外国人最低购房金额设置不同，最低为35万元人民币，最高为235万元人民币； ②不允许向第三方出租印度尼西亚房产，离开印度尼西亚须在一年内放弃或转让房产使用权
柬埔寨	①用于投资活动的土地所有权必须由柬埔寨自然人或占股51%以上的法人所有，但经济区开发商可获得国家土地特许； ②外资与内资的待遇基本相同，不设置外汇管控，实行自由开放经济政策； ③公寓房产最多可向外籍购买者出售80%	①凭护照可购入享有永久产权的二层以上房屋，但对土地无产权 ②不享有距离陆地边境线30千米以内的多业主房屋私人部分的产权
菲律宾	投资境内房地产的外商持股比例不得低于合资公司的40%（比例随政府政策有一定浮动，但不允许独资）	外国购房者税费种类与比例基本与菲律宾公民相同
越南	①限制外商投资传统商业地产项目，但特别鼓励经济区开发投资； ②公寓小区向外国购买者出售住宅数不得超30%	①外国人购买房屋享有50年产权，但不允许继承； ②不允许外国购房者向越南金融机构贷款
缅甸	①住房开发销售及租赁行业要求外商必须与本地企业合资经营； ②鼓励工业园区开发建设并给予所得税减免优惠	可购买集体土地上建立的房屋但不能购买私人土地上建立的房屋
文莱	①外企只能有限期租用土地而不能购买土地； ②较小规模的地产建筑工程只能由本地企业承包	外国人只能购买公寓房
老挝	①外企只能租赁土地，租期不超过50年； ②在老挝进行房地产开发需租用当地人土地开发或与政府谈判在经济区建房	无特殊规定

资料来源：根据中国驻东盟各国商务处发布的《投资合作国别指南2019年版》整理。

二、中国参与东盟房地产业合作现状

一方面，胡润研究院发布的《2020 胡润至尚优品—中国千万富豪品牌倾向报告》显示：海外房地产投资仍是中国高净值人群在未来 3 年内的投资首选，其中在东南亚国家中的投资首选是新加坡[2]；另一方面，中国房地产企业的盈利空间逐渐压缩，中国成熟房地产企业正积极寻求海外盈利增长点。而东盟国家近年经济发展势头强劲，基础设施水平不断提升，并且东盟国家与中国地理相邻，文化相近，政治友好。东盟国家已逐渐成为中国投资者和房地产企业“海外试水”的热点地区。

（一）中国参与东盟房地产业合作地区

根据《中国全球投资数据库 2020 年报告》分析，自 2009 年以来，中国企业海外投资项目中，投资海外房地产领域占比 15.7%。从地区看，自 2009 年起，中国企业海外房地产投资项目中，参与东盟房地产业开发项目累计占比 16.74%，在全球房地产投资地区分布中排第 3 位，如图 2－1 所示。

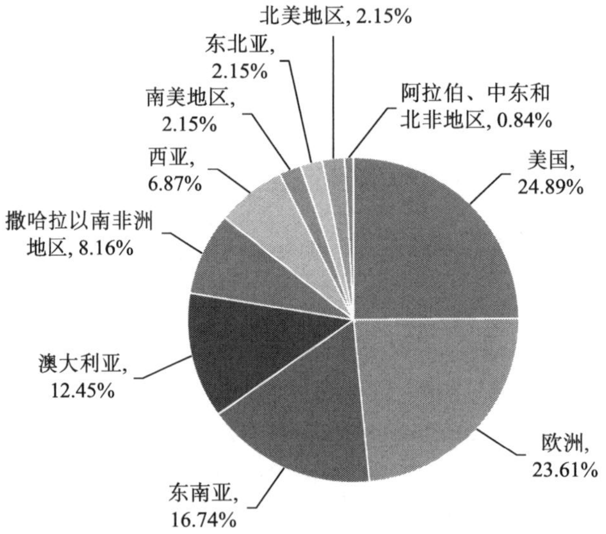

图 2－1　2009—2019 年中国企业海外房地产投资累计项目各地区占比

根据国家统计局数据，2018 年中国对外直接投资超 1400 亿美元，其中房地产业对外直接投资金额占比约 21.43%。同年在中国房地产业对外投资项目中，对东盟国家的投资项目占比为 20%。根据《中国全球投资数据库 2020 年报告》，从

2009 年 4 月—2020 年 6 月，中国企业参与东盟国家房地产开发累计项目（3 亿美元以上）中，新加坡占比 38.46%，是中国房地产业参与东盟产能合作项目最集中的国家；马来西亚占比 23.08%，位居第 2 位；印度尼西亚占比 20.51%；老挝、柬埔寨、缅甸和泰国占比较少[3]，如图 2－2 所示。

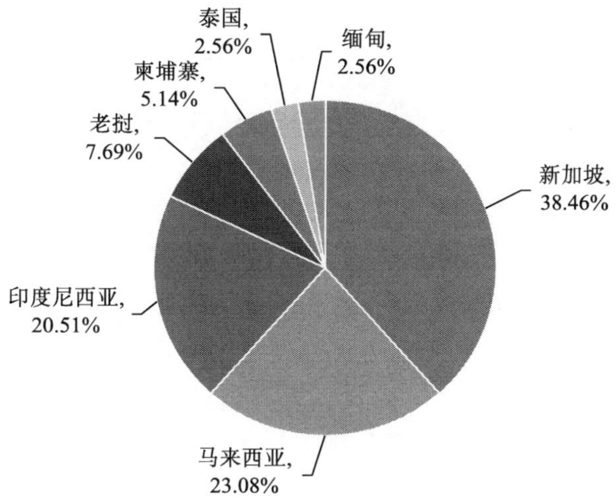

图 2－2　2009 年 4 月—2020 年 6 月中国参与东盟各国房地产项目（3 亿美元以上）累计占比

（二）中国参与东盟房地产业合作项目

随着中国企业"走出去"步伐的加快，中国参与东盟国家房地产业产能合作的项目不断增加，促进了东盟国家房地产市场的发展。2013—2020 年中国企业参与东盟各国房地业合作主要项目如表 2－2 所示。

表 2－2　2013—2020 年中国企业参与东盟各国房地产业合作主要项目情况

东盟国家	项目名称	项目概况	中资母公司
新加坡	华彬·汉美登项目	中资企业在新加坡的首个地产项目	华彬集团
	林曦阁	万科在新加坡首个项目，与吉宝置业合作	万科集团
	迎昕园及莲逸轩	合同总额约合 7390 万美元	中建集团
	西海岸谷地块	合同总额约 2.02 亿美元	
	兰裕廊克基住宅地段开发权	于 2018 年以 1.56 亿美元联合竞得，占地 1.99 万平方米	中海集团、中建集团
	悦心雅轩（2017） 心乐轩（2018）等	青建（南洋）地产跻身新加坡十大地产开发商，至 2018 年共开发 13 个地产项目	青建（南洋）地产

续表

东盟国家	项目名称	项目概况	中资母公司
马来西亚	金海湾项目 吉隆坡万挠项目 钻石城项目 森林城市项目	2013 年碧桂园凭金海湾等项目成为马来西亚销售业绩第一的开发商，此后又投资千亿美元开发了占地 2 千公顷的森林城市项目	碧桂园
	富力公主湾	富力首个海外项目	富力集团
	翡翠湾项目 地不佬湾项目	翡翠湾项目是绿地进军马来西亚的首个项目，耗资 200 亿美元	绿地集团
	大马城项目	该项目为吉隆坡超级房地产开发项目，预计投资 2270 亿元人民币。中国中铁和马来西亚依海控股有限公司组成依海中铁有限公司，出资 192 亿元人民币收购马来西亚邦达公司旗下大马城项目 60% 股权，其中中方出资 54. 48 亿元人民币	中国中铁股份有限公司
泰国	曼谷、芭提雅地区房地产开发一揽子项目	绿地海外首批合作开发项目，总投资 120 亿元人民币，与泰国正大集团合作开发	绿地集团
	泰中罗勇工业园（工业地产）	由中国华力集团和泰国工业地产开发商安美德公司合资成立的泰中罗勇园企业开发经营	中国华力集团公司
印度尼西亚	中交雅园项目	由中国交通建设集团下属中国港湾雅加达地产有限公司投资，中建一局承建的大型房地产开发项目	中国交通建设集团、中国建筑一局集团
	天空之城	碧桂园在印度尼西亚的首个项目，与印度尼西亚第一大财团金光集团合作开发	碧桂园
柬埔寨	金边富力华府项目	富力集团于 2018 年在柬埔寨投资建设金边富力城，于 2019 年投资华府项目，由中建一局承建	富力集团中国建筑一局集团
	威尔斯公馆	金边水净华区域的首座高端服务式公寓	万康国际投资发展有限公司
	七星海旅游度假特区项目（旅游地产）	“一带一路”项目，是涵盖生活住宅、商务会展、旅游度假和产业承接功能的综合体项目	天津优联投资发展有限公司

续表

东盟国家	项目名称	项目概况	中资母公司
菲律宾	PEZA 菲龙公寓	由中建东北设计院与中建八局组成的联合体与菲律宾巨石集团合作	中建集团
	马拉维重建项目	该项目包括住宅、商业场所、基础设施等地产建设内容，由中国电建牵头，5 家中资企业和 3 家菲律宾企业组成的财团投资承建	中国电力建设集团、安徽华力建设集团、中国地质工程集团、特变电工有限公司、金源家园实业发展有限公司
越南	皇家公寓项目	由越南企业投资，中国建筑承建	中建集团
	龙江工业园（工业地产）	越南首个由中国企业独资开发运营的综合性工业园	前江投资管理公司

资料来源：公开资料整理。

根据对近年中国企业参与东盟国家的房地产项目整理发现：在传统房地产领域，中国国有企业与民营企业均积极参与东盟房地产业产能合作，合作方式包括独资开发、合资开发和地产项目承建。其中，国有企业以中国建筑集团有限公司（以下简称“中建集团”）为代表，在东盟各国均有合作项目，合作对象一般为当地知名房地产开发商和中国开发商。中建集团一方面与当地房地产企业合作迅速进入当地市场并树立品牌效应；另一方面积极携手中国房地产企业共同拓展东盟房地产市场。而民营企业中碧桂园、富力集团和绿地集团三家实力雄厚的企业表现突出，并在参与东盟房地产市场的布局上，三者呈现“错位竞争”的特点，项目的国家集中度不同：碧桂园深耕马来西亚，富力集团项目集中于柬埔寨，而绿地集团在泰国的投资项目较其他东盟国家更多。

此外，不同于中国关于房地产业的划分，东盟国家在审查土地用途时，将主要用于旅游开发和建设工业园区的土地划分为旅游地产和工业地产，区别于传统的住宅、酒店和写字楼等商业地产。因此参考东盟国家的划分标准，将房地产业细分为包括酒店、写字楼和住宅在内的传统商业地产、以发展旅游业为主的旅游地产和以发展工业为主的工业地产。由于东盟国家普遍重视旅游业和制造业的发展，在开发旅游地产和工业地产方面给予外资更多的政策支持。例如，越南政府限制外商投资传统商业地产，但对温州前江投资管理公司投资开发的工业地产项目（龙江工业园）给予“政策特批”且视为“一号工程”。龙江项目的审批时长也由半年以上压缩到 3 个月，并享有税收优惠政策[4]。

三、广西参与东盟房地产业合作现状

广西近年也积极响应国家“一带一路”倡议，主动参与东盟国家房地产业产能合作。根据对公开资料的整理分析，目前广西主要参与越南和泰国的商业地产合作项目，而在工业地产方面主要是与越南和马来西亚合作开发。

（一）商业地产合作项目

2008—2020 年，以广西建工集团和东兴安得房地产开发有限公司为代表的部分广西房地产企业主动参与越南和泰国的商业地产合作项目，合作方式主要为承建当地开发商的地产项目。据不完全统计，广西参与的东盟国家商业地产合作项目有 15 个，如表 2－3 所示。

表 2－3　　广西与东盟国家房地产合作项目

国家	项目名称	广西企业	参与方式
越南	利来大酒店	广西建工集团第五建筑工程有限责任公司	作为地产项目承建方参与项目合作开发
	岘港皇冠假日酒店		
	皇达银岸国际大酒店		
	广宁省高层公寓区 2 幢公寓项目		
	ACG Our city 住宅商业综合项目		
	河内京都酒店有限责任公司下属购物中心商业写字楼项目	广西建工集团第二建筑工程有限责任公司	作为地产项目承建方参与项目合作开发
越南	芒街荣基中国商贸中心项目	广西海外建设集团有限公司	作为项目总承建方参与项目开发
	越南下龙湾皇家桂冠酒店项目		
	三项住宅房地产开发项目	东兴安得房地产开发有限公司	通过海外分公司投资开发
泰国	洛坤府公司写字楼和酒店项目	广西建工集团有限责任公司	作为地产项目承建方参与项目合作开发
	洛坤府公司公寓楼项目		
	素叻他尼府综合性民用建筑楼		
	拷艾森林公寓楼项目		
	阿里亚空间公寓楼		
	泰国索柏康大厦		

资料来源：公开资料整理。

（二）工业地产合作项目

除商业地产合作外，广西还与东盟国家合作开发了四项工业地产项目：越南丰田工业区 CN05 工业地产项目、广西万生隆国际商贸物流中心项目、中马钦州产业园区项目和马中关丹产业园项目。其中，越南丰田工业区 CN05 工业地产项目位于越南丰田县，是越南康隆达安防科技有限公司旗下的工业厂区开发项目，由广西建工集团第五建筑工程有限责任公司参与项目承建，造价约 3.6 亿元人民币。广西万生隆国际商贸物流中心项目位于广西百色市，属于中国龙邦—越南茶岭跨境合作区重点项目，由广西靖西万生隆投资有限公司与越南因特思科国际商贸服务投资集团有限公司合作开发运营。中马钦州产业园区项目位于广西钦州，马中关丹产业园位于马来西亚关丹市，两个项目均由广西与马来西亚企业合资成立的公司投资开发。

四、广西参与东盟房地产业合作存在的问题

广西在参与东盟房地产业产能合作方面已经取得了初步进展，如广西建工集团第五建筑有限责任公司已提升了其在越南房地产市场上的知名度。但与国内其他地区参与东盟房地产业产能合作的情况对比，仍存在不少问题。这些问题既包括中国企业普遍面临的共性问题，也有广西企业所特有的特性问题。具体来说，共性问题主要是制度对接难度大和东盟国家国情决定的风险问题。而特性问题主要是广西企业分布过于集中、资金周转难度大和资金来源单一。

（一）共性问题

1. 制度对接难度大

东盟 10 个国家的国情、制度和法律均不相同，给中国企业在东盟国家的投资活动带来较大的制度对接难度。一般而言，外商投资某国房地产业需要重点关注当地的注册公司制度、土地制度和技术标准体系。东盟国家对此均有不同的规定和限制。例如，文莱规定外资企业必须设立一名文莱籍的居民作为独立董事。本国企业有能力承建的地产项目一般优先考虑本国企业。而老挝规定外资企业在老挝进行房地产开发需租用当地人土地或与政府谈判在经济区建房。但这两种方式都存在较大风险，一方面，外资企业无法具体了解当地人的土地使用情况，如果某地块之前已建立房屋并获得产权，而外企在该地块上再次建立的房屋出售给外国买家，则外国买家无法获取房屋产权且维权难度大；另一方面，即使与当届执政人员达成经济区建房协议，也可能需要与下一届执政人员重新协商。此外，马来西亚的建筑管理体系和技术标准为欧盟模式。中国企业仍需增加额外成本去对接这样的制度体系，例如，聘请相关技术顾问或设计公司的经济成本，公司内部人员需重新对接和熟悉

的沟通成本和时间成本等。总体来看，中国参与东盟房地产业产能合作的首要投资难题是制度对接难。

2. 东盟国家国情决定的风险长存

中国与东盟国家长期保持良好的政治和经济关系，但东盟国家的整体国情决定了在东盟国家投资房地产业的风险长存。在东盟国家投资的风险主要体现在政治层面和文化层面。在政治层面上，除新加坡外，其他国家本身的政治局势并不稳定，这给政策稳定和社会稳定造成了较大的隐患。例如，菲律宾近年的主要投资风险就包括政局不稳和社会治安问题。现任政府推翻前任政府签署项目的情况时有发生，政策变动性较大。虽然中国与菲律宾的友好关系较为稳固，但也存在反华势力频繁干扰，使中菲经贸合作存在一定的复杂性和敏感性。同时政治风险不仅来源于项目东道国本身，也来源于东道国与其他国家的政治关系。例如，碧桂园投资千亿美元的森林城市项目。森林城市项目位于马来西亚柔佛州的无主填海地块，碧桂园选择该地开发的本意之一是避免与有主地的业主谈判[5]。但马来西亚与新加坡间的填海纷争不断，加上马来西亚国内党派政治斗争严酷，使该项目面临的政治风险较大。除政治风险外，投资东盟国家房地产业也存在文化层面的风险，主要包括文化传统与宗教信仰两个方面。文化传统如饮食文化，东南亚国民大都习惯每天两次正餐加三次茶点；宗教信仰如印度尼西亚，每天必须进行5次半小时的祷告。这些都直接影响了工作效率。

（二）特性问题

1. 企业分布过于集中

目前，广西参与东盟房地产业产能合作存在企业分布过于集中的问题，不利于广西对外投资的可持续发展。一方面，广西企业在选择产能合作的东盟国家上过度集中于越南和泰国。首先，越南政府限制外资进入本国传统商业地产，对外汇管理十分严格，但根据中国驻越南大使馆经济商务参赞处发布的《对外投资合作国别（地区）指南——越南版（2019年）》，当前越南社会对中资企业和中国公民存在不友好情绪[6]。其次，泰国近年政局动荡，南部地区恐怖活动时有发生，并且泰国地产开发商实力较强，而日本、新加坡和欧美等国开发商也已在泰国获得了先行优势，泰国商业地产市场竞争激烈。这一定程度上导致了大部分广西企业只能选择以地产项目承建商身份参与越南和泰国的商业地产开发，未来发展难度较大。另一方面，广西对东盟国家房地产领域的投资集中在少数国有企业。而2019年广西本土房地产开发商销售前25强中有21家民营企业。但广西民营房地产企业对投资东南亚市场积极性不高，例如，广西地产的领军企业彰泰集团就选择了无锡市作为广西区外投资首选。而广西裕达地产集团在2017—2022年的发展规划中表达了在全国扩展的强烈期望，未公开表示进军东南亚的意愿。

2. 资金周转难度大且来源单一

制度对接难度大或东道国工人效率低等原因往往导致中国企业参与东盟国家房地产业的项目工期较长，企业资金周转压力大。对广西房地产企业而言，海外投资项目资金周转压力更大。从资金来源看，广西房地产企业的主要资金来源为自筹资金和国内贷款，外资占比极少，如图2－3所示。

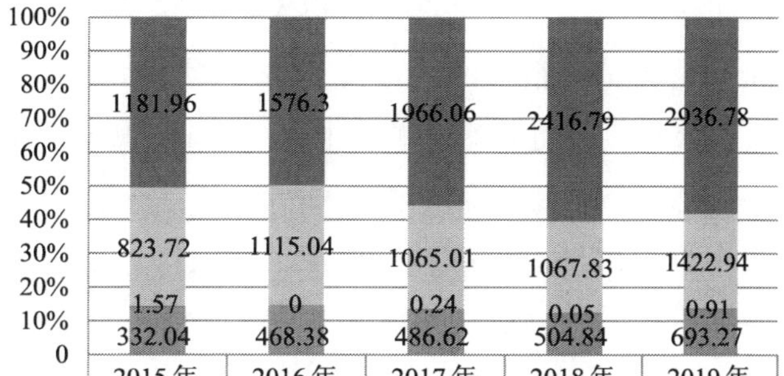

	2015年	2016年	2017年	2018年	2019年
■其他（亿元）	1181.96	1576.3	1966.06	2416.79	2936.78
■自筹资金（亿元）	823.72	1115.04	1065.01	1067.83	1422.94
■利用外资（亿元）	1.57	0	0.24	0.05	0.91
■国内贷款（亿元）	332.04	468.38	486.62	504.84	693.27

图2－3　2015—2019年广西房地产企业资金来源

数据来源：广西统计局。

从图2－3可以看出，广西房地产企业账户的外汇金额极少，企业融资方式主要是自筹和贷款。在国内审批快、建设快和销售快的地产项目运营模式下，企业资金周转总体可控。但参与东盟国家房地产业产能合作需要大量外汇，一方面，中国外汇管制较为严格，海外投资房地产业被列为敏感项目，超过3亿美元以上的项目均需要向国家发展改革委报备，并经过相关部门层层审批，延长了项目周期，增加企业资金周转困难。另一方面，碧桂园和万科等在港交所上市的房地产企业境外融资成本和风险较低，政府对于利用境外外汇的房地产项目管控力度也较小，因此这些企业可以更顺利地在东盟国家进行扩张。相比而言，广西暂无上市的房地产企业，企业的资金来源单一，融资能力欠缺，在参与东盟国家房地产业产能合作过程中面临较大的资金阻力。

五、推动广西参与东盟房地产业合作的对策建议

东盟国家除新加坡外，其他国家的房地产业发展缓慢，有很大的市场潜力，也是国内不少房地产商海外投资的热点地区。因此，广西房地产企业可以主动进入东盟国家开辟新市场。

（一）积极布局，分级投资

东盟国家国情复杂，制度对接困难以及广西房地产业“优而不强”等因素使得许多广西房地产企业对与东盟的合作仍处于“观望”状态，相对保守地采取向国内其他地区扩张的战略。然而中国的房地产市场趋近饱和以及调控趋严已是必然，继续深耕国内市场仍具有一定发展空间，但并不利于广西房地产业的长远发展。而东盟国家的房地产市场仍是新兴市场。因此，广西应积极参与东盟国家房地产业产能合作，尽早合理布局东盟国家，取得市场竞争先机，既避免盲目激进，又避免发展后期扎堆进入东盟市场。

具体而言，第一，根据东盟国家国情，制定广西房地产业“走向”东盟国家的国别投资优先顺序。第一顺序投资国家为马来西亚、新加坡、印度尼西亚和柬埔寨，第二顺序投资国家为越南、菲律宾和泰国，第三顺序投资国家为文莱、老挝和缅甸。鼓励企业先进入第一顺序投资国家开始实质运营，随后在扩大前一顺序投资国家的市场基础上，逐步进入下一顺序投资国家；第二，实行多业态错位发展策略，由发展较为成熟的房地产业态先进入，其他业态后续进入，有利于快速打入东盟国家房地产市场。

（二）合作开发，分担风险

由于广西房地产企业的资金来源单一，自身融资能力和竞争实力不强，因此，在进入东盟国家房地产市场初期选择合作开发的经营模式，与合作方共同分担海外项目的投资风险。具体可以选择三种合作模式：第一，从小规模项目开始进入东盟市场，与当地企业合作开发，借助当地企业的人脉和本土优势，减少项目的政治和文化风险，积累开发经验。例如，碧桂园在马来西亚万挠项目的土地谈判问题基本由马来西亚的合作公司主导推进，一定程度上减轻了碧桂园的沟通成本。但在与当地企业合作开发项目时，建议占股比例高于50%，以便取得项目控制权；第二，与广西建工集团、广西海外建设集团等成功进入东盟国家市场的企业合作，实现广西

房地产业与建筑业间资源有效联动，推动广西房地产业参与东盟市场合作；第三，鼓励广西荣和企业集团有限责任公司、广西保利置业集团有限公司、中房集团南宁房地产开发公司和广西广房房地产有限公司等企业成立联营公司发展东盟房地产业务。广西单个房地产企业进入东盟市场面临较大的资金周转压力，成立联营公司可有效避免资金链断裂问题。例如，柬埔寨热销地产项目威尔斯公馆由万康国际投资发展有限公司投资开发，该公司由中鼎控股、常建集团、福莱德和嘉华房产等地产企业联合组建。

（三）积极参与东盟国家工业地产合作

广西作为面向东盟的开放门户和中国—东盟博览会的举办地，可利用地缘优势和政治优势积极与东盟国家协商，参与特殊经济区特别是工业园区建设，发展海外工业地产业务。目前中国与东盟各国均鼓励地产开发商投资建设特殊经济区内的工业园，例如，柬埔寨规定经济区工业园开发商可以享受 9 年以内的利润免税，进口建设材料及设备免税。而随着东盟国家经济水平的提升，东盟国家商业地产市场已经吸引了全球房地产开发商进入，日本、韩国、新加坡和欧美国家开发商均是中国开发商的有力竞争对手。相比而言，东盟国家的工业地产市场竞争程度较小。并且随着中国人口红利的减少，东南亚将成为新一轮全球产业转移的主要承接地区，未来工业地产的发展势头强劲。例如，广西与马来西亚开发商合作投资的马中关丹产业园在 2018 年已引进 10 个项目，协议投资额超 245 亿元[7]，不仅推动了广西参与马来西亚工业地产领域的合作，也直接为马来西亚创造了财富和就业机会，实现广西与马来西亚的双赢。因此，广西房地产业应积极参与东盟国家的工业地产产能合作。

参考文献

[1] 李贝贝. 中国开发商新山淘金，改变了马来西亚整个房地产行业［EB/OL］.（2017-01-24）［2020-07-18］. https：//www.guancha.cn/Neighbors/2017_01_24_391123.shtml.

[2] 胡润研究院. 2020 胡润至尚优品—中国千万富豪品牌倾向报告［R/OL］.（2020-01-13）［2020-07-19］. https：//www.hurun.net/CN/Article/Details?num=5CC9B6B27DF7.

[3] American Enterprise Institute. China Global Investment Tracker［EB/OL］.

(2020－06－31)［2020－07－20］. https：//www. aei. org/china－global－investment－tracker.

［4］王益敏．越南龙江工业园：打造具国际影响力的境外园区［EB/OL］.（2017－12－19）［2020－07－21］. https：//zj. zjol. com. cn/news/831620. html.

［5］黎加纯．某海外房地产项目开发的风险分析［D/OL］．广东：华南理工大学，2015.［2020－07－21］. https：//kns. cnki. net/KCMS/detail/detail. aspx? dbcode＝CMFD&dbname＝CMFD201601&filename＝1015989994. nh&v＝MAwNDFyQ1－VSN3FmYitac0Z5amhWN3ZLVkYyNkc3cXdGOWpGcTVFYlBJUjhlWDFMdXhZUzdEaD－FUM3FUcldNMUY.

［6］商务部国际贸易经济合作研究院．对外投资合作国别（地区）指南［R/OL］.（2019－09－01）［2020－07－19］. http：//www. mofcom. gov. cn/dl/gbdqzn/upload/yuenan. pdf.

［7］广西壮族自治区人民政府国有资产监督管理委员会．自治区国资委2018年度绩效工作展示［EB/OL］.（2017－12－19）［2020－07－22］. http：//gzw. gxzf. gov. cn/xwzx/gzgg/t1642829. shtml.

专题三

广西采矿业参与中国—东盟国际产能合作研究

一、广西采矿业参与中国—东盟国际产能合作现状

随着“一带一路”倡议的提出和中国—东盟自由贸易区的建立，广西对东盟矿产品的进出口贸易增长迅速，矿产领域合作不断加强。随着经济的快速发展，中国对于矿产品的需求量日益增加，2017 年，中国大量从“一带一路”沿线国家进口矿物油、矿物燃料及矿物蜡等商品，其进口额约占进口总额的 50.3%。东盟是我国在“一带一路”建设中的重点开放合作区域，双方一直把采矿业作为投资的重要领域，如在 2013 年以后，中国对老挝的矿产投资占老挝采矿业引进总额的 90% 以上，并保持快速增长[1]。

截至 2019 年，东盟已经连续 20 年成为广西第一大贸易伙伴。2019 年，广西全区货物进出口额 4694.70 亿元，其中，对东盟国家进出口 2334.65 亿元，增长了 13.3%，约占 49.7%。近年来，随着中国—东盟矿业合作论坛暨推介展示会的举办和中国—自由贸易区的建立，矿产品成为广西与东盟进出口的重要商品之一。广西作为面向东盟的国际大通道，与东盟地区陆地接壤，区位优势显著。利用好“一带一路”建设的契机，加强广西与东盟的矿产资源合作，能促进双方矿产资源优势互补，推动双方经济共同发展。

（一）广西与东盟各国矿产开发概况

广西群山环绕，矿产资源丰富，种类多，储量大，尤其是铝、锡等有色金属。广西已探明储量的矿产有 145 种，其中 64 种居于全国储量前十位，但广西已探明的矿产中有相当一部分是难采的贫矿，而且煤、铁、铜、磷等矿产资源是广西较为匮乏的。

东盟地区与广西陆地接壤，地质条件相似，同样矿产资源丰富。锡和石油是东盟地区的主要矿产，如锡矿主要分布在印度尼西亚、缅甸、马来西亚、泰国等国家，呈带状绵延近4000千米。印度尼西亚矿产资源最为丰富，是重要的石油，天然气、镍矿出口国，也是东盟最大的经济体；越南的石油、煤炭和天然气比较丰富；矿业是老挝的主要经济支柱之一，铝、金、铜、镍、锡、钾盐等矿产在老挝的储量很大；缅甸拥有丰富的铅、银、铁、石油和天然气等自然资源；马来西亚石油、天然气和煤炭的储量也比较丰富；菲律宾拥有铬、铜、镍等广西匮乏的矿产资源，菲律宾与印度尼西亚是东盟最大的两个镍矿生产国；文莱盛产石油和天然气；柬埔寨的铁矿产资源最为亮眼。

与丰富的矿产资源储存量相矛盾的是，大部分东盟国家的矿产资源勘探水平和开采技术较为落后，资金、设备和技术人才匮乏。东盟镍矿资源丰富，已探明镍矿储量2800万吨，但年产量仅有106万吨；文莱人少地小，工业不发达，石油、天然气等冶炼技术较为落后；菲律宾矿产资源没有得到充分的开采。虽然广西经济较我国其他省份相对落后，但广西采矿行业相比于许多东盟国家具有一定的资源勘探和设备技术优势，勘探队伍经验丰富。东盟丰富的铁、锰等金属矿产资源和煤、石油等非金属自然资源是广西甚至我国需求大而相对贫乏的，广西采矿业企业走向东盟能弥补东盟国家在资金、技术和设备上的短板，能促进双方资源优势互补，推动双方采矿业的发展。

在全面建设“一带一路”的时代背景下，中国与东盟的双向投资日益加大，广西作为面向东盟的门户，依托地理优势，广西采矿业将迎来新的重大的发展机遇。东盟拥有丰富的矿产资源，种类多，大量矿产资源未能得到充分勘探开发，市场潜力巨大。采矿业是广西与东盟国家的重要支柱产业之一，近年来，广西矿产企业积极与东盟政府部门、矿产开发企业合作，矿产合作保持良好上升势头，成果显著。2019年11月，第十届中国—东盟矿业合作论坛暨推介展示会在南宁举办，此届论坛以“深化矿业互利合作，促进经济共赢发展”为主题，中国与东盟各国矿业合作的共识在不断增强。

（二）广西与东盟各国矿业合作概况

1. 广西与东盟各国矿业合作现状

2005—2010年，广西同东盟的矿产品进出口贸易快速增长，2010年，广西与东盟矿产品贸易同比增长58.1%，平均增长速度超过20%。截至2011年末，广西企业对东盟的矿产投资超过2.1亿美元，主要分布在印度尼西亚、马来西亚、老挝、越南和柬埔寨等国家，其中，中方投资额超过500万美元的项目有13个，主要投资在矿产勘探、开发、贸易等领域。

到2012年5月，广西与柬埔寨、老挝、印度尼西亚、缅甸和越南等东盟国家的20多家企业开展了矿业合作项目，协议投资额有数十亿元。广西的矿业技术已经具备了一定水平，尤其在有色金属的勘探开发上有丰富的成功经验。随着矿业合作论坛暨推介展示会成功举办，越来越多的广西和东盟企业关注这一平台，有力地推进了东盟与广西开展更深领域的合作。

随着广西与东盟贸易合作的加强，广西同东盟的矿业投资呈现良好势头，国内外大型矿业企业也积极参与广西的矿产资源勘查开发。到2015年5月，广西在境外开展矿产资源勘查工作的单位有13家，合作项目超过50个，主要分布在东盟国家，如柬埔寨罗文铁矿区。

截至2016年底，广西已经备案或核准对外投资矿业企业共67家，协议投资总额达13.3亿美元，中方协议投资额占10.9亿美元。广西“走出去”的矿业企业主要分布在东盟国家。2019年，在第十届中国—东盟矿业合作论坛暨推介展示会上，“中国—东盟矿业产业园”共签约了2个项目。

到2019年，中国—东盟矿业合作论坛已经成功举办了10年，自2010年以来，中国—东盟矿业合作论坛累计接待参会代表约10300人，企业约3400家，完成1370多个项目的推介、洽谈，完成签约项目140多个，累计签约金额约600亿元人民币。目前，已有7个东盟国家与中国签署地学合作谅解备忘录，即菲律宾、泰国、越南、缅甸、柬埔寨、老挝、印度尼西亚[2]。广西与东盟国家的矿业合作领域在不断扩大，广西采矿业参与中国—东盟国际产能合作前景广阔，市场潜力巨大。

2. 广西采矿业直接利用外资概况

2019年，广西新增企业（项目）388家（个），实际利用外资金额约11.09亿美元，同比增长142%。近年来，广西采矿业实际直接利用外资额保持较高速度增长，在2018年，采矿业直接利用外资额同比增速高达76.67%，但外资规模偏小，只有106万美元。如表3－1所示。

表3－1　2016—2018年广西采矿业直接利用外资汇总表　单位：万美元

年份	企业数			合同外资额			实际外资额		
	本年数	比重	同比	本年数	比重	同比	本年数	比重	同比
2016	3	2.16%	100%	501	0.22%	175.27%	49	0.06%	－98.96%
2017	1	0.55%	－66.67%	346	0.07%	－30.94%	60	0.07%	22.45%
2018	0	0%	－100%	106	0.02%	－69.36%	106	0.21%	76.67%

数据来源：广西商务厅。

3. 广西采矿业对外投资规模小

随着对外投资工作的不断深入，广西对外投资的行业已经涉及东盟 10 个国家，到 2016 年，广西对外投资中方协议投资额行业排在前 3 位的分别是制造业、房地产业、采矿业，投资额度分别是 28.48 亿美元、12.46 亿美元、10.9 亿美元，分别占比 36.94%、15.96%、13.97%，由此可见，采矿业是广西对外投资的重要产业之一，但总体来看投资规模偏小。

2019 年，广西共备案或核准境外（非金融类）投资企业 50 家，从近 3 年看，广西同东盟国家中方协议投资额分别为 8.34 亿美元、9.1 亿美元、5.64 亿美元，对外投资协议额不足 10 亿美元，采矿业相比更是少之又少。同时，投资行业主要涉及制造、交通运输仓储、农林渔牧、服务等行业，广西共备案或核准境外投资企业在 50 家左右波动，投资企业偏少。

4. 广西主要矿产品进口概况

2019 年，东盟仍是广西最大的贸易伙伴，同东盟进出口总额为 2334.7 亿元，同比增长 13.3%，占广西进出口总额的 49.7%；广西矿产资源消耗大，矿产进口量大，尤其是对于广西本地缺乏的铁和煤等资源，每年进口量高达数千万吨，其中，进口的矿产品以铁矿进口额最高，近 2 年平均超过 2000 万吨，如 2019 年进口铁矿砂 2325.6 万吨，同比增长 9.3%。而东盟是煤、铁、石油等矿产资源十分丰富的地区，双方矿产品贸易市场潜力巨大。表 3－2 所示为 2018—2019 年广西进口的主要矿业产品情况（不含边民互市贸易商品），表 3－3 所示为 2018 年末广西采矿业主要采矿企业数量状况。

表 3－2　2018—2019 年广西进口的主要矿业产品情况（不含边民互市贸易商品）

主要矿业产品	2019 年		2018 年	
	数量/吨	金额/千元人民币	数量/吨	金额/千元人民币
铁矿砂及其精矿	23260000	15611416	21280000	10488062
锰矿砂及其精矿	2668798	3478270	2209033	3048594
铜矿砂及其精矿	1879924	19780479	1529218	17048280
铬矿砂及其精矿	375980	420780	573569	694311
铅矿砂及其精矿	111922	1192234	84340	722370
氧化铝	3	207	11	711
煤及褐煤	8264565	5437830	9690564	7049674
原油	—	—	683405	2488799
成品油	7327	33356	45608	228196

数据来源：中华人民共和国南宁海关。

表 3-3　　2018 年末广西采矿业主要采矿企业数量状况

采矿业大类分组	企业法人单位（个）	从业人员（人）	年营业收入（亿元）
煤炭开采和洗选业	30	7009	24.29
石油和天然气开采业	3	131	18.09
黑色金属矿采选业	268	8478	76.16
有色金属矿采选业	296	18242	107.24
非金属矿采选业	1830	32432	158.17
开采专业及辅助性活动	15	65	0.04
其他采矿业	230	1218	2.28

数据来源：《广西第四次全国经济普查公报（第三号）——第二产业基本情况》。

2018 年末，广西有色金属矿采选业企业 296 家，营业收入达 107.24 亿元。广西有色金属最为丰富，并且有色金属的勘探开发技术领先于东盟国家。2018 年末，广西登记注册的矿产企业法人单位有 2672 家，其中外商投资企业有 8 家，中外合作经营和合资经营的企业有 3 家，外资企业仅有 4 家。

5. 东盟各国在矿产开采方面的对外政策概况

东盟各国的对外矿业政策和税收制度各不相同，大部分东盟国家通过签订合同或发放许可证等形式对矿业权进行管理。例如，老挝、越南通过发放商业采矿权证、勘探许可证等形式实现对矿业权的管理；部分东盟国家优先给予开展基础地质调查的单位探矿权和采矿权。大部分东盟国家希望外资去本国投资，如菲律宾、缅甸给予相应的税收优惠政策，吸引外资参与本国的矿产资源开发[3]，以促进本国矿业的发展。越南除了重要的国家战略资源，对于一般的矿产资源是允许外国投资勘探开发的，这为广西采矿业企业走进越南创造了良好的条件；柬埔寨欢迎外国前去开发矿产，并给予投资优惠，但要经过政府的批准；缅甸在对外公开招标矿产勘探开发项目方面的开放程度较高；相反的是，镍矿出口大国印度尼西亚开始禁止镍矿出口，镍矿对外政策呈现不稳定性[4]；越南不欢迎外国企业开采其本地煤矿；老挝、柬埔寨、缅甸等国家在 2019 年第十届中国—东盟矿业合作论坛暨推介展示会上表示支持“一带一路”矿业合作，希望通过矿业吸引海外投资，促进当地经济发展。

二、广西采矿业参与中国—东盟国际产能合作存在的主要问题

（一）政策支持体系不完善

对于广西采矿业而言，国家及广西层面均出台了相关政策和文件，虽然有了宏

观性政策，但是缺乏具体的配套政策。由于东盟国家除新加坡和文莱外，都属于发展中国家，加上东南亚地区常年政治动乱，经济发展落后和政策连续性较差，国家本身的制度建设较差，甚至很多国家的法律带有宗教色彩。同时，大多数东盟国家采矿业都处于相对落后阶段，政府对企业与东盟开展产能合作的支持力度还不大，缺乏相应的完善的政策支持体系，政策顶层设计缺乏[5]，阻碍了广西采矿业走向东盟的步伐。尽管广西与东盟之间存在采矿业产能合作的需要，双方矿业投资额有较高增长，但近些年东盟各国的矿业政策并不稳定，部分东盟国家调高了广西矿业企业在东盟投资的门槛，例如，2014 年 1 月，菲律宾规定对未通过当地环境监测部门鉴定认证的采矿企业，镍矿出口关税提高到 7%。“能源保护主义”“资源民族主义”抬头，阻碍了双方矿业合作的拓展[6]，例如，泰国规定只有得到政府颁发的采矿许可证和环境部门许可的采矿业企业才有资格进行矿产勘查和开发。如今，随着各国经济的快速发展，自然资源面临枯竭，部分东盟国家制定了相应的矿产保护政策，例如，越南在 2008 年把矿产资源的开采税率由 1%—5% 提高到了 10%，提高了广西采矿业企业在该国的开发成本；2019 年 9 月，菲律宾政府突然宣布无限期暂停南部的镍矿开采业务。

（二）缺少融入当地的市场经验

东盟国家过去长期政治动荡，本身政治体制不完善，虽然近几年来国际形势总体趋于稳定，但是大部分国家依旧存在政府效率偏低、矿业政策多变等问题。例如，菲律宾和印度尼西亚两大镍矿出口国接连出台规定限制镍矿出口，极大限制了广西对东盟镍矿的进口和投资。

除了新加坡、泰国、文莱等国家的矿产资源勘查工作发展较好外，柬埔寨、老挝、越南、缅甸等国家政治形势混乱，加之经济和技术落后，采矿业发展缓慢。东盟各国的矿产国情不同，大部分广西的采矿业企业并不熟知东盟各国的矿业政策法规、环保法规等；同时广西与东盟的宗教信仰和风俗习惯差异显著，广西的采矿业企业不熟悉东盟各国的国情和风俗习惯，缺乏相互的认同感和尊重，全面客观地评估风险的能力不足，缺乏长期战略眼光，这直接影响广西采矿业企业的跨国经营。采矿业本身具有资金投入大，施工周期长等特点，尤其是海外矿业投资还需要采矿业企业有雄厚的资金实力、先进的技术、准确的市场分析等条件，因此，缺乏东盟矿业市场把控力让众多广西采矿业企业对东盟矿产望而却步。

（三）总体矿业投资规模偏小

在全面建设“一带一路”的时代背景下，中国与东盟的双向矿业投资日益加大，但是广西作为发展欠发达地去，GDP 总值在全国 31 个省市中排位靠后，采矿业企业大都为中小型企业，与我国先进省份的采矿业企业相比，在技术装备，资金规模等方面还存在较大差距。近年来，广西采矿业对外投资额逐年增加，但总体看矿产投资合作规模偏小，2019 年，广西全区共备案或核准境外（非金融类）投资企业只有 50 家，对东盟国家中方协议投资额 5.64 亿美元，投资行业主要涉及制造、交通运输仓储、批发零售等行业。从近 3 年看，广西同东盟国家中方协议投资额分别为 8.34 亿美元、9.1 亿美元、5.64 亿美元，对外投资协议额不足 10 亿美元，在采矿业的投资则更少。投资规模偏小，导致广西矿业走进东盟的发展后劲不足。

（四）生态环境保护能力急需提升

2018 年 11 月，第九届中国—东盟矿业合作论坛以“聚焦丝路合作，发展绿色矿业”为主题，深刻研讨了中国—东盟矿业绿色发展问题[7]；在 2019 年第十届中国—东盟矿业合作论坛上，相关代表探讨和分析了相关绿色矿业技术、绿色勘探的行业标准以及政策如何支持绿色矿山等问题，绿色矿业依旧是热点话题。东盟地区处于热带气候，地质环境复杂，属于自然灾害多发地区，这极大地增加了矿产勘探的风险和难度，而且由于法律法规的不完善，滥采乱挖现象屡见不鲜，极易引发地质灾害。同时在矿产开采过程中，由于大多数企业开采技术相对落后，造成资源浪费和环境污染，而且采矿冶炼过程中产生的废气、废水、固体废弃物如果不能及时有效地处理，会对环境造成较大的污染。一些国家已经出台相关政策遏制环境污染，例如，老挝出台了相关规定以遏制乱挖滥采，并规定 2016 年前不会再批准新的采矿申请；缅甸政府要求前来采矿领域投资的外国企业需要符合自然社会环境调查等标准。一家中国企业在缅甸投资的大型水电项目，由于其较差的危机管控能力，引起当地社会的不满。资源浪费和环境污染已经成为制约广西采矿业企业可持续发展的不可忽视的痛点。

（五）缺乏专业化矿业人才

由于东盟 10 个国家对外矿业政策各不相同，行业标准不一，目前缺乏专业的、对东南亚矿产业现状有深入研究的专家团队，而且缺乏矿业投资管理人才，缺少能够在东盟开展矿产勘探、冶炼、销售、贸易谈判和规划等方面的人才，也未能建立起使用人才的良好氛围，这导致广西的采矿业企业缺乏优秀的适用人才。同时由于东盟语种各种各样，目前缺乏专业的采矿业方面的翻译人才，缺乏熟知东盟各国矿业政策的人才队伍，增加了广西采矿业企业参与东盟国家工程的风险成本，阻碍了广西采矿业企业“走出去”的步伐。广西与东盟的人才培养合作日益加强，但人才培养的数量满足不了矿业发展的需要。

三、推进广西采矿业参与中国—东盟国际产能合作的对策建议

（一）制定国别投资优先顺序，实施“三步走”战略

第一，制定广西采矿业“走向”东盟国家的国别投资优先顺序。第一顺序投资国家为马来西亚、新加坡、柬埔寨、老挝、越南、印度尼西亚、泰国，第二顺序投资国家为菲律宾、文莱，第三顺序投资国家为缅甸。

第二，实行广西采矿业参与中国—东盟国际产能合作“三步走”战略。第一步，2017—2020年，继续做实做强广西采矿业“走向”东盟国家的现有企业，同时完成其他东盟国家的矿业布局。广西采矿业在东盟国家代表性项目有：广西南海星投资有限公司老挝铁矿普查项目，该项目总投资额1000万美元，2010年启动至今已完成资源普查工作；广西宇航矿业越南铁矿项目，该项目投资额6000万美元；桂林矿产地质研究院海外勘探公司群，该公司是桂林矿产地质研究院资源开发有限公司和领航资源勘查有限公司等6家境外企业的总称，负责在柬埔寨、缅甸等东盟国家，以及澳大利亚、加拿大等其他国家的矿产勘探活动；广西西马矿业有限责任公司在东盟国家成立了龙鑫矿业有限公司、顺泰矿业有限公司、瑞丰矿业有限公司等项目。根据现有布局，广西采矿业应继续完善在菲律宾、文莱、缅甸等国家的矿业布局工作。第二步，2021—2025年，实现广西采矿业在东盟国家的全面布局，实现企业的稳步发展和利润增长。第三步，2016—2030年，实现广西采矿业在东盟国家的全面提质发展，不断提高盈利能力，整体利润应翻一番以上。

（二）坚持资源开发与技术开发相结合

广西采矿业“走向”东盟国家应坚持资源开发与技术开发相结合。东盟国家在煤炭、镍、铜、铝土矿、褐煤、钾盐、铁矿石、磷灰石等矿业资源已经探明具有可观的储量。但是矿业资源毕竟是有限的，在矿业资源的开发过程中，同时应加强矿业利用技术的开发，不断提高各类矿业的利用率和附加值。在2019年第十届中国—东盟矿业合作论坛暨推介展示会上，中国专家以“绿色钻探技术应用与推广”为题，与参会代表针对钻探技术进行了深入交流。广西和东盟各国应利用好此类平台，加强在绿山勘查的成功经验、勘探开采技术创新等方面的交流，同时加大矿业

技术创新的资金投入力度，以新技术提高矿产资源开发效益。鉴于东盟镍矿等矿产开发水平较低的情况，结合中国—东盟地学合作中心平台，充分调查、研究东盟各国矿产开发现状，以技术投资为导向，实现广西采矿业“走出去”的战略目标。

（三）实现资源开发与生态保护相结合

虽然矿业资源不在中国境内，但为保护矿业资源所在地的生态环境，进而保护全球生态环境，促进全球可持续发展，广西采矿业在“走出去”的过程中也应坚持生态发展理念，充分体现中国的大国责任、大国胸怀、大国理念。矿山绿色化发展已经成为采矿业可持续发展的必然要求，这要求广西和东盟的采矿业企业要提升相应的环保资质和技术能力，树立节约资源、保护生态的理念，这不仅是一些国家对外资采矿业企业的进入要求，也能帮助广西的境外采矿业企业得到当地社会的认可和尊重，为广西采矿业企业进一步与东盟扩大合作创造优势。企业要树立国际眼光，把绿水青山就是金山银山的理念体现在矿产勘探、开采、冶炼等每个环节，承担起生态保护的责任，走可持续发展之路。注重企业效益与生态效益相结合，走绿色发展之路[8]是广西采矿业企业走进东盟参与矿业合作的必然要求。

（四）加强矿业人才培养和信息共享

为了促进广西与东盟各国的矿业交流，现在已经建立了中国—东盟地学合作中心、中国—东盟矿业人才交流培训中心、中国—东盟矿业信息服务平台等矿业交流合作平台。一是广西要进一步利用好中国—东盟矿业信息服务平台，促进广西与东盟双方在政策、技术和市场信息等方面的交流，同时大力推进中国—东盟信息港建设，依托大数据技术，充分整合东盟各国矿业信息，为走向东盟的广西采矿业企业提供实时、有效的行业数据。二是利用好中国—东盟矿业人才交流培训中心，扩大人才培养的规模，到 2025 年，争取广西优秀矿业人才培养数量翻两倍。同时双方应扩大地学、矿业等专业的硕博留学生名额。广西采矿业企业要注重人才培养与发挥地方人才优势相结合。广西采矿业企业走进东盟需要利用好地方人才优势，建立健全人才引进机制，如高薪招聘东盟当地专业的熟悉矿产勘探开发的人才，同时，有实力的采矿业企业可以考虑通过收购东盟当地成熟的矿业公司来进行矿产投资，以更好地融入东盟矿业市场。

（五）完善政策支持体系

广西采矿业企业的发展不仅需要硬件方面的支持，如技术、设备，也需要政府部门出台相关政策、制度等软件方面的支持。由于东盟各国的对外矿业政策存在动态变化，广西和东盟的政府机构应该加快完善政策支持体系，制定统一的矿业标准，降低各自的关税门槛，努力打破制约双方采矿业合作的壁垒，促进双方采矿业的合作投资。同时广西应尽快研究制定相应的进出口补贴、税收等方面的引导激励政策，加大财政补贴力度，给予符合条件的对外投资采矿业企业税收减免激励，对成功在东盟实现矿业投资的采矿业企业实施财政奖励。同时，对于采矿业企业存在融资难等问题，政府应该出台政策改善金融服务。

参考文献

[1] 范雁阳．互利合作共赢发展——中国—东盟矿业合作论坛暨推介展示会十年回眸［J］．南方国土资源，2019（11）：10－13.

[2] 杨然．东南亚矿产资源潜力及广西的合作开发对策［J］．南方国土资源，2008（02）：13－15.

[3] 覃圣云．东盟国家镍矿政策变化及对策建议［J］．企业科技与发展，2020（03）：17－18.

[4] 付杨冉．多源流理论视角下广西—东盟矿产资源合作开发政策过程研究［D］．广西大学，2017.

[5] 彭倪．矿业企业在东盟投资的机遇与挑战［J］．经济管理文摘，2019（23）：79－80.

[6] 范雁阳．聚焦丝路合作发展绿色矿业——2018（第九届）中国—东盟矿业合作论坛暨推介展示会综述［J］．南方国土资源，2018（12）：7－11.

[7] 莫萍．走出一条绿色矿业健康发展之路——中国—东盟绿色矿山企业发展研讨会专家观点摘登［J］．南方国土资源，2019（11）：19－20.

[8] 朋萨万．老挝采矿业吸引中国投资的风险分析［D］．广西大学，2019.

[9] 广西壮族自治区统计局．广西第四次全国经济普查公报（第三号）——第二产业基本情况［EB/OL］．（2020－01－19）［2020－09－10］．http：//tjj. gxzf. gov. cn/tjsj/tjgb/qqgb/t2381665. shtml.

[10] 广西壮族自治区商务厅．2018 年 1—12 月广西直接利用外资总表［EB/OL］．（2019－01－24）［2020－09－10］．http：//swt. gxzf. gov. cn/swsj/wzsj/t739069. shtml.

[11] 广西壮族自治区商务厅．2017 年 1—12 月广西直接利用外资总表［EB/

OL]. (2018-01-29) [2020-09-10]. http://swt.gxzf.gov.cn/swsj/wzsj/t739033.shtml.

[12] 广西壮族自治区商务厅.2016年1—12月广西直接利用外资总表[EB/OL]. (2017-01-22) [2020-09-10]. http://swt.gxzf.gov.cn/swsj/wzsj/t738991.shtml.

专题四

广西农林牧渔业参与中国—东盟国际产能合作研究

广西既是我国的农业大省，又是我国与东盟对外开放的前沿与窗口，广西的农林牧渔业参与中国—东盟国际产能合作具有天然的资源优势、地缘优势和政策优势，有利于在更大范围内实现资源优化配置，推动双方的农业共同发展。因此，围绕广西农林牧渔业参与中国—东盟国际产能合作进行研究具有重要的现实意义。

一、广西农林牧渔业参与中国—东盟国际产能合作的现状

农业是国民经济的基础，是人类生活物资的重要来源，其生产结构包括种植业、林业、畜牧业、渔业和副业几个部分。2019 年，广西农林牧副渔总产值已经达到了 5498.81 亿元，增加值 3387.74 亿元，增加值较上年增长 5.6%[1]；2018 年，广西农林牧副渔增加值 3114.42 亿元，较上年增长 5.6%，高于全国 2 个百分点，是名副其实的农业大省。其中，种植业增加值 1865.19 亿元，比上年增长 6.4%；林业增加值 283.87 亿元，比上年增长 6.5%；畜牧业增加值 522.73 亿元，比上年增长 2.7%；渔业增加值 349.17 亿元，比上年增长 5.1%；农林牧渔业服务业增加值 95.05 亿元，比上年增长 7.8%[2]。与以前的情况相比，种植业和林业的比重大幅下降，牧业和渔业的比值有所提高，农林牧副渔业摆脱了以单一种植业为主的传统模式，逐步向种养结合的结构发展，更契合现代农业发展以及国际贸易对多样化产品的要求。

同时，广西拥有自己的特色农业和优势农业。如广西的蔗糖、桑蚕、水果的总产量均居全国第一，罗汉果产量占世界的 90% 以上，蔬菜、中草药总产量位居全国前列[3]。蚕丝、南珠、茉莉花茶均为广西的特色产品，广受国内外市场的欢迎。广西还涌现了一批具有实力的农业企业，如万川种业、荣冠公司等。农业“走出去”

作为国家战略要求获得了政府的大力支持，而广西作为中国—东盟国际自由贸易区的前沿和窗口，广西农林牧渔业在参与中国—东盟国际产能合作的过程中具有突出的资源优势、政策优势和地缘优势，因此，农林牧渔业也是广西参与中国—东盟国际产能合作的主要领域之一。

（一）双边贸易稳步增长，贸易条件逐步改善

东盟是中国最大的农产品贸易伙伴，是中国农产品第一大出口市场和第二大进口来源地；也是广西最大的农产品贸易伙伴。2018 年，中国与东盟国家双边贸易总额为 360.4 亿美元，占中国农产品贸易总额的 17%；2003—2018 年，中国与东盟的农产品贸易总额年均增长 14%，高于全球 11.9% 的增速。2018 年，广西农产品进出口总额 75.33 亿美元；农产品出口总额 21.05 亿美元，同比增长 5.11%[4]。中国海关统计数据显示，2018 年，广西与东盟的农产品贸易额达 29 亿美元，同比增长 21.2%，位列全国前 5 位；2002—2017 年，广西与东盟的农产品贸易总额年均增长 19%，明显高于中国与全球增速[5]。其中，广西对越南出口占广西农产品出口超过 50%，东盟农产品市场对于广西外向型农业经济的意义可见一斑。

贸易条件改善是近年来贸易总量和贸易额稳步增长的重要原因。2019 年 9 月，多方筹办首届中国（广西）—东盟特色农产品贸易对接会，为广西农业企业出口东盟牵线搭桥，超过 70 家广西外向型农业企业与来自泰国、马来西亚、菲律宾、越南等多个东盟国家的采购商达成贸易对接。广西金穗农业集团有限公司的香蕉、广西鸣鸣果业有限公司的沃柑、广西东云农业投资有限公司的百香果、广西嘉宝食品集团有限公司的蔬菜、海升果业发展有限公司的水果等产品借此入选了泰国正大集团贸易产品采购目录[5]。除了传统种植业产品能够远销东盟市场，广西养殖渔业发展迅速，不少品种在东盟也广受欢迎。加之不断改善的海关服务和零关税待遇，渔产品出口量大增，仅 2018 年从东兴口岸报关出口至越南的活鱼就达 3548 吨[6]。

（二）投资规模持续扩大，合作平台不断完善

农林牧渔业是广西企业对东盟国家投资的主要领域之一。2018 年，广西新引进区外境内农业项目 415 个，项目签约金额 621.5 亿元，同比增长 15.7%[4]，超过 80 家企业在东盟国家投资农业[7]。广西在东盟的农业投资领域主要涉及水稻、玉米、薯类、甜菜、蔬菜、剑麻、种苗、水果等粮食作物种植业，以及肉鸡、肉牛等养殖业；农业投资区域主要集中在印度尼西亚、柬埔寨、越南、缅甸和老挝等国家[9]。

部分广西企业利用东盟在土地、原料和劳动力方面的优势，在东盟建立海外原

料基地，或者直接将原料就地加工，例如，2007年广西剑麻集团有限公司在缅甸启动实施的剑麻替代种植农业综合合作项目；广西农垦明阳生化集团股份有限公司投资6180万美元，在越南归仁省建设年产10万吨木薯变性淀粉、30万吨木薯干片仓储加工项目；广西旺旺大农牧有限公司采用先进技术，在文莱试种文莱本地水稻品种“莱拉”等。

为了推动了广西企业抱团“走出去”的步伐，减小对外投资的风险，广西积极建设与东盟国家的合作平台，率先在全国创建农业对外合作“两区”，在越南、柬埔寨开展境外合作示范区，在凭祥市开展农业对外开放合作试验区试点建设。2010年，由广西农垦集团承建的中国·印尼经贸合作区开工，截至2019年12月，建区企业累计投资达2.59亿美元，为当地创造就业岗位3075个。2019年，由广西壮族自治区农业农村厅主管、广西海世通食品公司承担实施的文莱—中国（广西）渔业合作示范区项目帮助文莱首次实现鱼苗本土化供给以及养殖海水鱼出口[9]。到2020年，广西将继续推进多个农业对外开放合作项目，包括马来西亚农渔业合作示范区、东盟渔业优良品质广西实验站、中国（广西）—东盟农作物优良品质实验站等。截至2020年6月，广西已组织实施农业对外开放合作“两区两站”项目22个[10]。

（三）技术合作日益密切，合作方式多元融合

目前广西在农林牧渔业方面的产能合作方式已经不局限于传统贸易以及直接投资，农业人才培训、示范试验、技术援助、科技交流等多种合作方式层出不求，且往往多举并施，有利于进一步深化合作程度，促进双方农业技术水平的提升。

在人才培训合作方面，自2010年以来，广西先后与文莱、菲律宾、柬埔寨等国家开展农业生产培训班[11]。2018年，广西通过中国—东盟农业培训中心平台共培训东盟农业官员、管理和技术人员3期123人次[12]。

在示范试验方面，越南示范区建立了“农作物研究中心”，引入广西力拓农业开发有限公司等2家企业，试验示范农作物品种48个，规模化种植推广水稻和玉米6500多公顷。除此之外，还组织实施了印度尼西亚、缅甸等国家农作物优良品种试验及澜湄农业合作项目。

在技术援助方面，广西壮族自治区标准技术研究院先后在越南、柬埔寨、老挝等国家建立了农业标准化示范区，种植品种均按照我国标准转化的相关生产技术规程进行标准化种植，有效解决了种植粗放、品种产量不高等问题[13]。截至2018年12月，广西福沃得农业技术国际合作有限公司通过实施国家及自治区对柬埔寨农业援助示范项目，共开展了214个农作物的引种试验种植，筛选出了48个适合在

柬埔寨推广种植的优良品种，同时培训各类人员4800多人次[14]。

在科技交流方面，于2019年揭牌的广西东盟（南宁）国家林业科技示范园涵盖东盟国家名树园、东盟林业科技展示馆、东盟国家林业培训中心等，为广西与东盟10个国家的林业专家进行深入交流提供契机[15]，科技合作成效显著。

二、广西农林牧渔业参与中国—东盟国际产能合作存在的问题

（一）广西农林牧渔业层面

1. 本土产业现代化发展不充分

广西虽然是农业大省，农业发展的历史悠久，自然条件较为优越，农业品种丰富，但受制于广西地理地貌等因素，传统农业普遍以农户个体种养殖为主，小农经济势必造成生产地点分散、产品规格和品种不一、管理粗放、抵御自然风险能力弱、生产缺乏计划性和组织性等问题；同时，规模化和产业化生产难以实现也会影响农业机械的推广。依赖手工作业不仅效率低，而且利润也会因为人力成本上升而被压缩。2017年，广西的主要农作物耕种收综合机械化水平为56.3%，蔗糖产业是广西最重要的产业之一，其耕种收综合机械化水平为59.1%[16]，仍有较大的提升空间。部分没有掌握现代农业技术和生产知识的农民无法科学使用农药、化肥、添加剂等农业化学品，导致化学农药残留，既造成当地农业环境污染和生态破坏，又直接影响农产品的口碑和出口。

2. 流通环节成本过高

广西与东盟农业物产丰富，双方可供贸易的农产品种类繁多。包括新鲜水果、海鲜、河鲜、蔬菜在内的生鲜产品在运输过程中的耗损较大，而这一部分产品又是广西与东盟农业贸易的主要产品。个别产品的保鲜、存储环节有特殊要求，因此对存储、运输技术及设备的要求也相应提高。尽管广西毗邻东盟国家，目前也有较为完善的港口和陆路、航空运输网络，本应具有良好的运输和仓储条件，但由于广西对东盟出口的产品往往是附加价值较低、加工度几乎为零的初级产品，且针对生鲜产品的便捷绿色通道尚未健全，公路、铁路、航运、水运等交通运输节点的衔接性有待提高，冷链物流和保鲜技术不够先进等原因，广西与东盟之间农产品流通的成本还相对较高。流通环节不畅将会使出口产品的品质和竞争力大打折扣。

3. 农产品竞争力不强

广西农林牧渔业参与中国—东盟国际产能合作的竞争压力一方面来自国内，尤

其是邻近省份；另一方面来自东盟国家本身。由于地理位置相近，这些地方通常水热条件相似，物产也相似。如广西盛产的木薯、玉米、水稻等农作物以及荔枝、龙眼、香蕉、芒果等热带、亚热带水果通常也是东盟大多数国家的主要农产品。农业贸易品的相似性过高会侵蚀双方合作的空间，导致资源浪费、同质竞争激烈。除此之外，广西农林牧渔业内部产业结构并不平衡。具体而言，相对于其他细分产业，广西畜牧业的竞争力最弱，与周围省份相比，各个细分产业也各有短板[17]。从更为微观的角度看，广西具有代表性的龙头企业较少，部分企业优而不强，难以发挥其示范和引领作用；农产品深加工程度、研发投入和技术含量不足，部分农产品的品牌特色未能充分彰显，可替代性较高。

（二）东盟国家层面

1. 东盟各国合作利益诉求不同

东盟10个国家的社会文化、经济水平、政治环境、与广西的相对地理位置、与中国的外交关系等多个方面均存在显著差异，各国的农林牧渔业发展水平、发展战略和发展前景不同，在谋求产能合作时的利益诉求自然也各不相同。具体而言，文莱和新加坡农业不发达，国土狭小，农林牧渔业发展条件较差，国民收入较高，农产品消费高度依赖进口；而菲律宾、印度尼西亚、越南等国家一定程度上与广西类似，重视农业发展，并致力于不断完善本国的进出口结构，发掘具有竞争力的优势农产品，通过制定优惠政策来吸引外资投入，以此促进本国经济；柬埔寨、缅甸、老挝作为传统农业国家，高度依赖农业生产以维持国民生计。若贸然忽视合作国家的利益诉求，对东盟国家不加区分地扎堆进行投资，不仅合作进程容易受阻，浪费企业自身的人力、物力和财力，而且可能会招致合作国的排斥，影响其他企业的正常合作。

2. 存在贸易壁垒

农业事关国民生计，是国民经济的基础。各国在进行农业国际合作时都会采取相对审慎和高度重视的态度，在农业贸易中则具体表现为对农产品进口制定不同程度和范围的限制。例如，菲律宾对大米实行关税配额限制，对新鲜水果、蔬菜、活牲畜、肉及肉制品实行进口许可限制，通过使用动物检疫证书和进口检验来限制禽肉进口；柬埔寨对农产品与药物进口许可及标签亦有特殊要求[18]。又如，印度尼西亚出台《可可粉强制性国家标准》，要求必须满足印度尼西亚认证方可进入[19]。关税壁垒之外，还有包括技术性贸易壁垒在内的非关税壁垒的限制。相比其他进口商品，农产品的检验检疫要求往往更为庞杂。加上近年来东盟国家对环保绿色产品的追求更是进一步提高了广西农产品出口东盟的难度。

（三）国际环境层面

1. 国际产能合作风险波动大

一方面，近年来我国企业对外合作的国际舆论环境有恶化的趋势，诸如中国威胁论、中国资源掠夺论等言论甚嚣尘上，给与广西农业企业达成合作意向的国家造成一定的舆论压力，甚至导致部分国家针对中国企业贸易和投资行为额外设置障碍，制定严格的劳工签证政策，阻碍中方人员正常劳务输出，从而影响合作进程，甚至终止合作项目。

另一方面，由于全球各经济体之间的联系愈加密切，广西农业企业在参与中国—东盟国际产能合作时受国际重大事件影响的风险进一步加大。农业生产有其自然生产周期，企业无法临时快速调整，当突发不可抗的冲击性事件时往往要面临一定的损失，在面临全球性危机时更难独善其身。如随着中美贸易摩擦频频发生且持续升级，美国介入东南亚地区问题可能会离间中国与部分东盟国家的关系，同时东盟国家在中美之间“选边站”的压力骤升[20]，在平衡与两国关系的过程中可能会对部分农业合作项目做出取舍，合作计划可能因此搁浅。事实上，即使是中国与东盟之间存在互补关系的天然橡胶贸易合作也因中美贸易摩擦引致的消费低迷而受到沉重打击[21]。又如，2020 年全球性新冠肺炎暴发期间，农产品需求下降，上游原料商品供应和销售渠道均受阻，部分海鲜、活禽交易被禁，物流通道不畅，给部分农业企业生存和发展带来巨大挑战。

三、广西农林牧渔业参与中国—东盟国际产能合作的对策建议

（一）政府层面

1. 加大产业扶持力度

政府进行产业扶持的目的不仅在于提高对外合作企业抵御海外经营风险的能力，推进合作项目的顺利进行，还在于适时适度引导相关产业转型升级，实现产业现代化、高质量发展。具体而言，一是加强对农业企业、农户等农业经营主体的政策扶持和金融扶持，加大在生产、加工、销售等各个环节的税收减免、补贴力度，提供合理的贷款利率，创新贷款担保方式，推广农业保险，推进农业机械使用范围，完善土地流转制度，引导小农户土地经营权有序流转，鼓励企业进行规模化经营。二是联合相关专家、学者对东盟各国相关的市场、法规、政策等方面的信息进行整合、分析，并

建立相应的信息服务平台，弥补部分企业在信息获取渠道上的短板，指导企业加强海外经营人员培训等。三是发挥现代农业示范区的示范引领作用，培育新型职业农民，形成专业化生产队伍，严控生产环节造成的环境污染，发展生态、绿色农业。

2. 完善物流基础设施

建设一批功能齐全的农产品物流中心，提供包括但不限于农产品低温仓储、加工配送、批发配送、集装箱储运等物流服务。在流通节点布局冷链集散中心，提高流通效率。学习现代物流管理经验，引进大数据、云计算等先进技术，完善物流网络配套设施，推进贸易便利化快捷化。为了应对个别产品对保鲜、仓储的特殊需求，构建具备同时控制温度和湿度等条件的大型冷库，改进保鲜、存储技术，将冷冻商品分门别类进行冷藏。提高集装箱运输比例，发挥运输规模效益。延长农产品加工链条，例如，将部分新鲜水果制成果干并精心包装成礼品，以增加商品附加值和耐储存时间，降低物流成本；保证原料产地、加工厂以及终端市场互联互通，针对生鲜产品等对时效要求较高的商品，健全便捷绿色通道，精简通关审核手续，提高商品流通速度，从而保证出口产品的品质和竞争力。

3. 优化内部产业结构

结合东盟自身的产业发展和产业政策制定情况，发掘广西具有比较优势的产品，加快农林牧渔业产业结构优化调整，即优先发展竞争力较强的产业，改造竞争力较弱的产品。由于广西与东盟各国的水热条件相似等原因，与东盟主要农业国相比，广西在水稻和热带水果产量方面不具备竞争优势，但在温带水果、蔬菜、畜禽业方面竞争优势明显，畜禽业的发展潜力较大。就具体的优势产品而言，广西在大豆、食用菌、鸡蛋、牛奶等方面具有价格优势[22]。因此，可以着力推动桂北的水果产业和蔬菜产业参与中国—东盟国际产能合作，建设优质温带水果、蔬菜种植基地，引导企业进行产业集约化经营，规范农产品生产标准，加快大豆、食用菌等优势农产品的生产加工，引进农业龙头企业，带动农户进行规模化生产。同时，完善广西畜禽养殖标准化体系和质量追溯制度，保障畜禽产品质量。

4. 制定分国别合作模式

东盟国家的资源禀赋、经济社会发展情况和农林牧渔业发展状况存在差异，因此应当因地制宜探索与不同国家和地区的合作模式。就主要合作方式而言，与文莱、新加坡这类高收入国家合作应以贸易为主；与泰国、马来西亚、菲律宾、印度尼西亚、越南这类新兴国家应贸易合作与投资合作并重；与柬埔寨、老挝、缅甸这类欠发达国家可以推进资源开发利用与投资合作为主[23]，兼以技术援助、人才培育等其他合作方式。就主要合作领域而言，由于部分东盟国家对农林牧渔四个行业有一定的限制性规定，例如，文莱不对外开放林业，印度尼西亚不对外开放受保护鱼类捕捞业，菲律宾不对外开放农业，泰国限制农林牧渔四个行业的交易，因此，应分别对农林牧渔四个行业制定国别投资优先顺序。具体而言，广西农业“走向”东盟第一顺序投资国家为老挝、柬埔寨、越南、新加坡、文莱、缅甸，第二顺序投资国家为印度尼西亚、马来西亚、泰国，第三顺序投资国家为菲律宾。广西林业“走向”东盟第一顺序投资国家为老挝、柬埔寨、越南、印度尼西亚、缅甸，第二顺序投资国家为新加坡、马来西亚、菲律宾，第三顺序投资国家为文莱、泰国。广西渔牧业“走向”东盟第一顺序投资国家为老挝、柬埔寨、越南、文莱、缅甸，第二顺序投资国家为马来西亚、新加坡，第三顺序投资国家为菲律宾、印度尼西亚、泰国。

（二）企业层面

1. 打造农业品牌优势

广西具有特色的农产品种类众多，要在市场竞争中突出广西农产品的差异化优势，势必要打造特色农产品的品牌效应。品牌效应的发挥依赖于产地的资源禀赋、环境优势以及产业基础。品牌的稳定性离不开对产品标准化的要求。广西企业应当加大对优质、特色农产品的开发力度，及时认证登记绿色、有机、地理标志和良好农业规范农产品；严格、全面执行国家和广西颁布的各项标准，坚定产品质量基础，以维持口碑的稳定性和持续性；还可打好绿色牌、长寿牌、富硒牌，发掘品牌背后的故事和内涵，构建品牌记忆点；或者扩大优良品种试验规模，加大新品种研发投入，形成产品新优势；通过广告宣传、展会展览、贸易对接会、电商直播等多种渠道加大品牌影响力和知名度，提高农产品的市场竞争力。

2. 提升应对贸易壁垒的能力

打铁还需自身硬，企业应首先保障自身产品的质量，严格把控产品的合规程度，尤其是要确保产品符合合作国的相关标准；应重视对合作国贸易壁垒相关信息的了解，重视对合作国政治生态环境的了解；在合作受阻时，及时展开风险会商，做好应对壁垒的紧急预案；积极吸取国外先进技术与管理经验以应对技术性贸易壁垒；也可向相关行业协会求助，谋求通过行业协会在合作国相关部门与进口企业之间沟通、斡旋来减轻贸易壁垒造成的损失；也可选择在合作国投资生产，规避贸易壁垒；当贸易壁垒造成的损失无法避免且难以承受时，也可考虑其他贸易对象，或者改变出口产品单一的状况，通过出口对象多元化或出口产品多样化的方式削弱贸易壁垒的不利影响。

3. 重视合作项目风险防控

广西农林牧渔业参与中国—东盟国际产能合作除了要面临来自东盟国家自身的

各种不确定因素外，还要承受来自国际环境变动带来的风险，而后者更加难以预料和抵抗。因此，一方面，企业要充分利用中国—东盟博览会及商务与投资峰会等各种平台，商务部、东盟研究院网站、智库、咨询公司等多个信息渠道，有针对性地进行实地调研活动，熟悉东盟国家政情商讯，主动将自身利益与合作国利益结合以规避部分风险。另一方面，还要实时关注国际环境动态，提高风险防范意识，建立风险防范机制；合理评估贸易摩擦及其他特大冲击性事件可能造成的影响，制定相应的应对方案，必要时可向政府寻求帮助。

参考文献

[1] 广西壮族自治区统计局.2019年广西经济运行总体平稳［EB/OL］.［2020-8-20］. http://www.gxzf.gov.cn/gxsj/sjyw/20200123-795336.shtml.

[2] 中国经济网.2018年广西农林牧渔业增加值3114.42亿元创6年来最高增速［EB/OL］.［2020-8-20］. http://district.ce.cn/zg/201902/28/t20190228_31587465.shtml.

[3] 广西农业信息中心.首届中国（广西）——东盟特色农产品贸易对接会在南宁举行［EB/OL］.［2020-8-20］. http://www.gxny.gov.cn/xwdt/ywkb/t570124.html.

[4] 广西日报.广西农业走出去和引进来并重［EB/OL］.［2020-8-20］. http://gx.people.com.cn/GB/n2/2019/0201/c179430-32602800.html.

[5] 南宁日报.2019年中国（广西）—东盟特色农产品贸易对接会在南宁召开［EB/OL］.［2020-8-20］. http://www.nanning.gov.cn/ywzx/nnyw/2019nzwdt/t3565566.html.

[6] 广西日报.东兴海关靠前服务主动作为 让广西活鱼加速“游”向越南［EB/OL］.［2020-8-20］. http://www.gxzf.gov.cn/gxydm/jmwl_29789/t1219972.shtml.

[7] 广西日报.中国—东盟拓展各方农业合作［EB/OL］.［2020-8-20］. http://www.gxzf.gov.cn/gxydm/20170912-642691.shtml.

[8] 广西日报.广西农企“抢滩”东盟［EB/OL］.［2020-8-20］. http://www.gxzf.gov.cn/sytt/20180314-683579.shtml.

[9] 广西壮族自治区人民政府门户网站.广西与文莱渔业合作获点赞［EB/OL］.［2020-8-20］. http://www.gxzf.gov.cn/gxydm/jmwl_29789/t1220067.shtml.

[10] 中国新闻网．广西推进多个面向东盟农业合作项目建设［EB/OL］．［2020－8－20］．http：//www.gx.chinanews.com/top/2020－06－03/detail－ifzw-upmw2513361.shtml.

[11] 黄梅森．广西与东盟农业合作现状与对策［J］．现代经济信息，2015（07）：181＋186.

[12] 广西日报．开放合作拓新道——2018年广西农业发展成就回眸［EB/OL］．［2020－8－20］．http：//www.gxzf.gov.cn/sytt/20190109－730602.shtml.

[13] 广西日报．把农业技术标准引入东盟国家 广西为中国标准“走出去”提供示范［EB/OL］．［2020－8－20］．http：//www.gxzf.gov.cn/gxydm/jmwl_29789/t1219896.shtml.

[14] 广西日报．承接国际农业援助项目，推行系列创新举措，春节仍坚守一线，他们——在柬埔寨种植梦想［EB/OL］．［2020－8－20］．http：//www.gxzf.gov.cn/gxydm/jmwl_29789/t1219912.shtml.

[15] 广西日报．产学研合作打造服务东盟新平台“国字号”林业科技示范园区揭牌［EB/OL］．［2020－8－20］．http：//www.gxzf.gov.cn/gxydm/jmwl_29789/t1219951.shtml.

[16] 张宗文．广西农业和农村经济发展现状及问题研究［J］．广西经济，2019（05）：27－30.

[17] 黄艳芳，孔令孜，李宇翔，李小红．广西农业产业结构研究［J］．贵州农业科学，2020，48（07）：149－154.

[18] 李斐，杨枝煌．中国—东盟农业合作提升战略［J］．国际经济合作，2016（10）：31－40.

[19] 贺大州．“一带一路”倡议下中国广西与东盟农产品贸易的对策研究［J］．世界农业，2017（11）：239－242.

[20] 卢光盛，聂姣．中美贸易战背景下的中国—东盟关系：影响、风险与应对［J］．南洋问题研究，2019（01）：1－10.

[21] 周曙东，周润．中美贸易摩擦对中国—东盟天然橡胶贸易的影响［J］．世界农业，2019（03）：63－69＋99.

[22] 黄智，孔令孜，卢庆南．广西—东盟主要农产品生产比较分析及合作发展策略［J］．沿海企业与科技，2016（05）：7－10.

[23] 王永春，王秀东．中国与东盟农业合作发展历程及趋势展望［J］．经济纵横，2018（12）：88－95.

专题五

广西建筑业参与中国—东盟国际产能合作研究

一、广西建筑业参与中国—东盟国际产能合作现状

（一）发展前景广阔，总体规模偏小

在全面建设“一带一路”的时代背景下，中国与东盟的双向投资日益加大，广西作为面向东盟的国际大通道，广西建筑业将迎来新的重大发展机遇。但是广西作为发展欠发达地区，建筑业总产值在全国31个省市中排位靠后，2018年，广西共有建筑业企业1385个，全国排名第24位；2018年，广西建筑业总产值4672亿元，在全国各省份中排名第18位，仅占总产值为30847亿元的江苏省的15%左右。随着广西与东盟互联互通的推进，并得到国内及国际的政策支持，广西建筑业在东盟的发展前景广阔。但是广西建筑业总体发展水平偏低，技术水平落后，建筑行业发展缓慢，建筑业企业对外投资规模偏小。

如今东盟国家正致力于推进工业化和城镇化建设，基础设施建设发展需求旺盛，而广西在建筑行业相比于许多东盟国家具有一定优势，广西建筑业企业走向东盟能弥补东盟国家在资金、技术和设备上的短板，能促进双方优势互补，推动建筑业发展。

广西位于中国华南、西南和东盟经济圈的结合部，区位优势独特。近年来，广西重点加强与东盟的经济合作，大力实施北部湾经济区开发战略，抓住机遇努力发展，取得了显著的成绩，与东盟连接的铁路、公路、机场和港口等交通基础设施体系逐渐形成，有力地推动了广西建筑业的发展。随着广西推动建筑业行业融入粤港澳大湾区建设，双优势互补，广西将会学习广东建筑企业的先进经验，广东也能利用广西面向东盟桥头堡的优势，这有利于广西建筑业更好地开拓东盟市场。

1. 建筑业规模占比小

随着对外投资工作的不断深入，广西对外投资的行业已经涉及东盟国家，但是广西建筑业在东盟各国中的投资差距较大。目前，广西对外投资中方协议投资额行业排在前5位的分别是制造业、房地产业、采矿业、农林牧渔业和服务业，投资额度分别是28.48亿美元、12.46亿美元、10.9亿美元、9.5亿美元、5.5亿美元，分别占比36.94%、15.96%、13.97%、12.11%、7.02%，然而对东盟国家的建筑业投资不足7%，投资规模偏小。

2. 广西对外承包工程现状

2018年东盟是中国第二大对外投资目的地，是广西重点海外承包工程市场。广西建筑业近些年来对外承包工程投资额逐年增加，2016—2019年广西全区对外承包工程在东盟国家完成营业额呈现上升趋势，但是总体来看经济规模偏小，且在2018年承包工程经营额略有下降，如图5-1所示。

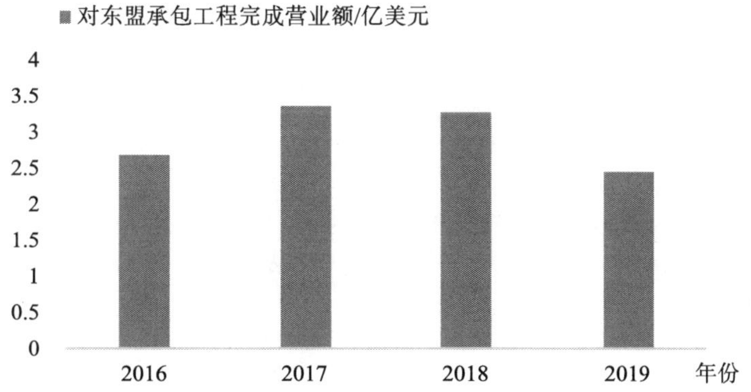

图5-1　近四年广西对东盟承包工程完成营业额

数据来源：广西统计年鉴2016—2019。

2016年，广西对外承包工程新签合同61份，新签合同总额7.95亿美元。其中，在东盟国家完成营业额2.69亿美元，主要涉及房屋建筑、道路建设、电力工程、水利建设、工业制造等行业。2017年，广西对外承包工程主要涉及一般建筑、工业建设、石油化工、交通运输建设等行业，新签合同47份，新签合同总额9.37亿美元，同比增长17.9%，其中，在东盟国家完成营业额3.35亿美元，同比增长24.5%。2018年，广西对外承包工程主要涉及一般建筑、工业建设、石油化工等行业，新签合同43份，新签合同总额10.54亿美元，其中，在东盟国家完成营业额3.25亿美元。2019年，广西对外承包工程新签合同47份，新签合同总额2.44亿美元，其中，在东盟国家完成营业额4.22亿美元，同比增长29.9%，涉及行业主要为工业建设、一般建筑、电力工程建设等。

（二）东盟建筑行业商机多

近几年，东盟地区经济增长相对平稳、政治政局也相对稳定，大的政治动荡基本没有了，基础设施建设需求强劲[2]。目前，随着《东盟互联互通总体规划 2025》的发布与实施，东盟国家正在大力推动基础设施建设，基础设施建设需求旺盛。例如，柬埔寨积极参与“一带一路”建设，2019 上半年，柬埔寨建筑业投资项目共有 2047 个，投资总额达 33.92 亿美元，与 2018 年同期的 21.53 亿美元相比增长了 57.75%，同时，中国是柬埔寨最大的外资来源国，随着柬埔寨政府大力推进基础设施建设和房地产需求逐年增加，广西建筑业同柬埔寨的合作将迎来崭新的局面。泰国政府也表示未来重点促进和加快规划中的基础设施发展以带动国家经济发展。随着菲律宾城市化的快速发展，住房建筑业将有较大的市场潜力。三大国际评级机构之一的惠誉国际预测，2019—2028 年，菲律宾住宅和非住宅建筑部门将每年保持 9.3% 的增长速度。由此可见，东盟各国正在加快基础设施建设，随着城市化的加快，房屋需求的增加，东盟国家的建筑行业将出现爆发式的增长[1]，这有利于广西建筑业抓住“一带一路”的历史机遇，推进建筑业参与中国—东盟国际产能合作，与东盟互利共赢，推动广西建筑业的发展壮大。

《“一带一路”国家基础设施发展指数报告（2019）》（以下简称《指数报告》）显示，东南亚基础设施发展指数为 125，已连续 3 年在“一带一路”国家和地区排名中位居第 1 位，主要东盟国家的指数排名均比较靠前。东盟地区基础设施建设需求旺盛，能源、交通等领域的投资潜力巨大。预计 2016—2030 年东盟地区累计建筑业产值将达到 10.9 万亿美元，同时亚洲开发银行估计，2016—2030 年，东盟每年需要 2100 亿美元的基础设施投资。如表 5－1 所示。

表 5－1　　2019 年东南亚国家基础设施发展指数及排名

国家	发展指数	发展指数排名	发展环境排名	发展需求排名	发展成本排名
印度尼西亚	138	1	2	27	
越南	123	2	7	35	14
马来西亚	119	10	33	36	8
菲律宾	119	11	31	25	3
新加坡	116	13	1	71	26
泰国	115	14	21	65	2
柬埔寨	111	25	43	11	43
文莱	110	32	22	34	32
老挝	109	35	41	14	55
缅甸	109	36	65	5	66

数据来源：《“一带一路”国家基础设施发展指数报告（2019）》。

《指数报告》显示，东盟国家参与基础建设合作的热情持续升温。据预测，未来2—3年“一带一路”国家基础设施发展仍将表现良好。在东盟10个国家中，印度尼西亚和越南的发展指数排名第1位和第2位，发展潜力巨大。由此可见，广西建筑业同东盟在基础设施建设方面的合作潜力巨大。

中国建筑行业发展成熟、经验丰富，相对东盟有些国家具有技术、管理、资金和人员优势。中国—东盟商务理事会正在助力双方企业合作发展。广西企业可以充分利用双方的互补性，抓住商机，对接合作，共同开拓东盟建筑市场。

（三）建筑业对外承包工程国别概况

2018年，东盟是广西重点海外承包工程市场。广西建筑业近些年来对外承包工程投资额逐年增加，但是总体看经济规模偏小，2017年，广西对外承包工程新签合同额9.37亿美元，其中，在东盟国家完成营业额3.35亿美元，相比与其他省份同东盟对外承包工程新签合同额和完成营业额，广西排名靠后，且在国家分布上差别偏大，如表5－2所示。

表5－2　2017年中国同东盟对外承包工程新签合同额和完成营业额亚洲排名　单位：亿美元

排名	国别	新签合同额	同比	排名	国别	完成营业额	同比
1	马来西亚	248.5	121.2%	2	马来西亚	81.5	71.6%
2	印度尼西亚	172.0	60.4%	4	印度尼西亚	55.6	55.6
6	越南	61.0	60.9%	6	老挝	42.3	43.5%
8	老挝	52.1	－22.4%	7	新加坡	34.4	－8.5%
11	泰国	37.3	－3.1%	8	泰国	33.8	15.3%
12	菲律宾	36.9	－3.1%	10	越南	28.8	－13.4%
14	新加坡	35.2	42.5%	19	菲律宾	18.9	13.5%
15	柬埔寨	35.0	54.7%	20	柬埔寨	17.6	6.5%
21	缅甸	19.9	－29.2%	21	缅甸	16.1	－15.8%
23	文莱	14.1	—	27	文莱	7.1	29.6%

数据来源：《中国对外承包工程发展报告2017—2018》。

在对外承包工程业务中，一般建筑领域参与企业数量最多，其次是交通运输和电力工程建设，2017年，广西参与对外承包工程的企业仅有12家，远远低于各省平均水平，签订的对外承包工程项目主要涉及交通运输建设、一般建筑、电力工程建设等领域，占比约70%，其中江苏省、浙江省、山东省参与企业都超过了100家。如表5－3所示。

表 5 -3　2018 年中国同东盟对外承包工程新签合同额和完成营业额亚洲排名　单位：亿美元

排名	国别	新签合同额	同比	排名	国别	完成营业额	同比
1	印度尼西亚	114.0	-33.7%	2	马来西亚	79.6	-2.2%
2	马来西亚	93.5	-62.4%	3	印度尼西亚	61.0	9.6%
8	越南	66.7	9.3%	4	老挝	52.6	24.5%
12	菲律宾	30.9	-16.2%	9	泰国	33.6	-0.8%
15	柬埔寨	28.8	-12.7%	10	越南	28.0	-2.7%
16	泰国	28.6	-23.2%	12	新加坡	25.8	-24.9%
17	新加坡	27.9	-20.6%	19	菲律宾	19.7	4.6%
18	缅甸	27.7	39.1%	20	柬埔寨	18.0	2.1%
20	老挝	24.2	-53.6%	21	文莱	13.7	93.2%
—	文莱	—	—	22	缅甸	22.1	-27.5%

数据来源：《中国对外承包工程发展报告 2018—2019》。

2018 年，在对外承包工程业务中，一般建筑领域参与企业数量最多，其次是交通运输和电力工程建设，2018 年，签订的对外承包工程项目主要涉及交通运输建设、一般建筑、电力工程建设等领域，占比约 70%，同时同东盟对外承包工程新签合同额和完成营业额，广西排名靠后，且在国家分布上差别偏大，其中在马来西亚、印度尼西亚和越南对外承包工程签订额较高。

（四）广西建筑业对外投资状况

广西企业对外投资的主体主要以民营企业、独资企业为主，在“走出去”的企业中，民营企业占绝大部分；由于民营企业中大部分属于中小型企业，不仅竞争力相对不足，建筑业技术装备率偏低而且抵御风险的能力较弱，大部分建筑业企业进行跨国经营的能力和经验不足。由于广西企业整体经营规模偏小，广西建筑业企业对外投资整体存量与流量也呈现规模偏小的特点。2011—2015 年，从投资的行业分布上看，广西对东盟投资涉及 12 个行业领域，主要集中在制造业、矿业、农业、服务业、房地产等行业，协议投资额分别占比为 60.73%、10.71%、10.48%、7.96% 和 7.60%。

2017 年，广西共备案或核准境外投资企业 57 家（含境外机构，下同），同东盟国家中方协议投资额 8.34 亿美元，投资主要包括农林渔牧、服务、交通运输仓储、建筑等行业；2018 年，广西共备案或核准境外投资企业 37 家，对东盟国家中方协议投资额为 9.1 亿美元，增长 9.1%，投资主要涉及制造业、交通运输仓储业、建筑业等行业；2019 年，对东盟国家投资主要涉及制造、交通运输等行业，投资国家主要为柬埔寨、越南、印度尼西亚、文莱等。

由此可以看出，近3年广西涉及建筑业的对外投资协议额不足10亿美元，投资规模总体偏小，2017—2018年广西加大了对东盟建筑业投资的力度，但2019年广西同东盟各国在建筑业方面的合作较少，由此可见，广西建筑业企业对东盟的投资规模存在不稳定的现状。

建筑业的发展与固定资产的投资有密切的联系，二者相互促进，相互制约。广西抓住中国—东盟国际产能合作、自由贸易区等机遇，推动双方建筑业合作，近年来固定资产投资稳定增加，建筑业产值不断上升。2008年，国家提出要把广西北部湾经济区建设成为全国第一个国际区域经济合作区，并且批准实施了《广西北部湾经济区发展规划》，指出广西北部湾经济区是面向东盟开放合作的重点地区。建设北部湾经济区是广西建筑业参与中国—东盟国际产能合作中实施的“引进来”的一大举措，投资的产业以建筑业为主，大力建设公路、铁路、港口等交通设施项目。广西北部湾经济区对基础设施建设的投资有力促进了建筑业的发展。

二、广西建筑业参与中国—东盟国际产能合作存在的问题

（一）技术标准不一

东盟各国经济发展水平和技术发展水平不一，除新加坡和文莱外，其余各国经济发展相对落后，广西和东盟各国行业技术标准差异巨大[3]，这在一定程度上给各国企业进入其他国家市场带来了困难。马来西亚等建筑业比较发达的国家，其建筑行业主要采用国际技术标准，对于施工设备，环境和技术要求较高，其中一些国家还追求欧美国家的技术标准。例如，马来西亚建筑业名列东盟第2位，建筑公司很多，专业化程度很高，项目标准、规范大多是英标（BS）；菲律宾使用美国的建筑标准。并且各国建筑行业在政策规定上要求不一，有些国家还规定必须优先使用当地的建筑材料。而对于经济发展和建筑业水平比较差的国家，其并没有形成统一的技术和建筑业管理标准。因此，由于东盟各国技术标准存在差异，甚至对于同种建筑产品，不同国家引用和采纳的标准也是不同的，因而给建筑业企业进入别国市场造成了阻碍。

（二）缺乏国际管理施工人才，没有国际竞争力的团队

东盟国家除新加坡和文莱外大都是发展中国家，建筑业总体水平落后，同样广

西是我国经济欠发达的地区，从技术装备看，2018 年广西建筑业企业技术装备率 4552 元/人，基本处于全国最低水平。总体来说不仅技术装备率低，而且缺乏国际管理施工人才，缺少技术、管理、教育、产业和规划等方面的人才，也未能建立起使用人才的良好氛围，这导致广西建筑业企业缺乏专业技术人才，建筑队伍的整体素质较低。同时由于东盟涉及 10 个国家，语种各种各样，目前缺乏专业的建筑业方面的翻译人才，缺乏对东南亚经济文化有深入研究的专家团队，增加了广西建筑业企业参与东盟国家工程的风险成本，阻碍了广西建筑业“走出去”的步伐。

（三）缺乏融入当地的经验

东盟是一个区域性跨国联盟，在政治经济和外交上的融合程度较低。东盟各国在风俗习惯，宗教信仰和文化等方面差异巨大，既有信仰佛教的国家，也有无神论者和基督国家。东盟各国民族众多，语言种类多样，各有各的建筑文化风格。另外东盟各国大多位于热带，气候湿热，当地居民对于建筑有不同的要求，并且东南亚地区属于自然灾害多发地区，这会极大地增加施工风险，而广西的建筑业企业缺乏相应的施工经验，一般遇到问题习惯用国内思维观念解决问题[4]，因此会造成广西和东盟各国建筑文化的冲突，阻碍建筑业的发展，所以工程承包企业除了需承担必要的社会责任外，也要注意这些社会差异，积极融入当地社会。

（四）支持体系不健全

企业的发展不仅需要硬件方面的支持，也需要政府部门出台相关政策、制度等软件方面的支持。由于东盟国家除新加坡和文莱外大都是发展中国家，加上东南亚地区常年政治动乱，经济发展落后和政策连续性较差，国家本身的制度建设较差，甚至很多国家的法律带有宗教色彩。同时，广西和大多数东盟国家建筑业都处于相对落后阶段，政府对企业与东盟开展国际产能合作的支持力度还不够大[5]，缺乏相应的完善的政策支持体系，阻碍了广西建筑业“走向”东盟的步伐，例如，由于菲律宾劳动力资源丰富，失业率也比较高，所以政府对一个中国企业承包的工地的外来劳动人员限制在 20—30 人[6]。广西与东盟国家产能合作既要有广西方面的支持政策，也要有东盟国家方面的支持政策，起主要联系作用的是东盟国家之间的联合声明、倡议等相关文件[7]。因而政策支持体系的不足制约着广西建筑业的发展。

（五）市场环境较差，投资风险不可控

东盟各国发展程度不同，面对的政治和社会环境也不尽相同，东南亚的政治体制几乎包含世界所有的基本政治体制类型。虽然近几年来国际形势总体趋于稳定，但是大部分国家依旧存在政府效率偏低、政治动荡和面临恐怖主义威胁等问题，例如，泰国、缅甸等国家本身政治就不太稳定，政治不稳定直接影响建筑业的投资环境，增大了施工风险的不确定性。有的国家基础设施较为落后，投资环境相对不理想，由于工程施工本身存在施工周期长，投资金额大的特点，广西建筑业施工设备和技术水平偏低，因此在开展海外施工项目时风险系数偏大，这也导致广西建筑业企业对外投资的意愿不高。

三、推进广西建筑业参与中国—东盟国际产能合作的对策建议

（一）互利共赢，成立广西—东盟建筑业合作委员会

虽然广西相对于大多数东盟国家在建筑行业有一定的技术优势，但由于各国对建筑行业标准的规定不同，致使广西建筑业企业想要走进东盟依旧存在技术障碍，因此十分有必要成立广西—东盟建筑行业合作委员会，由中方和东盟各方代表组成，致力于建筑业的互利共赢。一是支持鼓励双方加强建筑业投资。东盟建筑业市场需求巨大，前景广阔，尤其是基础设施市场需求强劲，因此十分有必要完善基础设施技术标准，鼓励基础设施建设投资；二是促进广西与东盟在建筑行业标准、技术、投资融资和管理等方面的交流，重点制定建筑行业施工和技术标准，促进广西和东盟建筑业稳定发展。

（二）人才培养与发挥地方人才优势相结合

随着“一带一路”建设的推进，广西与东盟在教育领域已经开展了广泛合作，广西有数所大学与东盟各国大学展开合作，例如，双方互派留学生进修学习；同时每年广西高校会派越南语、泰语、印尼语等专业学生到东盟国家高校学习，已经为广西建筑业进入东盟市场培养了一定的翻译、管理人才，但是目前人才培养的数量和质量尚不能满足行业发展的需要。政府要在人才培养和扶持方面下功夫，推进建筑行业与人才教育培养相结合，如建立北部湾人才基地，加强专业培训。在建筑企业发展中培养实践人才，支持广西建筑业参与东盟竞争。在积极培养国际性人才的同时，也需要利用好地方人才的优势，如高薪招聘东盟当地建筑人才，用优惠补贴政策吸引当地人才，并在当地建立科研院所，培养一支在东盟政治、经济、文化等方面有深入研究的专家队伍。有人才作为支撑，广西建筑业企业参与东盟工程将会

减少很多风险，增强核心竞争力。

（三）企业效益与社会效应、生态效益相结合

广西建筑业企业参与东盟竞争，既要追求经济效益，也要兼顾社会效应和生态效益。广西建筑业企业科技创新能力、技术装备率与发达国家有着明显的差距，在企业施工时也给当地环境保护带来了巨大挑战，个别东盟国家认为中国建筑业企业污染性强，因此广西建筑业企业在扩大与东盟国家合作过程中要注重生态效益，建筑业企业要加大技术创新力度，在国内外形成技术领先优势，通过先进的技术和管理方式促进广西建筑业在东盟的可持续发展。同时广西与东盟的宗教信仰和风俗习惯差异显著，工程承包企业需承担必要的社会责任，也要注意这些社会差异，积极融入当地社会。广西建筑业企业在跨国工程中要注意融入当地文化氛围，尊重和学习当地文化，了解各国的习俗信仰、熟悉当地法律体制，以适应当地建筑业发展的要求。注重企业效益与社会效应、生态效益相结合是广西建筑业企业进入当地参与施工时的必然要求。

（四）注重硬件与软件结合

对于广西建筑业而言，国家及广西层面均出台了相关政策和文件。虽然有了宏观性政策，但是缺乏具体的配套政策，现有的关于建筑业的政策在实际工作中难以服务众多企业的对外发展。广西建筑业企业在东盟发展不仅需要“硬件”方面的支持，也需要政府部门出台相关政策、制度等“软件”方面的支持。广西建筑业要变大变强应注重“硬件”与“软件”相结合。“硬件”是指建筑业对外发展所需要的专业设备、技术和人才等；“软件”是指建筑业“走出去”所需要的政策、先进的管理办法等。建筑业发展计划的实施和目标的实现，需要相应的政策措施作为保障，因此政府应该履行政府职能，尽快研究出台相应的土地、建筑业对外投资、保证金、税收等方面的引导激励政策，给予符合对外投资条件的企业税收减免等政策支持，从而引导建筑业健康发展。

（五）制定国别投资优先顺序，广西建筑行业“三步走”战略

制定广西建筑业“走向”东盟国家的国别投资优先顺序。第一顺序投资国家为缅甸、老挝、柬埔寨、菲律宾，第二顺序投资国家为越南、文莱、印度尼西亚，第三顺序投资国家为新加坡、马来西亚、泰国。实行广西建筑业参与中国—东盟国际产能合作“三步走”战略。第一步，2017—2020 年，对处于第一顺序投资国家的

缅甸、老挝、柬埔寨、菲律宾，按照公路、铁路、港口、航空运输、电力等基础设施领域进行产业布局，并逐渐实施。同步对第二、第三顺序投资国家进行布局。第二步，2021—2025年，按照第一步关于第一顺序投资国家投资行业的布局全面实施，逐步实现盈利。同时对第二、第三顺序投资国家进行投资。第三步，2016—2030年，对东盟国家建筑业进行全面投资，实现利润稳步增长，规模稳步扩大。

（六）发挥好外交的支持作用

2019年1—12月，广西对东盟国家中方协议投资额5.64亿美元，投资行业主要涉及制造、交通运输仓储、批发零售等行业。显然广西不仅对东盟投资规模较小，而且对于建筑业方向的投资更小，因此想要加快广西建筑业参与中国—东盟国际产能合作离不开政策支持。东盟作为区域性国家联盟，无论是与之加强经济上的合作，还是政治协商都离不开外交，广西建筑业参与中国—东盟国际产能合作离不开外交的支持，现阶段广西与东盟在建筑业上的合作较少，政府需要通过外交手段加快成立建筑业合作组织，以应对重大建筑业问题和风险，促进建筑业共同发展。随着中国与东盟经济合作的深入，中国已经陆续和东盟建立了多个园区，但是与东盟各国的产业合作机制不够完善，尤其是对建筑业的支持力度较低。因此，广西建筑业在参与中国—东盟国际产能合作中需要国内企业跟施工所在地国家的各种政治力量协调好关系，更需要国家外交上的支持。

参考文献

［1］佚名．菲律宾建筑行业将出现爆发性增长［J］．建材发展导向，2017，15（20）：90－91.

［2］韩雪．“一带一路”视域下中国对东盟基础设施投资研究［D］．上海师范大学，2020.

［3］唐红祥，陈慧．中国—东盟产能合作的困境与出路［J］．人民论坛，2020（11）：140－141.

［4］冯春盛．广西企业参与东南亚施工的机遇与挑战［J］．科技展望，2016，26（01）：207＋209.

［5］尤宏兵，李安琪．中国东盟产能合作的发展、困境及前进之路［J］．对外经贸务，2019（03）：17－20.

［6］张协奎，刘伟．中国—东盟产能合作：成绩、问题与对策［J］．商业研

究，2018（10）：91－97.

［7］江海东．菲律宾建筑市场现状分析［J］．建筑经济，2008（S1）：33－34.

［8］广西壮族自治区统计局．广西统计年鉴2016［M］．北京：中国统计出版社，2016.

［9］广西壮族自治区统计局．广西统计年鉴2017［M］．北京：中国统计出版社，2017.

［10］广西壮族自治区统计局．广西统计年鉴2018［M］．北京：中国统计出版社，2018.

［11］广西壮族自治区统计局．广西统计年鉴2019［M］．北京：中国统计出版社，2019.

专题六

广西交通运输业、仓储和邮政业参与中国—东盟国际产能合作研究

广西与东盟国家之间天然的地理位置优势，决定了广西交通运输业、仓储和邮政业参与中国—东盟国际产能合作的优势及意义。交通运输业、仓储和邮政业是塑造经济空间格局，并推动经济空间格局持续优化的重要力量，广西与东盟交通运输业、仓储和邮政业网络体系的构建是“一带一路”倡议实施和中国—东盟国际产能合作的重要基础和先决前提，是必须重点突破的战略任务。广西沿江、沿海、沿边，位于中国—东盟经济圈和珠三角经济带的交接处，在国家实施“一带一路”倡议重要背景下，广西独特区位的优越性不言而喻。同时，广西是中国“一带一路”倡议中仅有的一个既参加“一带”建设又参加“一路”建设的省区，实现了国家战略全覆盖，占尽了政策战略实施的优势，有极大的发展潜力。

一、广西—东盟交通运输业、仓储和邮政业合作现状

广西沿江、沿海、沿边，东边连接粤港澳大湾区，南临北部湾，背靠大西南，面朝东南亚，是中国唯一一个与东盟国家陆海相连的省份，也是中国西南地区最便捷的出海通道。广西在交通运输业、仓储和邮政业领域与东盟展开了广泛的合作，目前主要集中在海上运输、陆上交通、航空运输、邮政等方面。

（一）海上运输

广西北部湾港运输网络覆盖全球，是中国—东盟海上互联互通的重要节点，北部湾港的运输航线实现了对东盟 10 个国家主要港口的全覆盖，与东盟 47 个港口建立了海上国际运输航线，同时与全球 100 多个国家与地区的 200 多个国际港口实现了航线互通，完善了中国连接世界各地的“海上高速路”网络体系，成为中国西部

地区连接东盟各国的主要物流集散基地之一，北部湾港至新加坡集装箱班轮航线实现“天天班”。

作为西部重要的出海港口，广西正全力推进建设步伐。一是沿海港口生产能力提高，水路运输能力提升。截至 2017 年，广西各个港口的生产性泊位总量达 787 个，其中万吨级以上的泊位达 86 个，港口综合货物吞吐能力达 3.55 亿吨。同时，作为广西最大的北部湾港口货物吞吐量由 2008 年的 8090 万吨提升到 2017 年的 2.19 亿吨，装箱吞吐量也从 2008 年的 33 万标箱增至 2017 年的 228 万标箱，形成了中国通向东南亚、印度洋、地中海、太平洋等地区的海上通道网络。2019 年，广西新建投产港口能力 1704 万吨，其中沿海 1514 万吨；新建投产泊位 18 个，其中沿海 7 个，全部为万吨级泊位。北部湾港开通 46 条内外贸集装箱航线，其中 26 条外贸集装箱航线，20 条内贸集装箱航线，基本实现了对东盟国家主要港口航线的全覆盖。二是内河港口通过能力增强。长洲船闸三线、四线通过能力大幅增加，货物通过能力提高，为港口货源增加、货物吞吐量增长提供了保障。

除不断增加海上航线外，广西正加速推进深水航道及深水泊位建设。2020 年，广西将加强北部湾港高等级航道、锚地等重点配套项目建设力度，着力打通内河“一干七支”航道并解决船闸碍航问题。到 2022 年，广西各港口的货物综合吞吐量将达 4.5 亿吨，同时集装箱吞吐量将增至 700 万标箱。

（二）边境陆上交通

广西的陆上边境线有 1020 千米与越南接壤，有东兴、凭祥等 8 个县（市）、103 个乡镇与越南广宁省、凉山省、高平省 3 个省接壤，现有边境口岸 12 个，边贸点 26 个，边境各县实现国家一类口岸全覆盖。截至 2018 年，广西累计建成了 20 余条出海、出边、出省高速公路通道，开通了 17 条国际客货运输线路。同时，广西与越南边境地区正在加快推动凭祥—同登、龙邦—茶岭、东兴—芒街等重点跨境经济合作带建设，推动“两廊一圈”贸易合作发展。2020 年上半年，虽然受到新冠肺炎的影响，但中国西部地区陆海大通道沿线的 14 省市通过广西口岸进出口的实际货值共达 1612.2 亿元，同比增长 0.7%，进出口货物量达到 4300.9 万吨，同比增加 6.9%，实现了逆向增长。

越南 1A 公路是在越南领土上的南宁—新加坡经济走廊主要路线。也是越南连接北部—南部的重要交通路线，不仅影响到经济走廊区域的发展，对越南全面发展也有重要影响。这条公路从越南谅山省友谊关口岸开始，连接越南北部到南部的 30 个省市，贯穿越南最大的经济贸易中心。1A 公路从越南北部的谅山省经过北江省、北宁省，到河内（长度约170千米），在友谊关口岸与中国高速公路对接，是“南宁—凉山—河内—海防—广宁”经济走廊的重要部分，促进了两国贸易及旅游合作。

2018年，中国交通新闻报道，广西壮族自治区交通运输厅称，在实施第13个五年计划期间，广西将有5条高速公路连接到边境口岸。连接河内（越南）和友谊关边境口岸的高速公路预计到2020年将在广西和东盟之间顺利通行，这将加速在陆地和海上之间形成大面积的相互支持。2017年，广西与越南合作，加快高速公路建设，包括：“南宁—凭祥（友谊关）—谅山—河内”“南宁—东兴—芒街—下龙—河内”“百色—龙邦—高平—河内”三条高速公路。

南中—凭祥（友谊关）—谅山—河内高速公路全程约153千米，分三段施工。第一段，南宁—凭祥段已经建成通车。第二段，越南河内—北江段，这条长45千米的高速公路于1998年开工建设，经过4年建设完工。2015年1月5日，高速公路扩建至4车道，经过一年的建设，于2016年1月3日开通。第三段，越南北江—谅山段，该高速公路于2015年1月5日正式开工建设，2020年正式通车。南宁—东兴—芒街—下龙—河内高速公路分四段施工，广西境内的南宁—东兴段路段已建成通车。从越南云屯—芒街段高速公路，连接下龙—海防和下龙—云屯两条高速公路，长80.2千米，双向4车道，设计速度100千米/小时，项目总投资11.1万亿越南盾，项目建设期为22个月，预计2021年投运。当芒街—云屯高速公路项目完工后，越南广宁将拥有约200千米的高速公路，连接河内—海防、河内—老街高速公路，为完成高速公路的延伸做出贡献。老街—河内—海防—芒街成为越南最长的高速公路，形成连接东盟与中国贸易的重要交通门。“百色—龙邦—高平—河内”高速公路中的靖西—龙邦段于2015年12月9日开工建设，起于靖西市新靖镇旧州村，与崇左至靖西高速公路、靖西—那坡高速公路相交，连接百色—靖西高速公路，在靖西市龙邦口岸海关大楼附近截止，主线全长28.30千米，于2018年12月建成通车。靖西—龙邦高速公路的正式通车进一步完善了广西跨境高速公路网络体系，再次打开了一条全新的连接中国西南地区和东南亚各国的通道，打通中越连接的“最后一公里”。

此外，2017年9月，越中第二个北仑桥正式落成，连接越南广宁和中国广西。桥宽27.7米，设有4车道，越南方桥长154.5米，中方桥长463.5米。总投资超过3360亿越南盾。促进了越南广宁和中国广西之间以及越南和中国之间的经济和贸易往来。

（三）航空运输

2004年，随着东博会永久落户广西南宁，广西与东盟各国往来更加频繁，客流量大增，南宁吴圩机场作为中国连接东盟的交通门户枢纽机场，地位日益凸显。

南宁吴圩国际机场基本实现了直通全国省会及重要城市的空中航线网络全覆盖，同时国际航线可直达东盟10个国家的首都及重点城市。此外，通过与各地航空公司合作，建立了昆明、杭州、长沙、南京、郑州等城市经南宁飞往东盟各国的空中航线网络系统，大大提高了机场国际航线网络的中转率。2017年经停南宁飞往东盟的航线数量达南宁—东盟航线总数的45%，中转旅客超过8.1万人次，旅客中转率达9%，南宁吴圩机场成为中国各城市经广西往返东盟的重要中转集散地之一。与此同时，南宁与桂林两个核心机场合作协同发展东盟国际航线，先后开通桂林—南宁—新加坡、桂林—南宁—曼谷等多条航线，实现了广西两大机场共享东盟航线资源，优势互补的繁荣局面。2018年6月，南宁吴圩国际机场举行南宁—马尼拉航线首航启动仪式，南宁—马尼拉定期航班的开通，标志着广西与东盟10个国家的首都全部实现空中连通，进一步扩大了广西连接东盟各国的空中大门，完善了广西连接东盟的空中航线网络体系，不仅让双方千万旅客在往返广西—东盟时，有了更充足的选择空间，也加强了广西与东盟之间的经贸往来、旅游观光和文化交流，积极地推动了两地经济社会文化发展。

为更好连接东盟各国，加强以东盟为主的“一带一路”国际航空通道建设，广西正全力发展航空运输领域。根据民航部门的数据统计，2011—2016年，广西与东盟的空中网络体系迅速发展。2016年，广西到东盟各国航线的旅客吞吐量达到87.12万人次，年均增长26.2%，比广西各机场同期其他航线旅客吞吐量增速快了2倍。2017年，广西到东盟各国航线的旅客吞吐量增至109万人次，年均增长25%，完美实现了每3年翻一番的战略目标。为了加强通往东盟的国际航空网络建设，广西重点增加了南宁—曼谷、南宁—新加坡、南宁—普吉岛、南宁—暹粒等航线的航班次数；开通了南宁—西哈努克港、桂林—暹粒、桂林—雅加达、郑州—北海—岘港等多个新国际航线；同时，实现了南宁—斯里巴加湾航班定期化。2018年1月至5月，广西飞往东盟各国的航班起降架次数增至4518架次，旅客吞吐量超过55.2万人次；其中仅南宁吴圩国际机场飞往东盟国家各地航班的起降架次数就达到3777架次，航线旅客吞吐量超47万人次。南宁吴圩国际机场作为中国连接东盟各国的空中门户枢纽，作用日益凸显。2018年，广西已经开通了覆盖东盟10个国家25个重点城市的直达航线，飞往东盟各国的航线数量达到28条，旅客吞吐量达到1509.2万人次，同比增长8.5%，其中通往东盟航线的旅客吞吐量突破110万人次，创历史新高。2019年上半年，南宁吴圩国际机场的航班旅客吞吐量达到785.6万人次，同比增长7.8%；其中通往东盟的航线的航班旅客吞吐量达到62.6万人次，同比增长38.5%，占国际航线的航班旅客吞吐量的83.6%。初步构建了以东盟为主的“一带一路”国际航空通道网络体系。

（四）邮政

2017年2月28日，位于南宁综合保税区的中国—东盟（南宁）跨境电子商务产业园内的中国邮政东盟跨境电商监管中心正式投入运营，它是中国—东盟商贸合作的重要基础平台之一，也是与东盟跨境电商合作的核心基础设施和综合物流枢纽。中国邮政东盟跨境电商监管中心在全国首创性地构建了“国际邮件、国际快件、路境电商‘三合一’集约式监管新模式”，打造中国西南地区通关效率最优、查验设备最先进、智能化程度最高的监管场所，可为中国—东盟跨境电商产业提供仓储清关、物流寄递、专业培训、信息技术、金融支撑等一站式综合服务，提高了广西跨境电商的通关效率，推动了跨境电商的便利化建设。

监管中心一期建设投资金额约1.5亿元，建设面积达约24000平方米，主要包括中国邮政东盟跨境电商监管中心、中国—东盟（广西）国际快件监管中心、南宁国际邮件互换局、报关报检大厅和查验监管区等五大功能区块，建设了8条全自动进出境货物查验分拣工作线，平均每天可吞吐超100万件的包裹。监管中心的生产工艺和流程设计全部按照国际前沿标准，信息化、自动化、智能化水平居全国行业前列，可实现对进出口物品“一机双屏双控”的关检联合一次性查验模式，是海关总署全国首批“集中联网，智慧清关”试点项目。

2019年，南宁综合保税区跨境电商的零售进出口交易单量突破3500万单，充分发挥了该项目规范化、集约化、智能化的便利通关创新优势及满足跨境电商进出口多元化需求的一站式服务体系特色，助力实现了中国（南宁）跨境电子商务综合试验区跨境电商业务的跨越式发展，促进了东盟产业、企业及商品集聚。

二、广西—东盟交通运输业、仓储和邮政业合作存在的问题

广西同东盟国家在交通运输业、仓储和邮政业行业已展开广泛的合作，取得了突出的成果，推动了中国—东盟国际产能合作进程，促进双方经济贸易往来。但由于经济总体发展缓慢、支持体系有待完善、优势产业优而不强、社会观望仍然存在等原因，双方合作中还存在一些问题。主要表现在四个方面。

（一）北部湾港口建设

1. 岸线资源利用不协调

北部湾地区经济发展水平低，城市内生活基础设施和交通条件较差，经济基础

薄弱，导致岸线资源开发困难，项目周期长，岸线资源利用不协调。防城港作为中国沿海一带交通运输重要枢纽港，由于可供利用的现存天然岸线资源严重不足，只能通过大规模填海造地的方式规划岸线，导致港口建设成本大幅上升，建设步伐严重减慢。而钦州港和北海港两大广西地方港口，岸线资源却十分充足。岸线资源与港口泊位等级不协调，直接妨碍了泊位集疏运通道和堆场建设。

2. 深水码头建设迟缓

广西沿海码头大型专业性泊位缺乏，超大吨级深水航道供给不足。2018 年，广西全部港口的生产性泊位数量达 787 个，但万吨级泊位仅有 86 个，港口规模、通航能力及现代化水平等都远落后于东部沿海地区的重要港口。港口现存的深水泊位码头少，靠泊船舶的吨级低，深水码头建造年份久，专业性泊位不足，难以跟随当前海上运输大型化发展趋势的脚步。

3. 集疏运通道仍待完善

港口与铁路、公路连接场站的“最后一公里”衔接不畅，综合枢纽能力不足，效率不高，影响了港口的整体效益。因广西独特的地理环境，广大腹地的内河网络同沿海地区之间衔接不畅，港口水路集疏运通道建设存在瓶颈。而与港口衔接的公路、铁路通道干线建设与城市规划存在冲突，港区内铁路专用道建设滞后，部分港口甚至没有铁路衔接。港口集疏运通道规模小，布局不合理，铁路等级低，点线能力不协调，运输效率不足。同时铁路收费不合理，为了降低成本，迫使大量本该从北部湾出港的货物转向湛江港或其他港口出港。

（二）边境口岸运输

1. 口岸发展存在瓶颈

近年来，虽然广西加大对口岸基础及配套设施的投资，但相较广西的区位优势而言，实际投资仍然不足。口岸潜力未得到充分挖掘，平均过货能力不强，货场规模小，交通网络不够畅通，口岸发展瓶颈仍然存在。在部分边境口岸建设中，口岸作业的配套设施建设不合理，忽略了出入境车辆交通流的组织与查验监管的有效衔接，加大了查验和通关部门的工作难度，通行能力受到制约。各部门之间信息未能及时共享，跨境运输车辆的备案与通关所需填报表格内容大量重复。口岸信息化程度低，中国—越南两国边境管理不统一，双方边境贸易额统计存在较大差异。

2. 政策未有效落实

为了规范边境口岸车辆出入境管理，方便两国之间的商贸往来，中国与越南签订《中华人民共和国政府和越南社会主义共和国政府关于修改〈中华人民共和国政府和越南社会主义共和国政府汽车运输协定〉的议定书》（以下简称《修改中越协定议定书》）和《中华人民共和国政府和越南社会主义共和国政府关于实施〈中华人民共和国政府和越南社会主义共和国政府汽车运输协定〉的议定书》（以下简称《实施中越协定议定书》）。但由于口岸建设管理体制与协调机制与口岸发展要求未能完美融合，同时受机构编制、边防管控压力、查验及检测设施不配套的影响，边境口岸通过的运输车量一直受到数量限制。随着出入境车辆、人口数量逐年上升，工作人员人手不足、监管设备不配套的矛盾日益突出。同时，由于未按照要求办理《国际汽车运输行车许可证》的在口岸换装的货运车辆及不符合交通运输部门技术要求的出入境车辆仍然存在，严重影响了边境运输的安全和跨境运输的发展。越南边境贸易管理宽松，出入境手续简便，中越两国在边境管理政策不统一，《修改中越协定议定书》与《实施中越协定议定书》没有得到有效实施。

（三）边民互市点监管困难

依托中越两国便利的跨境交通，广西边境 26 个边民互市贸易点的进出口交易额逐年增长，参加边境互市贸易的边民人数迅速增加，产品琳琅满目。边民互市的繁荣推动了经济文化的发展，也增加了管理难度。出卖边民身份、走私逃税、无证经营、两国边民纠纷等问题层出不穷，互市贸易产业范围小、产品结构失衡等态势越来越严重，部分地区甚至存在私自收取道路过关费、市场保护费等违法现象，严重扰乱了边境互市的管理，中越边境贸易难以实现可持续的健康发展，边民互市点的管理亟待规范性的、有质有量的发展。

（四）项目建设进程慢

广西积极参加对外投资合作，投资规模呈上升趋势，但相较于全国其他省市，总体投资量依旧偏小，这也决定了广西对东盟国家的投资规模偏小，降低了投资项目的推进速度。东盟 10 个国家的国情、制度、风俗等均有差异，与广西更是相差甚远，加大了项目推进的难度。同时因各国政策存在差异，管理方式各不相同，项目实施过程中容易出现大大小小的问题和纠纷。由于广西与东盟各国现代化、国际化水平有待提升，相关技术人才不足，项目建设的效率依旧有待提升，总体推进速度慢。

三、推动广西—东盟交通运输业、仓储和邮政业合作的建议

广西—东盟国际产能合作研究是一项系统系的工程，要推动广西—东盟交通运

输业、仓储和邮政业合作的深入发展，需要政府引导、企业主导以及社会的参与。在全球化背景下，充分利用广西的区位优势，结合行业合作现状，促进广西与东盟在交通运输业、仓储和邮政业的产能合作发展。

（一）政策建议

第一，制定广西交通运输业、仓储和邮政业“走向”东盟国家的国别投资优先顺序。第一顺序投资国家为新加坡、马来西亚、越南、缅甸、泰国、老挝，第二顺序投资国家为文莱、柬埔寨，第三顺序投资国家为印度尼西亚和菲律宾。

第二，实行广西交通运输业、仓储和邮政业参与中国—东盟国际产能合作“三步走”战略。第一步，2017—2020 年，做实做强现有交通枢纽，完善海运、空运、陆运等在东盟国家的布局，继续完善邮政业在东盟国家的布局，开始仓储业在东盟国家的布局。第二步，2021—2025 年，实现海运、空运、陆运等在东盟的全布局，形成广西在东盟国家的海运、陆运、空运交通枢纽。具体来说，广西要实现与东盟所有国家的海运连接，开辟到所有东盟国家的航线，将现有陆路连接线延伸至东盟其他国家。第三步，2016—2030 年，继续深化广西与东盟国家的经贸合作，切实发挥广西在东盟国家交通枢纽的效用。

第三，优先做实、做强、做大广西交通运输业。交通运输业是仓储和邮政业发展的基础，更是广西与东盟国家开展经贸合作的前提。具体来说，广西要在“六横七纵八支线”高速公路网络基础上，立足于广西与越南的陆路合作基础，将高速公路延伸至泰国、缅甸等其他东盟国家。同样，铁路要在“一环四纵四横”基础上，继续以越南为基点，向东盟其他国家延伸。航运方面要利用北部湾航空、南航、中航等航空公司，实现东盟国家的全覆盖，在目前东盟国家 18 个中心城市通航的基础上，继续扩大在东盟国家的航线覆盖。在完善广西与东盟交通枢纽基础上，才能够更好地推进联运、邮政业的发展。此外，继续推进广西与东盟国家的管道合作。能源领域的管道合作能够更好地将中国包括广西与东盟国家联系起来。在中缅油气管道合作基础上，继续加强与东盟其他国家的管道合作。

第四，做强邮政业与加强仓储业布局同步进行。充分发挥广西邮政公司建立的东盟跨境电商监管中心的作用，加强与东盟国家邮政业的合作。就东盟区域而言，各国邮政行业发展情况不一：新加坡、马来西亚的邮政公司，属于上市企业，发展状况良好；泰国、印度尼西亚和菲律宾的邮政企业，属于国有公司，发展状况一般；缅甸、文莱，邮政业还未改革，仍由国家公务员负责；越南、老挝和柬埔寨等国家的邮政业，虽然已经完成公司化改革，但发展速度十分缓慢。从东盟国家邮政业的现状可以发现，广西邮政业积极“走出去”有很大的市场。随着交通的发展，以及电商的快速增长，海外仓储成为一种新的业态。东盟国家经济成本相对较低，尽快在东盟国家进行仓储布局，将成为广西“走出去”一个新的经济增长点。

（二）加大政府扶持力度

加大对道路、港口和航运企业的培育力度，提高企业竞争力，为广西交通运输业的发展提供持久动力。通过增加资金补贴、合理减免税收等方式，加大对交通运输业、进出口贸易企业的扶持力度，加快广西跨境贸易的发展进程。增加对企业进行技术改造、市场开辟、设备更新、航线开辟、联运等发展的资金支持，兑现各类运输财政资金补贴，适当降低运输业企业贷款门槛，减小企业的融资压力，促进企业综合实力的提升，提高企业的运营效率、运输能力和服务水平；加强对交通运输企业人员的培训，提升行业工作人员的整体文化素质、安全意识及技术能力。

（三）规范管理体系

1. 提高服务质量

提高跨境运输工作便利化水平。加强公路、铁路、空运及水运等运输方式的有效衔接，完善多方式联合运输及智慧物流体系，促进交通运输业融合发展。健全边境运输管理协调机制，推动各部门职责分工细化，增加人员编制，加强协调配合能力。加快推动广西边境口岸“单一窗口”建设，加强口岸信息现代化建设，促进各部门信息共享，避免重复申报。加强边境口岸运输通关流程的优化，完善现代化信息管理体系，加强口岸监管检测设施现代化建设，提高查验效率。加强各部门信息收集和统计能力，促进信息交流。

2. 完善监管体系

建立健全跨境运输监管协调机制，结合市场需求，合理配置运输资源。针对各类成本持续增加、市场需求不足、低于成本价恶性竞争导致市场运价低迷等不良现象，政府和相关部门要加大市场监管力度，大力整顿行业市场环境，及时制定合适的货运指导价，促进运输市场的健康公平竞争。加强边民互市点的巡查管理力度，健全监控信息系统，严厉打击各类违法经营现象。

（四）加强基础设施建设

加大交通运输及边境口岸基础设施资金投入，提高各类交通运输基础设施标准，加快各类运输工具的更新换代，改善运力结构，提高运输网络的整体服务水平。推动跨境公路网络、高铁路线、港口码头航道及机场等相关基础设施建设，利用广西的区位优势，奠定跨国运输贸易优势。优化公路、铁路与港口码头线路布局，加快沿海疏港铁路、公路等通道建设，推动铁路、公路货运场站及物流场站、邮政仓储建设，加强运输储存能力，提高海陆空运输衔接联运能力。改善公路、铁路、航空以及港口综合交通枢纽布局，促进跨境多方式联运发展。

四、结语

广西—东盟交通运输业、仓储和邮政业产能合作不断加深，广西应利用好自身沿边、沿海、沿江的区位优势和国家政策优势，着眼于国际市场，将互联互通作为跨境交通运输网络格局的主要目标，强化广西境内交通运输及物流行业与东盟的衔接联通，充分发挥跨境运输对经济贸易发展的积极作用。

参考文献

［1］邓海梅．货运稳定 客运略增 客货运输总体平稳增长 2019年广西交通运输业运行情况分析［J］．广西经济，2019（12）：27－29.

［2］阮秋草．“一带一路”倡议下的越中“两廊一圈”合作［D］．云南大学，2019.

［3］广西新闻网．关于《中华人民共和国政府和越南社会主义共和国政府关于修改中越汽车运输协定的议定书》和《中华人民共和国政府和越南社会主义共和国政府关于实施中越汽车运输协定的议定书》生效的通知［EB/OL］．［2012－8－20］．http：//www.gxzf.gov.cn/xwfbh/zyqcys/zcwj/201208/t20120820_415022.htm.

［4］张志文，苏亚，叶妍妍．跨境物流 东盟经济增长新动力［N］．人民日报，2016—02－29（22）．

专题七

广西批发和零售业参与中国—东盟国际产能合作研究

一、广西批发和零售业参与中国—东盟国际产能合作现状

（一）批发和零售业与东盟贸易逐年增加

自中国—东盟自由贸易区建立以来，广西积极参与中国—东盟自由贸易区的建设，如今东盟已经成为广西最大的贸易伙伴，是广西批发和零售业对外贸易的主要地区。2019 年，广西货物进出口总额 4694.70 亿元，对东盟国家进出口总额 2334.65 亿元，比上年增长 13.3%。其中，出口额为 1402.98 亿元，增长 11.4%；进口额为 931.68 亿元，增长 16.3%。同时，广西与东盟的越南、缅甸、老挝陆路相连，地理位置优越，随着陆地和海上交通基础设施建设的进一步发展，推动了广西批发和零售业更好地走进东盟市场，广西与东盟的批发和零售市场的联系更加紧密。广西向东盟各国输出的资本也日益增加，政府已经陆续出台相关政策大力支持广西贸易企业加大对东盟的贸易和投资，同时越来越多的外商企业聚集广西，广西的防城港、东兴与越南等国家的跨境电商贸易逐年增加，跨境电商零售前景广阔。

在广西批发和零售业与东盟各国的货物出口贸易方面，由 2016 年的 1267.74 亿元增加到 2019 年的 1402.98 亿元，增长幅度较大。在 2012 年广西同东盟的货物进出口贸易总额首次突破 100 亿美元。2018 年和 2019 年广西批发和零售业同东盟的出口额保持在 10% 以上的增速；广西与东盟 10 个国家贸易中，越南在货物进口和出口均排在第 1 位。

《“一带一路”贸易合作大数据报告 2018》显示，2017 年，中国在亚洲、大洋洲地区的前 5 位出口市场分别是韩国、越南、新加坡、马来西亚和泰国，其中东南

亚国家占了4个，广西也是如此，越南是广西批发和零售业对外贸易的主要市场。2016—2018年，广西与越南的出口总额占广西与东盟贸易总额的90%以上。如表7－1所示。

表7－1　2016—2019年广西对东盟和主要国家货物进出口总额及其增长速度

年份	国家和地区	货物出口额（亿元）	比上年增长（%）	货物进口额（亿元）	比上年增长（%）
2016年	亚洲	1267.74	－16.3	1125.79	23.2
	其中：东盟	991.93	－17.8	843.50	40.4
	其中：越南	916.16	－17.5	673.08	58.4
2017年	亚洲	1428.81	13.5	1190.53	6.9
	其中：东盟	1062.46	6.7	831.39	0.0
	其中：越南	930.09	1.2	696.17	3.4
2018年	亚洲	1759.10	19.4	1164.33	－2.3
	其中：东盟	1259.80	13.9	801.69	－3.7
	其中：越南	1142.13	17.3	607.23	－12.8
2019年	亚洲	2073.28	17.9	1325.58	13.9
	其中：东盟	1402.98	11.4	931.68	16.3
	其中：越南	1204.59	5.5	549.32	－9.5

数据来源：《广西统计年鉴2016》《广西统计年鉴2017》《广西统计年鉴2018》《广西统计年鉴2019》。

由表7－1可以看出，2016年，广西同东盟各国货物进出口总额为1835.43亿元，出口991.93亿元，进口843.50亿元。2017年广西货物进出口总额为3866.34亿元，其中，广西同东盟各国进出口总额1893.85亿元，比上年增长3.7%，约占广西货物进出口总额的49%；其中，出口1062.46亿元，进口831.39亿元，较去年减少12.11亿元。2018年，广西货物进出口总额高达4106.71亿元，其中，广西同东盟各国货物进出口总额为2061.49亿元，占广西货物进出口总额的50.2%，由此可见，东盟已成为广西货物进出口的主要地区；其中，出口1259.80亿元，增长13.9%；进口801.69亿元，下降3.7%。2019年，广西货物进出口总额4694.70亿元，对东盟国家进出口总额为2334.65亿元，比上年增长13.3%；其中，出口1402.98亿元，进口931.68亿元，增长16.3%。

1. 广西与东盟主要贸易方式

广西与东盟贸易方式中一般有边境小额贸易、一般贸易、加工贸易、对外承包工程出口货物和海关特殊监管区域物流货物等五种，其中边境小额贸易额为主要的贸易方式[1]。如表7－2所示。

表 7-2　　2017—2019 年广西同东盟边境小额贸易变化情况　　单位：亿元

年份	进出口	增长比	出口	增长比	进口	增长比	同东盟贸易总额
2017 年	836.30	5.8	799.01	5.8	37.28	6.8	1893.85
2018 年	1076.23	22.2	1032.49	22.5	43.73	16.6	2061.49
2019 年	1090.82	1.4	1060.53	2.7	30.29	-30.8	2334.65

数据来源：《广西统计年鉴 2017》《广西统计年鉴 2018》《广西统计年鉴 2019》。

2017—2019 年，广西同东盟边境小额贸易额约占同东盟贸易额的 50% 左右；2018 年广西同东盟边境小额贸易额为 1076.23 亿元，占同东盟贸易额的 52%。同时广西同东盟边境小额出口贸易远远大于进口贸易，但 2019 年边境小额进口贸易出现很大幅度的下降。东盟国家总体经济发展落后，有些地区交通不便，广西与东盟各国连接的交通基础设施较为落后，这是广西同东盟边境小额贸易占比大的重要原因。

2. 广西批发和零售业对外投资状况

2017 年，广西共备案或核准境外投资企业 57 家（含境外机构，下同），同东盟国家中方协议投资额为 8.34 亿美元，投资主要包括农林渔牧、服务、交通运输仓储、建筑等行业；2018 年，广西共备案或核准境外投资企业 37 家，对东盟国家中方协议投资额为 9.1 亿美元，同比增长 9.1%，投资主要涉及制造业、交通运输仓储业、建筑业等行业；2019 年，广西共备案或核准境外（非金融类）投资企业 50 家，对东盟国家中方协议投资额 5.64 亿美元，投资行业主要涉及制造、交通运输仓储、批发零售等行业。

由此可以看出，近 3 年广西涉及批发和零售业的对外投资协议额不足 10 亿美元，投资规模总体偏小，广西共备案或核准境外投资企业在 50 左右波动，投资企业偏少，广西同东盟各国在批发和零售业方面的合作较少。

（二）广西对东盟各国货物进出口额现状

2016 年，广西同东盟各国货物进出口贸易呈现减缓势态，2016 年，广西全年货物进出口方面发展后劲不足，货物出口额跌幅 17.8 个百分点，而货物进口额有较大幅度的增长，增长速度为 44.4%；同时广西批发和零售业进口、出口贸易发展有所失衡，货物贸易出口额与进口的差距明显拉大，贸易额度差距不断上升。2014 年为广西同东盟货物贸易顺差额最大的一年，货物贸易顺差额第一次突破百亿美元，进出口顺差高达 140 多亿美元。广西对东盟各国货物进出口额在各国家分布不均，例如，2019 年广西对越南的货物出口达到 1204.59 亿元，占广西对东盟各国货物出口额的86%，远超其余9个国家，现如今越南继续保持东盟与广西贸易第一大国的地位。2017—2019年广西对东盟各国货物进出口额分布情况如表7-3所示。

表7-3　2017—2019年广西对东盟各国货物进出口额　单位：亿元

国家	2017年			2018年			2019年		
	进出口	出口	进口	进出口	出口	进口	进出口	出口	进口
越南	1626.259	930.086	696.172	1749.367	1142.133	607.234	1753.916	1204.594	549.323
印度尼西亚	67.312	25.896	41.416	67.400	23.912	43.487	75.905	36.100	39.805
新加坡	51.057	40.374	10.683	43.986	34.271	9.716	61.933	53.062	8.870
马来西亚	48.600	17.865	30.734	70.195	25.906	44.289	83.880	55.090	28.790
泰国	46.526	21.478	25.047	91.369	18.450	72.919	318.708	31.770	286.938
菲律宾	43.451	20.348	23.103	25.660	8.178	17.483	27.479	10.888	16.591
柬埔寨	4.349	2.320	2.030	3.817	2.946	0.870	4.997	4.650	0.347
老挝	3.261	1.350	1.911	6.174	1.070	5.103	1.572	1.350	0.222
缅甸	2.733	2.436	0.300	3.353	2.770	0.583	5.947	5.330	0.617
文莱	0.302	0.302	0	0.168	0.163	0.005	0.316	0.142	0.174
合计	1893.85	1062.455	831.396	2061.489	1259.799	801.689	2334.653	1402.976	931.677

数据来源：中华人民共和国南宁海关。

同时，随着对外贸易的不断扩大，广西的批发和零售业已经涉及东盟10个国家，但是广西同东盟各国的货物贸易差距较大。在东盟10个国家里，广西与越南的贸易额最高，从2013年开始，每年进出口贸易额高达100多亿美元，在近十年中，广西与越南的进出口总额占广西与东盟贸易总额的90%左右，同时，文莱与广西贸易额不足1亿美元，排名末尾。

中国—东盟自由贸易区建成启动后，中国与文莱、菲律宾、印度尼西亚、马来西亚、泰国、新加坡6个东盟成员国有超过90%的产品实行零关税，中国对东盟的平均关税从9.8%降至0.1%，同时，这6个东盟成员国对中国的平均关税也从12.8%降至0.6%[2]。中国—东盟自由贸易区实行零关税，十分有利于广西批发和零售业参与中国—东盟国际产能合作。

由于东盟国家与广西自然资源都比较丰富，广西从东盟国家货物贸易进口的主要是低值简易通关商品、大豆、铜矿砂和原油等技术含量比较低的初级产品，市场价值较低；广西从东盟国家出口的大都是服装和短纤、机电产品等相对附加价值较高的产品，不过也出口相当一部分的低值简易通关商品。

（三）跨境电商—零售行业驱动引擎

跨境电商是经济全球化和“互联网+”时代一种国际贸易新方式，是广西零售业走进东盟的一大典型模式，有力地推动了广西与东盟的批发和零售贸易。随着中国与东盟经贸合作的深入，广西批发和零售业与东盟之间的国际贸易也不断涌现新模式，尤其是跨境电商。2016 年，东盟就已经成为中国第三大跨境电商出口市场，广西与东盟的跨境电商贸易额一直保持稳定增长，广西—东盟跨境电子商务将成为批发和零售业发展的重要引擎。

中国政府和广西层面已经陆续出台各种跨境电商政策，如《中国（南宁）跨境电子商务综合试验区实施方案》《广西跨境电子商务综合试验区零售出口货物免税管理办法（试行）》，2018 年 8 月国务院发布《关于同意在北京等 22 个城市设立跨境电子商务综合试验区的批复》，其中包括南宁，广西跨境电商企业的发展迎来又一个机遇。据广西商务厅介绍，中国（南宁）跨境电子商务综合试验区已引进 50 余家跨境电商企业，2020 年在新冠肺炎的影响下，广西及东盟的批发和零售市场低迷，相对而言对跨境电商的影响较弱。根据广西商务厅公布的数据，2020 年以来已经完成跨境电商零售进出口 682 万单，贸易额 28.40 亿元，正在加速形成具有东盟区域特色的跨境电商产业带及集聚地。当前，东南亚最大电商平台 LAZADA 正助力培育中国—东盟跨境电商产业链，广西将力争在 2020 年实现跨境电商交易额占进出口总额的 15%；同时通过建设辐射东盟的跨境电商集聚区，将南宁市打造成为联通广西、东盟两个市场的区域性物流集散中心和交易中心。

2017—2019 年，广西的跨境电商交易额以年均增幅超过 30% 的速度增长。随着阿里巴巴、苏宁电子商务产业园等一批电商项目落户广西，推动了广西与东盟的电子商务合作发展，带动了广西 1000 多家中小企业开展跨境电商贸易，广西面向东盟的跨境电商正在蓬勃发展。统计显示，2018 年广西跨境电子商务进出口额达 570 亿元，比上年增长了 5.3 个百分点，占广西进出口额的比重为 13.9%。2019 年 1—6 月广西跨境电商交易额 322 亿元，同比增长 29.6%。广西主要通过跨境电子商务向东盟出口附加值相对较高的工业产品；东盟主要向中国出口特色日常消费品、蔬菜水果、保健品和美妆产品等[3]。

广西跨境电商主要面向的是东盟地区，而东盟国家的电子商务发展是相对缓慢的，同时东盟各国人口红利高，网民数量保持较快增长、互联网覆盖面大，人均上网时间长，这说明东盟电商市场具有巨大潜力。2019 年，东南亚的互联网经济达到了 1000 多亿美元，比去年同期的 720 亿美元增长 39%。马来西亚，菲律宾，新加坡和泰国的互联网经济更是以每年 20%—30% 的速度高速增长，印度尼西亚和越南的增长率更是达到 40%。近年来广西跨境电商已经取得了不俗的成绩。谷歌和淡马锡预计，到 2025 年，东南亚地区的电商市场将达到 1020 亿美元。可以预料，随着广西与东盟国家互联网技术的发展，广西面向东盟的跨境电商行业将迎来快速发展的高潮时期。

跨境电子商务的发展将推动广西批发和零售业在中国—东盟贸易中取得更大的突破。2016 年阿里巴巴宣布收购东南亚最大的电商平台 Lazada，这也是广西批发和零售业借助跨境电商平台扩大贸易的一大机遇。

二、广西批发和零售业参与中国—东盟国际产能合作存在的问题

(一) 批发和零售业总体规模偏小，国别差距大

从近 5 年广西同东盟各国的货物进出口贸易看，广西同东盟各国的贸易总额较我国先进省份还有较大差距，特别是在 2016 年广西同东盟各国货物进出口贸易呈现跌落势态，货物出口额跌幅高达 17.8 个百分点。同时，广西批发和零售业进口、出口贸易发展有所失衡，货物贸易出口额与进口的差距明显拉大，贸易顺差最高是 2014 年高达 140 多亿美元。广西向东盟国家出口的大都是低值简易通关商品、服装和短纤、机电产品等产品，虽然相对东盟国家进口而言附加价值较高，但是总体而言技术含量较低，价值量较低，这也是贸易总额偏低的重要原因。在广西面向东盟的贸易国别上，广西与临边的越南批发和零售贸易较为频繁，越南近几年一直居于首位，贸易额占同东盟总贸易的 90% 以上，而与其他东盟成员国货物贸易比较冷淡。

(二) 批发和零售业发展后劲不足，支持体系有待完善

企业的发展不仅需要硬件方面的支持，也需要政府部门出台相关政策、制度等软件方面的支持。在政策方面，政府的相关鼓励性政策较少，企业对距离较远的东盟国家进行对外贸易的积极性较低；东盟国家大都经济基础落后，出口商品以初级品为主，从贸易数据看，广西同东盟贸易中边境小额贸易占较大比重，随着有些贸易国家实行贸易保护措施，很大程度限制了广西的出口规模。在基础设施方面，随着广西与东盟贸易的推进，基础设施落后的地区批发和零售贸易发展十分缓慢，近十年，广西与临边国家越南的贸易额最高，与老挝、缅甸等基础设施发展落后，交通不便的国家贸易额明显偏低，同时广西与越南的贸易基本靠公路运输，基础设施的滞后导致广西大多数对外贸易以边境小额贸易为主。在企业自身方面，对外贸易企业缺乏竞争力，大多数企业缺少国际化经营战略[4]，广西对外批发和零售的企业

多为中小型企业，大多数零售企业不注重商品的推广，没有海外经营的意识；同时产业配套设施不完善，物流成本较高，广西面向东盟的跨境电商与物流协同性不高，不利于广西跨境电商的发展，阻碍了广西企业开拓东盟市场的步伐[5]。

（三）投资风险不可控

由于东盟国家除新加坡和文莱外，都属于发展中国家，加上东南亚地区常年政治动乱，经济发展落后和政策连续性较差，国家本身的制度建设较差，甚至很多国家的法律带有宗教色彩。广西对外批发和零售的企业多为中小型企业，以边境小额贸易为主，预防和规避风险的能力较差，企业的经营规模和利润有限，这就使广西企业参与投资的积极性不高，投资金额有限。同时广西对东盟各国政治法律制度、消费习惯、风俗习惯了解不够，这给广西批发和零售企业的海外投资带来了很大的风险，从而阻碍了广西批发和零售企业国际化经营效率的提高和国际化的进程。

（四）国际化贸易知识和经验不足

东盟是一个区域性跨国联盟，在政治经济和外交上的融合程度较低，并且东盟各国在风俗习惯，宗教信仰和文化等方面差异巨大。东盟各国民族众多，语言种类多样，包括马来语、泰语、越南语等，没有形成一种统一的交流语言；同时不同的语言逻辑思维和表达习惯也不同，例如，缅甸人往往喜欢用“yes”来代表我明白了的意思，而不是代表我同意。因此，这种跨语言差异成为广西批发和零售业走向东盟的拦路虎，直接影响到买卖双方的谈判和合同的签订，阻碍广西企业扩大东盟的批发和零售市场。

由于东盟国家众多，语言文化差异造成消费观念差异大，思维方式迥异[6]，例如，缅甸人奉“牛”为神，他们认为牛神圣而不可侵犯，因此缅甸人不吃牛肉制品；在信仰伊斯兰教的地区，忌酒、忌猪肉等。广西的批发和零售业国际化之路正处于发展阶段，与东盟各国的贸易量偏小，国际化贸易知识与经验不足，有时候在沟通中很难把握对方的想法，给达成交易带来一定障碍。

（五）缺少专业型人才

由于东盟涉及10个国家，文化和消费理念各种各样，目前缺乏专业的贸易和谈判方面的人才，缺乏对东南亚经济文化有深入研究的专家团队，同时广西批发和零售企业大都是中小型企业，对专业人才的投资不足，缺乏销售管理人才，缺少贸易谈判、市场分析、产业规划等方面的人才，对国内和东盟的人才引进、激励体制不健全，也未能建立起使用人才的良好氛围，这导致广西的企业缺乏专业技术人才，零售和批发贸易队伍的整体素质较低。具备专业国际贸易知识，特别是国际销售经验的人才是广西批发和零售业走向东盟市场，实现跨国经营的重要保障，然而广西贸易企业在经营管理、理念方面与国际上先进的跨国零售公司仍有较大差距，限制了广西批发和零售企业“走出去”的步伐。

三、推进广西批发和零售业参与中国—东盟国际产能合作的对策建议

（一）优化产业结构

广西向东盟国家出口的大都是低值简易通关商品、服装等产品，虽然相对从东盟进口而言附加价值较高，但是总体而言技术含量较低，价值量较低。优化产业和产品结构是扩大对外贸易规模的必要手段，因此，广西批发和零售企业要注重利用比较优势不断优化广西批发和零售业“走出去”的产品结构。一方面，提高生产技术水平，实现产业结构升级，加快广西同东盟贸易出口由资源型产品和初级产品向资本密集型和技术密集型产品的转变，升级贸易结构。广西的比较优势产品，如汽车、机械设备、家用电器、工程机械、电子信息等，在东盟国家具有一定的基础，应将该类产品继续做实做优。继续开发新的批发和零售产品，不断增强广西批发和零售业的可持续发展能力。避开与印度尼西亚、菲律宾、泰国等国家在棉纺、服装等产业的出口竞争。另一方面，利用广西同东盟各国的互补优势，探索新型国际贸易方式，扩大从东盟进口各种原材料、初级产品的规模，加大向东盟出口附加值较高的技术产品，实现贸易平衡化发展。

（二）加快提高批发和零售企业的国际化水平

在批发和零售企业自身方面，企业要提高生产技术，转变生产模式，根据市场特点制定符合自身发展的国际化战略，提高品牌意识，建立特色的零售企业品牌文化[7]，建立质量效益导向型外贸体系，加快向技术要素型企业转变，利用好别国廉价丰富的劳动力资源和企业自身的产品质量优势更好地扩展东盟市场，同时，学习国际上成熟零售企业的管理和销售经验，发现并改进自身不足，以达到尽快增强国际竞争力的目的。在基础设施方面，便利的交通是进行贸易的必要条件。政府要加强基础设施建设，加快北部湾经济区建设，实现公路、铁路、水路互联互通，为广西同沿边地区跨国贸易解除交通阻碍，与交通设施落后国家的共同完善物流体系，

为中小企业的出口降低运输成本。在跨境电商方面，政府要制定相应政策鼓励企业积极参与跨境电商贸易，2016 年阿里巴巴宣布收购东南亚最大的电商平台 Lazada，这也是广西批发和零售业借助跨境电商平台扩大贸易的一大机遇。批发和零售企业要利用好此类跨境电商平台。政府要扶持培育龙头企业推进广西批发和零售业参与中国—东盟国际产能合作，选育一批有实力、有经验的龙头企业带动广西同东盟贸易的发展，并快速做大规模。

（三）完善政策体系，加大扶持力度

对于广西批发和零售业而言，国家及广西层面均出台了相关政策和文件。虽然有了宏观性政策，但是缺乏具体的配套政策，现有的关于批发和零售业相关政策在实际工作中难以服务众多企业的对外发展。因此，我国零售企业要想成功走向国际化，不仅需要自己同国际接轨，而且需要政府的鼓励和支持。针对广西批发和零售业更好地参与中国—东盟自由贸易，政府要制定出台一揽子扶持政策[8]。健全和完善批发和零售业保护和支持体系，改革和完善宏观管理体制和政策环境，例如，确保原产地产品在进出口贸易中得到税、通关等方面的政策优惠[9]，出台政策给受冲击较大的地区产品和企业以财政补贴。又如，政府联合双方建立广西—东盟批发和零售业合作委员会，共同磋商和推进合作区贸易的具体工作，协商和调解贸易中的冲突，给予有条件的批发和零售企业的跨国投资和经营最大的政策支持力度。同时政府要给予企业以外交的支持。

（四）制定国别投资优选顺序，广西批发和零售业“三步走”战略

制定广西批发和零售业“走向”东盟国家的国别投资优先顺序，第一顺序投资国家为新加坡、马来西亚、泰国、印度尼西亚、老挝，第二顺序投资国家为越南、缅甸、文莱、柬埔寨，第三顺序投资国家为文莱和菲律宾。实行广西批发和零售业参与中国—东盟国际产能合作“三步走”战略。第一步，2017—2020 年，做好广西批发和零售业在东盟国家的布局工作，争取在东盟各国分别设立 1 家企业以上。第二步，2021—2025 年，实现广西批发和零售业覆盖东盟国家主体城市。第三步，2016—2030 年，继续扩大广西批发和零售业在东盟国家的投资力度，实现广西批发和零售业在东盟国家的全覆盖，经济效益翻 2 倍以上。

（五）加大批发和零售业专业性、国际化销售人才的培养

我国零售企业要想尽快实现向国际化经营的成功迈进，就必须引进一些熟悉国

际零售业市场和发展趋势的高级专门人才，同时在经营管理手段、技术和理念上逐步同国际接轨。一方面，广西企业要在人才培养和扶持方面下功夫，企业内部要注重对员工的培养，培养他们的国际化战略思想，丰富他们的国际贸易知识，推进批发和零售行业与人才教育培养相结合，如建立北部湾人才基地，与知名高校开展专业培训。另一方面，在积极培养国际性人才的同时，人才培养与发挥地方人才优势相结合。企业需要利用好地方人才的优势，建立健全人才引进机制，如高薪招聘东盟当地专业的熟悉国际零售业市场的人才，用优惠补贴政策吸引当地人才，并在当地建立科研院所，在培养专业翻译人才的同时，加强东盟地区消费文化研究，逐渐形成一支在金融、法律、消费理念，文化等方面有深入研究的专家队伍，利用专业团队对东盟各国消费市场进行预测和产业布局。同时，网络宽带已成为东盟国家一个重要的经济增长点，批发业应抓住电商这一发展机遇。

参考文献

[1] 黄承凤，吕海莲，欧阳华．广西与东盟货物贸易发展问题研究［J］．西部金融，2017（06）：26－30.

[2] 尹冬云．我国零售业企业的国际市场选择［J］．环渤海经济瞭望，2014（08）：50－52.

[3] 张建中，钟雪．中国—东盟跨境电子商务与贸易增长的互动关系研究［J］．改革与战略，2019，35（12）：115－124.

[4] 杨帆，徐思．我国零售企业的国际化浅析——以东盟为例［J］．中国商贸，2011（14）：6－7.

[5] 陈秋如．广西面向东盟的跨境电商与物流协同发展的思考［J］．现代商贸工业，2020，41（21）：16－17.

[6] 罗梅．跨文化视域下的广西—东盟跨境电子商务发展研究［J］．商场现代化，2020（06）：36－38.

[7] 刘爱英．广西与东盟经贸合作的现状分析与思考［J］．广西师范学院学报（哲学社会科学版），2013，34（01）：134－138.

[8] 刘娟．对东盟五国零售业开放的探讨［D］．厦门大学，2009.

[9] 董常亮，陈丽金．东盟经济贸易区启动后广西零售业提升竞争能力研究［J］．中国管理信息化，2009，12（13）：78－81.

[10] 广西壮族自治区统计局．广西统计年鉴2016［M］．北京：中国统计出版

社，2016.

［11］广西壮族自治区统计局．广西统计年鉴2017［M］．北京：中国统计出版社，2017.

［12］广西壮族自治区统计局．广西统计年鉴2018［M］．北京：中国统计出版社，2018.

［13］广西壮族自治区统计局．广西统计年鉴2019［M］．北京：中国统计出版社，2019.

专题八

广西电力、热力、燃气及水生产和供应业参与中国—东盟国际产能合作研究

随着“一带一路”的推进，东盟地区作为“一带一路”经济带的重点领域，与中国的贸易往来和投资合作正在不断升温。伴随着全球经济的发展和产业链的新一轮转移，东盟地区显示出强烈的能源发展需求。而广西作为中国与东盟各国交流的门户，是全国唯一与东盟国家海陆相连的省份。广西电力、热力、燃气企业参与东盟国家产能合作具有得天独厚的区位、人文、政策等优势。笔者在分析广西电力、热力、燃气参与东盟国家产能合作的现状的基础上，提出问题并给出相关对策建议。

一、广西与东盟国家电力、热力、燃气及水生产和供应合作现状

在电力合作方面，广西利用自身的资源、技术以及区位和政策优势和东盟国家在电力领域进行了一系列多层次的合作，包括电力供应、电力规划、电厂建设、资源开发等方面。其中，南方电网公司下属的广西电网公司作为最早一批走进东盟国家电力合作的企业，目前已经与多个东盟国家开展电力贸易合作，并在销售、贸易领域取得了阶段性的成果，如柬埔寨330万千瓦松博水电站项目26万千瓦的柴阿润水电站等大型工程的设计工作。广西电力工程建设公司中标承建了越南海防发电厂，包括2台30万千瓦机组工程，合同金额高达5.82亿元，是中越电力贸易合作历史上单笔金额最大的项目。广西水利电力建设集团公司积极参与东盟国家的水电项目勘察设计、工程建设。在与越南的合作上，广西水利电力建设集团公司已经与越南电网进行联网，并积极扩大合作规模。华能广西分公司正大力推动低碳清洁可再生能源项目的进展以及传统能源清洁高效利用并积极参与印度尼西亚、越南的电力生产，合作开发风电、光电、水电等环保清洁发电方式。南方电网公司通过合作

共同建设跨区域的电网公司，形成大湄公河次区域电网，让大湄公河次区域柬埔寨、越南、老挝、缅甸、泰国和我国云南省的资源在同一个电网平台上达到最优配置，保障了区域内6个国家和地区电力供应的稳定性，极大地推动了区域内经济的协同发展。

在燃气、热力合作方面。2006年底，在广西北部湾经济区钦州启动的油气项目不仅能满足我国西南地区的油气供应，同时可以大量出口东盟国家，促进双方的油气合作。在勘探开发方面，滇黔桂石油勘探局是广西最早一批参与国际产能合作的企业，按照中国石油化工集团公司的战略部署，积极实施“走出去”战略，不断加快海外市场开拓和建设步伐，取得了显著成绩：中国第一批参与越南石油天然气勘探开发的施工单位。2005年滇黔桂石油勘探局参与进行“越南河内盆地钻井项目”，主要为越南提供技术指导以及设备支持，并成功钻探出日产3万—4万立方米的石油天然气田；第一家参与缅甸油气勘探开发的中国企业，取得了D区块的油气勘探开发权。公司凭借自身的技术优势和良好的服务在越南、印度尼西亚、缅甸、泰国等东盟国家的钻井、固井以及油气销售市场上有着一席之地，同时积极参与运作海外LNG（液化天然气）进口项目。2005年底，中国海洋石油总公司和越南石油总公司在河内签署了关于广西北部湾油气合作框架协议，并积极探讨联合对越南油田的开发以及南海地区合作开发等，欢迎对方公司到本国海域投标联合勘探、合作开发海洋油气资源。

二、广西与东盟国家电力、热力、燃气以及水生产和供应合作机遇分析

（一）广西企业技术逐渐成熟

在电力方面，经过“十二五”和“十三五”年两个五年计划的建设，广西的电力产业得到了全方位多层次的发展，目前已经成为我国电力技术最成熟，发电规模最大的省份之一。在技术方面，广西电网在500千伏远距离输配电技术方面居于全国领先地位，为西电东送提供大量的技术支持。广西电网公司研发的无线供电技术达到国际领先水平；大唐广西分公司首次实现最大规模跨流域多能源大数据智慧集控，在世界范围内首屈一指；广西电力企业在中国电力科技奖、中国电力创新奖等行业大奖中多次荣获科技创新成果大奖。

在燃气、热力方面，广西的燃气企业正在加速发展燃气智慧网管建设向信息化、数字化、自动化、智能化方向发展。在满足燃气管道建设安全性以及经济性的

同时提高燃气网络建设的开发性、适用性、先进性以及可扩展性。并预计达到以下目标：第一，建立空间化、数字化、网络化、智能化和可视化的信息技术系统；第二，建立城市燃气管网静态基础数据和动态生产数据的采集、传送、管理服务中心，公共数据交换服务平台；第三，建设城市燃气管网的专家智能分析及预警系统、管网优化系统；第四，建立城市燃气管网数据信息综合安全防护监测系统（包括燃气泄漏预警、日常巡检、管道检测、事故紧急维抢修等）。

（二）广西与东盟能源互补性强

在电力方面，据统计，目前“一带一路”沿线国家人均装机量和人均用电量分别为0.3千瓦和1600千瓦时/年，远低于世界平均水平，发展潜力巨大。国际能源署预计未来20—30年内“一带一路”沿线国家电力需求年均增长4%以上，良好稳定的电力供应对于东盟国家未来的发展有重要的战略性意义。同样，新能源以及清洁能源发电技术是现在的迫切需求，也是未来的必然要求，这是发达国家实施“再工业化”战略的关键突破口，是新兴市场国家解决能源隐患、改善环境的重要举措。东盟国家如越南，老挝等境内湄公河流经，水能资源丰富。而广西同样河流众多，有着丰富的水力资源，地表河流总长度达到了3.4万千米，年均径流量达到1880亿立方米，经过“十二五”和“十三五”两个五年计划，水电技术以及清洁发电技术得到全方位提高。以南方电网公司广西分公司为例。2017年，仅仅南方电网广西公司全年就消纳水电473.8亿千瓦时，同时还有风电项目13个，容量92.21万千瓦，集中式光伏电站15个，容量67.5万千瓦；分布式光伏发电项目1197个，容量为2.52万千瓦时，有效地推动了可再生能源高质量发展。在未来5—10年，广西新能源电力企业要想寻求新的机遇、进一步发展壮大，必须借助“一带一路”的东风，积极与东盟国家进行能源合作，才能实现真正“走出去”。

在燃气、热力方面，地处东南亚的东盟国家油气资源储量较为丰富，但东盟10个国家的能源分布不均衡，油气的加工水平参差不齐。印度尼西亚、马来西亚、文莱是东南亚三大原油和天然气生产国，油气行业均为支柱型产业。越南同样能源较为丰富，但其油气行业的发展在很大程度上受到油气冶炼技术的制约。而东盟其他几个国家能源比较缺乏。东盟各国的支柱能源是石油和天然气，能源品种单一，且能源的后备资源不足，可采年数有限，天然气产量有下降的趋势。而在核裂变、太阳能、地热、生物能、沼气和气体燃料、潮汐和风能发电等各种新能源的开发利用领域尚属空白，起步较晚。一方面广西能够利用自己的能源储量优势，充分开发北部湾海底丰富的油气资源，进行油气资源出口贸易；一方面，利用自身的清洁能源技术优势，参与东盟国家清洁能源的合作开发。

（三）国家政策支持，“一带一路”能源合作前景良好

自2013年我国提出“一带一路”倡议以来，我国已经与25个“一带一路”沿线国家建立了能源合作伙伴关系，其中包括越南、老挝等多个东盟国家。2017年5月12日，国家发改委与能源局共同制定并发布《推动“一带一路”能源合作愿景与行动》。同时有关部门还推动第二届“一带一路”国际合作高峰论坛，发布《“一带一路”能源合作伙伴关系合作原则与务实行动》，这些都将为广西电力企业“借势出海”提供更加坚实的依靠和更加广阔的空间。在与东盟国际合作方面中国与东盟签订了《中国—东盟产能合作联合声明》《中国—东盟清洁能源能力建设计划》等国际层面的合作协议。广西壮族自治区政府同样出台了《广西能源发展“十三五”规划》《推动广西“走出去”高质量发展三年行动计划（2019—2021年）》等政策，这些都为广西企业“走出去”奠定了坚实的政策基础。

（四）南海焦点问题得到一定程度的缓解

南海问题作为历史遗留问题，同时掺杂着域外大国的干涉，存在复杂性和波动性。在《南海各方行为宣言》签署之前，中国与东盟国家在南海油气开发方面存在较大的争议。在《南海各方行动宣言》签订之后，中国和菲律宾首先开始油气勘探开采合作，随后越南也加入勘探合作。2003年，中国海洋石油集团与菲律宾国家石油公司签订了油气合作意向协议。根据协议，双方组建联合工作委员会，主要任务是对南海目标油气区域进行开发筛选。同时，双方还会联合审查和评估，对被勘探区块的地质、物探等技术数据进行共享，共同确定目标区域油气开发前景以及开采计划方案。2004年9月，中国海洋石油集团与菲律宾国家石油公司正式签订了在南海特定区域共同实施海洋地震研究的协议，一致同意在南中国海的特定区域开展联合勘探调查。尽管在实施进程中由于菲律宾国内反对派以及西方大国的干涉，共同开发计划遭到搁浅。但在2018年中菲双方正式签署《关于油气开发合作的谅解备忘录》，为中越两国共同开发奠定了法律基础，将合作开发重新推上日程，为南海油气的共同合作开发树立了良好的典范。

（五）人文优势明显

广西作为我国西南地区的门户，一直以来都与东盟各国保持着高频且持久的文化交流活动，如以南宁国际民歌艺术节为平台，与东盟各国进行民间文化交流活

动，促进彼此之间的文化了解。每年举办的中国—东盟博览会更增进了广西和东盟的贸易。同时，广西作为边境地区的少数民族地区，本身就存在许多跨境而居的少数民族，文化有相似之处，语言习惯相近，容易产生天然的文化亲和感，人文条件优越。

（六）良好的区位优势

广西与越南接壤，面向东南亚，有较长的海岸线，出海便捷，不仅是西南地区的门户，也是“一带一路”与东盟国家有机衔接的重要门户。广西是我国唯一与东盟陆海相连的省区，处于西南经济圈、华南经济圈和东盟经济圈的结合部，连接中国市场和东盟市场。同样，近年来广西公路、铁路、航空、水路以及和其他基础设施建设相配套的出海大通道框架已经基本建设完成。航运方面，拥有三大港口，即防城港、钦州港、北海港，年均总吞吐量可达 7565 万吨。航空方面，拥有南宁、柳州、梧州、桂林、北海五大航空港。公路方面，高速公路总里程达 5259 千米，更是拥有两条直接进入越南的公路等。这些都为广西企业“走向”东盟奠定了良好的基础。

三、广西与东盟国家电力、燃气、热力以及水生产和供应业合作问题分析

（一）资产规模有限

在电力方面，从 2019 年广西发布的百强企业信息可以发现，仅有 5 家电力企业上榜，广西电网公司、中国大唐广西分公司、桂林国际电线电缆集团、国投钦州发电公司、华润电力（贺州）公司。而资产规模和营业收入超过百亿的电力企业更是仅有 1 家。而面向东盟国家的电力投资，往往具有建设周期长，风险不确定，初始资金投资大等挑战，广西电力企业在资产规模以及抵御风险能力有限的情况下，在东盟国家的电力投资将受到很大的制约和挑战。在燃气和热力方面，广西参与东盟燃气合作的企业相较于国际七大石油公司如海湾石油公司、英荷壳牌石油公司等，规模以及品牌知名度都落于下风。广西企业目前的品牌竞争力不足。在参与国外项目竞标时，尽管在施工质量以及技术成熟度上不落下风，但由于品牌知名度不够，成功竞得项目的难度较大。

（二）国际化起步较晚，跨国经营能力较差

广西企业成规模地“走出去”参与国际产能合作进度较晚。2011 年，广西壮

族自治区政府发布《关于加快实施“走出去”战略的意见》，广西企业“走出去”参与国际产能合作才被政府划分归类为重点任务领域。由于起步较晚，广西电力、热力及燃气企业在“走出去”的战略、人才、项目运营管理及融资方式等方面的国际化能力与国际先进水平相比存在较大差距。在企业之间的合作协同上，广西电力和燃气企业也尚未形成整体的投资集团。各个电力、燃气企业更习惯于单打独斗，鲜见联合竞标共同合作建设的案例。政企协同方面，广西壮族自治区政府在国外设立驻外商务代表处的覆盖面比较有限。校企协同方面，广西电力类高校与电力及燃气企业合作不足，助力企业“走出去”动力不足。

（三）国际化专业人才匮乏

2019 年广西人才网公布的数据显示，广西人才缺口高达 11.94 万人，超过五成的行业存在人才供应缺口，除了房地产产业逆势增长，其余行业大多缺乏相应专业人才。由于环境效应的影响，人才氛围的缺乏，广西很难留住高精端人才。广西国有电力企业不公平的、竞争性不强的企业管理机制，薪酬体系与激励机制的不完善，电力行业前景的不景气导致青年人才的认同感不够，企业出现严重的人才显性流失。而燃气专业人才更多需要依靠人才引进计划以及政府的人才政策才得以保证数量。而面对企业“走出去”，面对国际风险挑战，面对东盟复杂的社会情况、区域环境与波动的政治环境，需要更多的拥有国际化管理经验的人才帮助解决企业“走出去”所面临的如何培养海外高层管理者与当地员工信任度，如何进行本地化公司运营、销售、财务、人力资源管理，如何恰当地与国外相关机构高效开展合作等问题时，广西的相关专业人才储备更显匮乏。

（四）投资东盟国家风险较大

尽管东盟多国与中国互相签订合作协议，但东盟是世界上最具备多样性特征的地区组织之一，各个国家政治制度、民族成分、文化、宗教信仰以及社会经济发展程度都存在较大的差异。新加坡、文莱等东盟国家社会经济发展水平较高，基础设施以及产业发展相对完善，人均收入较高，而缅甸、老挝、柬埔寨和越南等国家的经济发展水平较低，人均收入较低，存在大量的贫困人口以及收入两极分化的情况。当今国际形势动荡，经济全球化进程遇阻，地缘政治、军事冲突、恐怖主义以及社会文化差异对世界经济发展的影响越来越大。考虑到东盟各国政治环境整体较不稳定，受域外大国影响较大，国内对于外商投资支持服务体系存在较多缺陷，多数广西企业目前仍处于“观望状态”。

四、推动广西与东盟国家电力、热力、燃气以及水生产和供应业合作的对策建议

（一）充分利用区域贸易协定和各级政府的政策优惠

在国际方面，中国政府的努力给广西企业对外投资创造了极大的便利。中国—东盟自由贸易区建设进程中各方之间开展的次区域经济合作如大湄公河流域开发、“两廊一圈”的建设以及泛北部湾次区域合作等都给各方带来多样的合作机会，相关国家对此提供的政策给广西与东盟在能源产业对接上创造了政策条件。在国内，广西跨国投资企业既要用好《推动“一带一路”能源合作愿景与行动》《“一带一路”能源合作伙伴关系合作原则与务实行动》《中国—东盟产能合作联合声明》《中国—东盟清洁能源能力建设计划》《电力发展“十三五”规划》等国家层面的方针政策，也要用好《广西能源发展“十三五”规划》《推动广西“走出去”高质量发展三年行动计划（2019—2021 年）》等自治区层面的方针政策；紧紧把握政策方向，抓住中国—东盟自由贸易区区域合作的发展机会，加快电力、燃气、热力企业走出去的步伐，争取合作项目，扩大合作规模。

（二）借鉴“走出去”企业成功与失败的经验教训

在电力合作方面，广西电力企业国际化起步较晚，“走出去”参与国际产能合作经验不足，广西电力企业可以汲取区内外企业走出去的成功案例以及失败的教训。例如，海尔、柳州欧维姆以及桂林国际电缆集团等企业成功“走出去”的案例，松香集团“走出去”投资越南河静林化生产联营公司失败的经验教训。既要借鉴区外企业先进的管理理念和优秀的投资眼光，也要注重借鉴区内企业因地制宜，结合广西的相关政策以及独特的地理位置，在“走出去”的道路上少走弯路，同时积极寻求中国电力企业联合会、广西电力协会等组织的帮助，完善企业战略，增强企业国际经营能力，提高风险防控和风险抵御能力。

（三）加强区域基础设施建设

交通等基础设施是次区域能源开发的先导产业和支撑条件。广西应积极参与东盟各国交通基础设施投资建设，为能源合作奠定良好的基础，发挥广西良好的区位优势。近年来，中国企业在参与东盟各国基础设施建设方面取得了十足的进展，如

中国企业赢得印度尼西亚雅万高速铁路项目，极大地促进了爪哇岛人口和物流的快速流动，加强了与爪哇岛几大城市的经贸联系，同样也为日后的能源合作奠定了基础；在老挝建设的曼昆高速公路，公路全长1880千米，与昆明公路实现全线连接，经过中国、老挝和泰国三个国家，促进三个国家间的互联互通；在越南直接承建的海阳燃煤电厂是中国投资“一带一路”建设的重点工程之一，为越南电力基础建设方面提供了很大帮助。广西与东盟国家互联互通基础设施建设依旧不够完善，航班数量不足，公路线路少等问题依旧是制约广西企业参与东盟产能合作的障碍。燃气能源运输方式主要包括，水路、管道、铁路以及公路运输，很多时候是采用运输渠道相结合的联运方式运输。对石油而言，则主要依靠管道和水路。广西作为交流窗口，应加强关系区域的交通基础设施投资建设，完善铁路、公路、民航、管道、海运和通讯等多种运输方式组成的综合运输通道，以广西各大港口城市为支点，大规模扩展次区域的运营能力，减轻和消除能源运输瓶颈，统筹安排物流建设，促进国际能源运输合作，更好地发挥广西合作平台和国际通道的作用，加速推进与东盟国家电力、燃气、热力等行业的产能合作。

（四）完善投资策略，有效分担风险

借助亚投行、国有四大银行等金融机构对涉外电力项目的投资、贷款、担保等，分散风险，有效弥补了广西电力、热力及燃气企业资产规模有限、抗国际风险能力较弱的问题。企业可以优先考虑选择由国家出资成立，支持保护本土企业对外开展投资活动的中国出口信用公司，该公司业务面较广，能满足企业的较多需求，更是唯一一家政策性的出口信用保险业务机构，其公信力和稳定性也值得企业信赖。

（五）发挥后发优势，汲取先进成果

积极吸取世界先进电力成果如特高压输电，智慧电网，大电网控制等，积极发展新能源发电，推进清洁能源技术，果断进行技术更新与变革，紧跟世界能源行业发展新趋势。借力开放政策的优势，拓宽电力、燃气以及热力改革的深度和宽度，促进能源国际合作，加快大数据、AI、物联网、5G以及区块链技术在能源领域的融合应用。

（六）加强对高层次人才的培养

一方面，加强与国内高校的合作，从源头上培养高素质高能力人才。比如，加

强广西大学、桂林电子科技学院等高校与国内名校如清华大学、华北电力大学、中国石油大学等专业水平高的院校的合作，提高广西高校专业教育水平，为广西电力及燃气企业“走出去”储备人才资源。另一方面，加强企业员工的职业和道德素养培育。在企业自身做好员工培养的同时加强企业与高校之间的合作，加强员工职业素质与道德培训，从员工培养做起，树立广西电力企业的好口碑、好形象。

（七）推行国际化资源战略

广西企业的跨国投资可凭借其自身所拥有的技术优势，加强在具有良好开发潜力、低成本、前景好的油气新区域和深海区域的勘探开发。据估计，深海蕴藏着未开发油气资源的90%，深海区域是人类未来油气开发的重点领域。东盟多国如越南、文莱、印度尼西亚有较丰富的油气资源蕴藏，在深海油气资源方面同样存在巨大潜力，但是目前深海勘探、开发和提炼技术欠缺，广西跨国公司可凭借技术优势，联合开发，共获收益。同时要做好国际战略部署，有效分配公司资源，最大程度上发挥公司优势。另外，要学会有效利用现有交流平台作用，如中国—东盟电力合作与发展论坛、澜湄国家电力企业高峰会及中国—东盟博览会、中国—东盟商务与投资峰会、中国—东盟信息港等平台，帮助企业更全面更细致地了解东盟国家税务、政策、法律等各方面情况，更好地推动国际化战略的实行。

（八）政府间加强合作，增强政治互信

能源安全问题在21世纪越来越突出，一个国家或者地区很难独善其身，自助式的实现自身的能源安全。在经济全球化以及国际交流合作愈加频繁的大背景下，通过对利益相关体的构建，共建合作机制，维护共同利益，降低风险，参照灵活多样的国际案例经验去解决能源安全问题。合作机制的建立需要政府通过谈判协商建立相应的国际机制去解决有可能涉及的利益分配问题，在坚持平等互利原则基础上，着眼于大局和长远利益，互信互让，化解矛盾，搁置争议，谋求各国的共同发展。政府开展的能源外交能巩固和发展与一些能源国家的关系，有效地解决能源安全问题。

参考文献

［1］刘逸，覃忠将．基于SWOT分析的广西电力企业“走出去”形势与对策［J］．广西电业，2019（10）：25－29.

[2] 刘逸．新时期我国电力企业“走出去”的几点思考［J］．广西电业，2019（09）：48－50.

[3] 佚名．东盟市场“清洁发展”机遇凸显 中国企业加紧布局［J］．能源研究与利用，2016（06）：4－5.

[4] 刘建文，廖欣．中国—东盟能源合作及区域性能源安全体系的构建［J］．学术论坛，2016，39（11）：52－57＋98.

[5] 谭永平．增强广西电力企业参与“一带一路”建设能力的思考［J］．广西电业，2018（07）：25－27.

[6] 谢廷远，梁金禄，方丽萍，石海信，李玉星，朱志平．广西城市燃气智慧管网技术研究［J］．广东化工，2017，44（09）：148－149＋151.

专题九

广西卫生和社会工作业参与中国—东盟国际产能合作研究

构建中国—东盟卫生交流合作机制，通过开展项目合作、医疗援助、联防联控等方式深化与“一带一路”沿线国家的交流合作是我国一项重要战略决策[1]。自2003年以来，中国与东盟各国间有关卫生与社会工作方面的合作一直保持着持续化发展的良好态势，尤其体现在卫生合作领域，各项交流都逐渐向机制化转变。在我国医疗卫生领域，尤其在传染病防控、中医等领域，东盟很多国家都是我国的重要合作伙伴，通过加强我国与东盟国家之间的医疗合作，能够更好地维护东南亚地区的医疗卫生安全，促进东南亚区域更好地提升医疗卫生水平。广西属于我国所有省区中唯一直接连接东盟国家的省区，属于我国推进实施“一带一路”国家战略在东盟成员国沟通交流方面的枢纽[2]。广西拥有特殊的区位条件，可以充分发挥其在地理区位上的优势，做好与东盟国家之间的医疗卫生合作。现对该合作领域产生的问题进行阐述，并提出相应的对策。

一、广西与东盟国家卫生和社会工作业合作现状

目前，中国与东盟的卫生合作主要集中在以下几个方面：传染病防控、传统医药、口腔医学及首届中国—东盟卫生合作论坛的成果。在此框架下，几乎处处都有广西与东盟国家合作的身影。

（一）“一院三中心”——四个重大项目

1. “一院”——广西国际壮医医院

2016年，在南宁建立广西国际壮医医院（由广西中医药大学附属国际壮医医院和广西壮族自治区民族医药研究院组成），投入资金达12亿元，建设占地300.10

亩，建筑总面积1875万平方米，设有病床1000张，是一所集医疗、教学、科研、康复、保健、壮医药成教培训、特色制剂、民族医药文化传承和国际交流于一体的三级民族医医院，通过发挥民族医药优势，推动广西与东盟国家在传统医药领域的合作。

2. “三中心”

（1）中国—东盟传统医药交流合作中心。2013年，以广西药用植物园为基础，构建我国与东盟成员国之间在传统医药方面的沟通合作中心，把中心打造为我国与东盟成员国之间医疗领域产业合作的枢纽，推动我国与东盟国家在传统医药方面的沟通交流，尤其是在传统药物的保护、开发和利用方面能不断推动广西与东盟国家的合作交流。

（2）中国—东盟医疗保健合作中心。2018年，以广西医科大学一附院为基础，创建了我国与东盟国家之间的医疗合作中心与中国—东盟远程医疗系统，有利于广西医疗保健水平向高层次、高质量方向进一步发展，同时在医疗保健、教学科研等领域加强与东盟各国的交流与合作。

（3）广西海上紧急医学救援中心。2019年底投入建设，以北海市人民医院为基础，建立了广西海上紧急医学救援中心（北海），致力于通过与东盟国家开展海事紧急救助项目的合作，提升我国与东盟国家在医疗合作上的应急处理能力和服务水平，预计在2021年底前完工。广西海上紧急医学救援中心（北海）建成后，广西在突发公共事件上的紧急医学救援体系将得到进一步的完善，广西沿海区域的医疗能力将稳步提升。

（二）边境传染病的联防联控

根据国家卫计委的规划，通过申请财政拨款，广西与越南在边境地区开展传染病联防联控合作。在国际艾滋病防治会议上，中越边境地区艾滋病联防联控项目被推介为湄公河区域艾滋病防治合作的典型案例，同时，在中国—东盟合作十年专题片内容中，艾滋病项目也作为中国—东盟卫生合作的典型经验被列入其中，这也是中国在公共卫生安全方面综合实力的体现。

广西在参与实施上述项目的过程中，边境地区重大传染病的跨境联防、联控工作的总体目标有效实现，有效地阻止了相关疾病的跨境传播。

（三）人才培养和技术合作

1. 人才培养

广西与东盟在公共卫生领域合作中，人才培养上的合作主要体现在留学生教育方面。“十二五”期间，有1180名外国留学生在广西医科大学学习，其中有660名留学生来自东盟国家；广西中医药大学培养了境外来我国学习中医的留学生2000人以上，所有留学生中，有80%的学生属于东盟成员国派遣到我国的留学生。越南留学生陈亭平就是其中的一员，其留学毕业后在越南顺化医药大学负责重要的医疗管理工作和教育培训工作。从2002年起，陈亭平将约200名学位生、进修生输送至广西医科大学学习进修，并与广西医科大学合作开展了多项中越研究项目，在此过程中多次兼任接待和翻译任务。

2. 技术合作

2017年5月，广西将自主研发的《马尔代夫出生医学证明系统》捐赠给马尔代夫马累市，从而有力推动了当地妇幼医疗服务信息化改造项目的开展实施，让马累市构建了服务于当地广大妇女儿童的信息化医疗服务平台。另外，广西卫生健康代表团到新加坡等国家进行医疗访问，与老挝食品药品司签署了《传统医药合作谅解备忘录》，与柬埔寨卫生部签署了《共同推进柬埔寨药用资源保护、利用和建设合作框架协议》，与新加坡卫生部就卫生人才交流培训互访达成初步合作意向。

（四）医学合作论坛成果

1. 传统医药

自2009年以来，广西已成功举办5届中国—东盟传统医药高峰论坛。2009年，在首届中国—东盟传统医药高峰论坛上，《中国—东盟传统医药南宁宣言》的发表明确了“求同存异、优势互补、循序渐进、互利共赢”的原则。通过高峰论坛，广西与东盟在传统医药领域的交流为进一步合作奠定了基础。中国是一个多民族国家，除了中医药外，各民族也拥有各自珍贵的民族传统医药文化，等待世人去关注和挖掘，广西壮医知识文化的唤醒和成长因高峰论坛的举办和不断发展而受到良好的催化作用。

2016年，在第三届中国—东盟传统医药高峰论坛上，发表了《中国—东盟传统医药交流与合作倡议书》，中国—东盟在传统医药领域的交流合作得到进一步的深化。今后，中国与东盟双方在传统医药领域将基于此框架展开更为广泛而深远的合作。同时，在此次论坛上还签署了《广西中医药大学与马来西亚拉曼大学传统医学教育合作谅解备忘录》《广西国际壮医医院与泰国KKS传媒有限公司战略合作协议书》《关于联合共建马来西亚国家药用植物园框架协议》《中国—老挝诺丽果系列产品深度开发与推广技术合作协议书》《中国—越南特色药食两用植物及中药材种植基地建设技术合作框架协议书》《中国—马来西亚民族医特色诊疗技术培训与示范应用合作协议书》等合作项目。

2. 口腔医学

自2008年起，广西医科大学口腔医学院成功举办了5届中国—东盟国际口腔医学交流与合作论坛。国家卫生与计划生育委员会将其列入部长级论坛（共有15个），同时也是中国与东盟在口腔医学领域规格最高的国际性会议，具有标志性的意义。在此期间，广西医科大学医学院在国家卫生与计划生育委员会委托下开始实施“中国—柬埔寨口腔医疗合作探索”项目。

二、广西与东盟国际卫生和社会工作业合作存在的问题

（一）政府管理方面

1. 地方卫生部门政策支持度低

医疗卫生信息化是深化医疗卫生改革的重要任务，信息系统是我国医药卫生体制改革中“四梁八柱”的“八柱之一”[3]。《关于加强卫生信息化的指导意见》提出，“研究并制订本地区的医疗卫生信息化人才培养规划，完善卫生信息化人才引进、培养、使用、激励等机制，重点培养具有医学、信息学双重背景复合型人才和服务于技术和应用的实用型专门人才”[4]。近年来，广西与东盟国家医疗卫生领域的合作主要集中在临床医疗、传统医药、流行病学、卫生管理等方向，对于医疗卫生信息化建设重视不足。因此，地方有关部门在顺应大数据信息化时代趋势的同时，应在医学信息建设及其人才培养方面提高重视，根据国家政策制定相关地方政策，从而促进学科建设、加强师资力量。同时广西与东盟各国在医疗卫生领域的合作交流，不应仅局限于传统学科，可以举办与医学信息主题相关的论坛，提供更为广阔的合作平台，进而提高自身在医疗卫生信息化方面的水平。

2. 医疗保健服务滞后

近年来，在医疗保健服务方面广西与东盟的联系日益密切，东盟各国公民来桂就医治病的人数显著上涨。其中，2015年广西医科大学第一附属医院就诊及体检人数中，有1610人次是由东盟各国使馆介绍就诊的，同比增长了21.05%。截至2016年，边境的3个市区8个县城的医疗机构，其跨境医疗门诊、急诊人数已超4万人次，住院人数超过1500人，并且呈现出逐年增多的趋势。而涉外医疗机构，特别是边境医疗机构对于东盟来桂就医人员的医疗保健服务体系建设滞后，配套的医疗保健服务提供不足，这将影响广西与东盟在医疗服务方面合作的可持续发展，也会

对广西对外医疗服务质量产生不利影响。

（二）人才培养与技术合作方面

1. 国际医学教育办学理念有待加强

教育观念的国际化是国家化办学的前提，以国际视角看待医学教育的本质和作用，才能更好地推动医学教育的改革和发展。教育国际化是国际上不同国家之间进行跨境教育交流活动与教育合作活动、教育研究活动的过程。国际化办学活动的主要内容涵盖了招收外国留学生，跟外国教育单位进行学术合作和教育合作，联合进行人才培训机构与教育机构的建设，进行境外分校建设等。”[6]通过观察广西目前的现实情况可以发现，广西在国际化办学方面还处在较低水平，跟国外医学人才教育领域的跨境沟通还需要进一步加深沟通深度与广度。跟国际上医学教育领域、教学研究领域和社会服务领域的平均水平相比，广西还存在一定的差距。

2. 医学留学的教育教学质量有待提高

医学留学方面的教育教学质量不佳主要体现在人才培养方案、教材和科学研究方面。

人才培养方案方面，主要体现在没有实现国际化。广西的各类医学院校在发展国际化教育上进展迟缓，特别在以面向东盟成员国为对象的医学教育合作项目方面，医药人才资质规范化建设，医疗人才认证互通等进展缓慢。现阶段，广西的各大医学院校在留学生教育上课程设计主要按照我国以往的教育标准进行设计，未与国际医学教育标准要求相结合，与东盟及其他国家在疾病谱、医疗卫生问题上的结合也不够紧密。因此，广西医学院校在留学生的人才培养模式上还需要进一步深化改革。

教材方面，教材的质量有待提升。现阶段，广西的医学教育领域全英文教材跟双语教材的编写应用还处在较低水平，因教材问题，很多医疗专业不支持外语教学，一些从其他国家引进的医学教育教材因为跟我国的医学教育课程体系不适配，因而也难以被直接用于我国高校的医学教育。有关部门统计数据表明，广西的各大医学院校在教材使用上主要以自编教材为主。因为院校本身缺乏熟悉国际化教育的专业人才，加之自编教材并未纳入国际教育环境进行质量审核，因而教材存在一些质量方面的问题。

医学留学教育科研方面，还需进一步深入。医学留学教育的科研成果对留学教育的教学质量和管理实践水平的提高都有很大的促进作用，并且有利于凸显广西高校自身的留学特色和品牌优势。面向东盟各国来桂留学的学生，广西医科大学研究推出了“五‘特’一体”的地方医学院校高等医学教育国际化新路子，并在2008年底广西教学成果评价中获得一等奖。广西中医学院以中医药的发展历史与现状为主题，对越南、泰国、新加坡三国进行了广泛深入的调研，给东盟与广西在中医药教育上的交流合作带来了有效的思路和方法。目前，广西高校与相关教育机构在发展留学教育方面资源投入情况还不太理想，无论在投入力度、广度上都尚未达到较高水平，同时医学研究工作的研究水平尚有待提高，对东盟国家的医疗卫生政策、医疗领域现状等方面开展的专项研究还处在较低水平，研究成果的参考价值不高，不足以支撑广西与东盟在人才培养、科研技术和社会服务上的进一步合作。

（三）合作论坛和合作平台方面

1. 广西与东盟社会工作业合作程度低

广西与东盟在社会工作业上的合作始于2016年在南宁举办的首届“中国—东盟社会工作论坛”，其主题是“社会工作与扶贫济困”。该论坛达成了四项成果，一是创建了中国—东盟社会工作主管部门，开通了广西高等院校与东盟之间在医学教育、医学研究方面的互动途径；二是设立了中国—东盟国之间在政府部门、高等院校专业人才的教育培训合作平台；三是促进了我国与东盟成员国之间在社会工作方面的项目合作；四是共同发布了2016年中国东盟社会工作主题倡议。”[7]但广西与东盟在社会工作业上的合作主要集中在医疗社会服务方面，社会工作业领域的其他合作仍未开始，而不论是广西还是东盟多数国家，其社会服务领域的发展都较为落后，民生福利事业还有长足进步的空间。因此，广西与东盟应加强在社会工作领域的合作，在合作中谋求双方的进步与发展。

2. 卫生和社会工作业合作论坛覆盖领域不广

广西与东盟在卫生领域的合作论坛主要集中在传染病防治、传统医药和口腔医学方面以及首届“中国—东盟卫生合作论坛”大框架下的主旨性成果。而公共卫生和社会工作领域不仅仅包括医疗卫生方面，还包含食品药品卫生、公共环境卫生、卫生事业管理等方面。广西与东盟在这些方面的合作是匮乏的，而合作论坛是广西与东盟开展合作的一个十分重要的平台，通过举办卫生和社会工作领域细分专业更丰富的合作论坛，将极大地促进广西与东盟在此领域更多实际项目的合作，从而推动双方在卫生和社会工作业的共同发展。

三、推动广西与东盟国家在卫生和社会工作业合作的对策建议

2016年，广西卫生计生人员总数390588人（含乡村医生32038人和卫生员

2943 人），卫生人员比上年增加 15018 人，增长 4.00%，医疗卫生机构总诊疗 2.54 亿人次，比上年增加 232.48 万人次，增长 0.92%。广西卫生计生人员逐年扩大，卫生服务能力逐年增强。此外，广西还具有壮医、瑶医等具有民族特色的传统医学。2016 年广西共有提供住宿的养老服务机构和设施 1.2 万个，床位 16.2 万张，年末收养 6.9 万人。为儿童提供救助收养服务的机构 43 个，床位 3130 张，年末收养 1550 人。民政部门直接救助 60.1 万人次。2016 年，在南宁成功举办了首届中国—东盟社会工作论坛。广西卫生和社会工作业具备“走向”东盟国家的实力。

（一）政府层面

1. 政策建议

第一，制定广西卫生和社会工作业“走向”东盟国家的国别投资优先顺序。就卫生业来说，第一顺序投资国家为缅甸、泰国、越南、柬埔寨，第二顺序投资国家为马来西亚、老挝、菲律宾，第三顺序投资国家为印度尼西亚、新加坡、文莱。就社会工作业来说，第一顺序投资国家为缅甸、越南、柬埔寨，第二顺序投资国家为老挝、马来西亚、菲律宾，第三顺序投资国家为泰国、印度尼西亚、文莱、新加坡。

第二，实行广西卫生和社会工作业参与中国—东盟国际产能合作“三步走”战略。第一步，2017—2020 年，做实做强现有卫生项目，着手开始进入东盟社会服务市场。同时做好广西卫生和社会工作业参与东盟市场的战略布局。目前，广西卫生业参与东盟市场的代表性项目有：广西中医药研究院、越南凉山富林股份有限公司共同签署特色药食两用植物及中药材种植基地建设合作协议；广西药用植物园与柬埔寨卫生部共同签署开展中药戒毒药物研究、共建柬埔寨药用植物种植基地的协议，此外还与马来西亚国际传统医药研究院签署联合共建马来西亚国家药用植物园的协议；广西国际壮医医院与马来西亚医师公会签署技术培训合作协议，并与泰国 KKS 传媒有限公司签署关于学术交流友好的战略合作。第二步，2021—2025 年，继续扩大广西卫生业参与东盟国家投资的力度，实现东盟国家卫生业项目的全覆盖。着力培育典型社会养老服务项目。第三步，2016—2030 年，实现卫生业项目规模翻两番，效益翻一番以上的战略目标。实现社会服务项目的全覆盖。

第三，广西卫生和社会工作业“走向”东盟国家应坚持市场投资和人道救助相结合。东盟国家在卫生和社会工作业存在巨大的市场需求，广西卫生和社会工作业“走向”东盟能够产生较好的经济效益。但是，卫生和社会工作业是与民生最为紧密的行业，考虑到东盟国家的社会效应，为广西及全国在东盟国家营造良好的社会氛围，因此应坚持市场投资和人道救助相结合。

第四，广西卫生业在“走向”东盟国家中应坚持现代医学与传统医学相结合。广西具有壮医、瑶医、侗医、苗医、针灸等特色传统医学。广西卫生业在“走向”东盟国家为广西壮医、瑶医、侗医、苗医等传统医学走向世界开辟了新的窗口。

2. 重视国家援外医疗工作任务

截至2016年，广西向两个非洲国家——尼日尔和科摩罗派遣援外医疗队员共666人次，积极促进非洲医疗卫生事业的发展，并得到了两国政府和人民的广泛赞扬，获得了“民间大使”“白衣外交官”等荣誉称号。今后，广西在卫生业方面对外交流也可成立具有壮医、瑶医等民族医疗特色的义诊团队，前往东盟国家进行义诊，同时还能进行传统医药资源的交流与分享。另外还可以在援外医疗工作任务过程中设立短期诊疗培训班，通过经筋手法、穴位埋线、拔药罐等外治疗法的教学，吸引更多的东盟国家青年人学习和传播具有中国少数民族特色的传统医药疗法。

3. 积极促进中医药健康旅游的发展

随着经济社会的发展，人们对旅游的需求日渐增多，并且越来越多的人开始注重养生，健康旅游应运而生。健康旅游已成为旅游行业成长最快的分支之一。为推动旅游与中医药的融合，更好地促进中医药健康旅游的发展，2015年11月17日，国家旅游局和国家中医药管理局联合下发了《关于促进中医药健康旅游发展的指导意见》，提出了开发中医药健康旅游产品等8项重点任务。广西政府与东盟各国要充分利用自身传统医药资源优势，结合当地适合养生的自然环境，设计医疗与养护相结合的健康旅游精品专线。另外双方还可一同探讨并制定健康旅游的相关监管政策和法规，创造良好的可持续发展环境，积极吸引国内外投资。

（二）人才培养与技术合作方面

1. 深化国际教育合作

广西各医学院校应充分利用广西与东盟合作的地域优势和政策优势，加大国际教育的宣传力度，加深我国与东盟国家之间的教育合作水平，加强我国高等院校、科研机构与东盟国家之间教育机构和高校之间的横向联系；通过合作办学、开展教育沟通、医疗沟通，努力提升我国与东盟成员国之间的合作水平。此外，东盟各国的医学教育发展水平各有不同。医学教育水平较高的国家有新加坡、泰国、马来西亚和菲律宾，广西从事医学人才教育的高等院校要加强医学领域的跨境合作与学术沟通，学习其他国家在医疗人才教育培养上的成功经验，并积极引进其他国家先进的教育模式与课程、教材设计模式，通过加强教育沟通与合作，提升我国与东盟国家在医学教育方面的整体水平。老挝、柬埔寨尽管近一段时期以来经济增速较为理想，不过在医学教育上、医疗卫生服务上还处在较低水平，因而其十分需要医学教育质量的提升与医疗卫生质量的提升，十分需要引进我国的医药人才教育模式、医疗技术等来推动其卫生事业的发展，广西各医学院校应抓住机遇，开展合作交流。

2. 积极开展面向东盟的科学研究

目前大多数东盟成员国在科研领域普遍存在学术研究环境较差，学术研究人员匮乏，资金短缺，教学任务重等方面的问题，一些东盟国家目前还不具备主动开展跨境学术交流的能力。所以，广西各个高校要充分发挥广西在开展跨境医疗合作方面的自身优势，主动跟东盟成员国中一些尚未建立医疗合作关系的国家开展医学教育方面的项目合作，通过利用政府专项资金或重大课题立项等方式，在传染病防治、中医、口腔疾病防治、艾滋病、结核病防治等方面与东盟国家积极开展项目合作，共同进行流行病学、病原学等方面的医学研究合作项目，并在未来构建形成以广西医疗系统为主导的中国—东盟重大疑难疾病与传染病防治平台。

3. 构建面向东盟的特色学科专业和课程体系

广西各医学院校既要从自身实际出发设计医学专业和课程内容，又要看到与亚洲国家，尤其是东盟各国在地理位置相近的区位优势和文化背景、疾病谱与公共卫生问题等方面相似性以及中医药产业合作的广阔前景。一方面，广西各医学院校要重视优势和特色学科的建设工作，例如，临床医学、预防医学、壮医、苗医、中西医结合等，构建形成具有区域特色的国际化医学课程与教育培训机制；与此同时，开发面向东盟各国的语言教育课程，推动我国与东盟国家之间在疾病防治方面的课程研发与合作，另外，要把我国与东盟成员国之间在医药卫生政策等方面的知识开设为选修课程。这样既能进一步完善特色国际医学学科体系建设，强化广西医学院校在东盟人才培养方面的办学特色，又能满足东盟来桂学医留学生的学习需求。

（三）合作论坛和合作平台方面

1. 重视广西—东盟国际医学相关专业合作论坛

广西与东盟通过合作论坛形式在公共卫生方面展开合作交流已经有了一定的成果，广西既要坚持努力争取由南宁继续承办中国—东盟国际口腔医学论坛、传统医药高峰论坛、生殖学论坛等国际医药学术论坛，也要在此基础上进一步重视有关重大传染病防控防治、医院管理为主题的论坛合作，这些方面合作论坛的举办不仅将给广西与东盟在医药卫生领域的学术研究带来双赢，同时也能够有效提升我国在国际医疗卫生领域的人才培养与医疗科研能力，加强我国在医疗卫生领域与东盟国家之间的沟通交流深度和广度，推动我国与东盟之间在医疗卫生领域与医疗教育领域的战略合作。

2. 筹建高水平、国际化办学合作平台

结合不同医学院校的办学优势，通过政策支持或资金投入的方式，鼓励广西医学院校筹建国际性的医疗卫生合作教育平台。在国际化医药教育平台的创建上，以广西医科大学为主导，通过有效发挥其教育资源的基础优势，在政府的大力支持下，积极开展对外教育合作，构建以东盟成员国为主要合作对象的跨境医药教育平台，把培养国际化医疗卫生人才，开展跨境医疗研究与合作当作主导工作，强化我国与东盟国家之间在医药卫生领域与医药人才教育领域的合作深度，有利于广西与东盟在医疗保健和卫生服务上的国际交流与互鉴。

此外，广西有四所医学院校具备招生资格，附属医院超过 20 所，其优质的医疗服务软硬件资源成为建设高水平的医疗卫生保健服务合作平台的资源优势，广西医学院校先进的临床与护理经验、口腔技能培训基地，更有利于广西与东盟各国探索医药卫生人力资源培训和公共卫生硕士（MPH）国际教育方面的合作。

四、结语

随着各国公共卫生和社会工作业国际化的不断发展，广西的公共卫生和社会工作业在国际合作方面的参与度也越来越高。而广西与东盟在政治、经济、文化方面的交流合作一直受到国内外的关注，在国家政策的大力支持下，广西在公共卫生与社会工作方面应更加重视发展机遇，充分利用国家的政策优势和自身的区位优势，大力发展与东盟在此产业领域的合作，推动广西与东盟在公共卫生和社会工作业上取得双赢。

参考文献

［1］李锐，施丹，梁慧婷，徐广保．中国—东盟合作框架下的广西卫生事业对外交流合作及其发展思路［J］．广西医学，2017，39（10）：1611－1614.

［2］中华人民共和国国务院新闻办公室．实现广西三大战略定位将开展五方面工作［EB/OL］．（2015－07－29）［2020－07－24］．http：//www.scio.gov.cn/xwfbh/xwbfbh/wqfbh/2015/33163/zy33168/Document/1442758/1442758.htm.

［3］国务院．“十三五”深化医药卫生体制改革规划［EB/OL］．［2020－7－30］．http：//www.gov.cn/zhengce/content/2017－01/09/content_5158053.htm.

[4] 卫生部，国家中医药管理局．关于加强卫生信息化建设的指导意见［EB/OL］．(2012－06－15)［2020－7－30］．http：//www. nhc. gov. cn/zwgk/wtwj/201304/e1b9fd5596ce4a5e8123337552358b38. shtml.

[5] 菲利普·G. 阿特巴赫，覃文珍．全球化与大学——不平等世界的神话与现实［J］．北京大学教育评论，2006 (01)：92－108.

[6] 李雪斌，王洁．中国经济后发达地区医学教育国际化的思考［J］．右江民族医学院学报，2008 (02)：309－311.

[7] 首届中国—东盟社会工作论坛在广西南宁举办［J］．社会福利（理论版），2016 (09)：64.

[8] 广西壮族自治区卫生计生统计信息中心．2016年广西卫生和计划生育事业发展情况简报［EB/OL］．(2017－09－29)［2017－11－15］．http：//www. gxhfpc. gov. cn/xxgks/tjxx/sjnbss/2017/0929/42645. html.

[9] 广西壮族自治区统计局，国家统计局广西调查总队．2016年广西壮族自治区国民经济和社会发展统计公报［N］．广西日报，2017－04－27 (015).

专题十

广西教育业参与中国—东盟国际产能合作研究

随着经济全球化时代的发展，各国之间的联系越来越紧密，“地球村”已是大势所趋。在这个以知识经济为主导的新时代，各国要培养高层次的创新型人才，其高等教育的改革和发展就必须注意加强与其他国家间文化教育的交流合作。自建立中国—东盟自由贸易区以及泛北部湾经济合作的展开，广西与东盟在政治、经济、文化、社会等方面的合作不断深化，尤其是中国—东盟博览会在广西南宁市落户，使广西成为中国与东盟教育合作的主要省份之一，广西教育的对外合作将拥有良好的发展期。那么广西如何更好地把握机遇迎接挑战，在与东盟的教育合作中达到双赢，是我们需要认真思考和研究的重要问题。

一、广西与东盟教育合作的现状

广西与东盟在教育领域已经展开了广泛的合作，目前，广西与东盟的教育合作主要集中在高等教育，广西高校与东盟近200所院校建立了合作关系，但在基础教育方面的合作较少，有待进一步加强合作。

（一）创办孔子学院

在“一带一路”倡议下，孔子学院成为推动东盟国家汉语言教育的重要平台，中国在东盟国家已建立38所孔子学院（截至2019年11月）和35个孔子课堂，有利地推动了汉语在国际间的传播。广西是最早与东盟国家共建孔子学院来进行汉语国际教育的省区，目前共有7个孔子学院为广西高校与东盟10个国家共同建立，占全国总数的18.4%。如表10-1所示。因广西的地缘优势，在推动东盟汉语教育的进程中抢占先机，获得充足的发展机遇。孔子学院在东盟的相继建立，既有利于促进广西与东盟国家友好关系的发展，又能增进东盟各国人民对中国汉语言文化的理解和认同，为汉语言学习者提供了便利的学习条件和优良的学习资源。

表 10－1　　　广西高校东盟孔子学院概况[3]

孔子学院名称	中国合作院校	成立/运营时间
玛哈沙拉坎大学孔子学院	广西民族大学	2006 年 12 月 20 日
川登喜大学素攀孔子学院	广西大学	2006 年 12 月 27 日
宋卡王子大学孔子学院	广西师范大学	2006 年 12 月 29 日
老挝国立大学孔子学院	广西民族大学	2010 年 3 月 23 日
玛琅国立大学孔子学院	广西师范大学	2011 年 3 月 14 日
丹戎布拉大学孔子学院	广西民族大学	2011 年 11 月 26 日
河内大学孔子学院	广西师范大学	2014 年 12 月 27 日

（二）互派留学生

互派留学生是中外教育合作的重要形式之一，广西和东盟在高校合作办学上也采用了这种形式。近几十年来，广西凭借其文化传统、生活习性和地理位置的优越性，不仅成为中国进入东盟市场的先行者，也是我国接收东盟国家留学生最多的省区之一，是我国高等教育国际化发展进程中不容忽视的一部分。自 20 世纪 90 年代初以来，越南、老挝、泰国等东南亚国家的大学生逐渐进入广西各高校学习，东盟来广西的留学生人数逐年上升。截至 2017 年，在广西学习的留学生约 1.4 万人，其中来自东盟国家留学生 9465 人。从 2012 到 2017 的 5 年时间内，广西在留学生数量上呈现逐年递增的发展态势，年增长率达到了 20% 以上，超出我国留学生增长率平均值，同时来广西留学的外国留学生主要来自越南、老挝、缅甸等东盟国家，这表明广西已成为我国招收东盟国家留学生的重要省区。

从东盟来桂留学生的国别规模看，以越南、泰国、老挝的留学生为主，两极分化较为严重。2017 年，除菲律宾和文莱外，其余东盟国家均有学生来广西接受高等教育，其中以越南留学生居多，2017 年越南来广西留学的学生有 1164 人，占比 32%，其次是老挝、泰国、印度尼西亚和柬埔寨。另外，以上 5 个国家来广西留学人数均超过 100 人，在东盟学生来广西留学总人数中占 96%。而在华人华侨众多的新加坡、马来西亚等国家，来桂留学人数占比较少。表 10－2 所示为 2017 年东盟各国来广西留学生人数表，图 10－1 所示为 2017 年东盟各国来广西留学生比例图。

表 10 - 2　　2017 年东盟各国来广西留学人数

国家	人数（单位：人）
越南	1164
老挝	875
泰国	775
印度尼西亚	459
柬埔寨	220
马来西亚	55
缅甸	86
新加坡	1

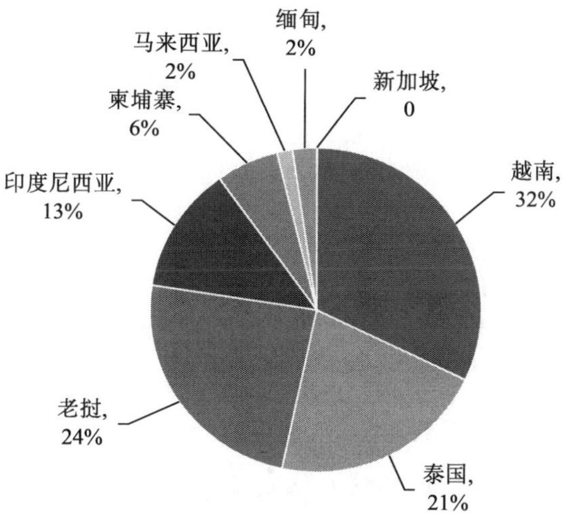

图 10 - 1　2017 年东盟各国来广西留学人数比例图

从东盟来广西留学生选择的教育类别看，主要以非学历教育为主。《中国留学发展报告（2017）》中披露的资料信息显示，“一带一路”倡议沿线国家派遣来我国留学的留学生，无论在学历水平还是在综合素质上都优于其他国家的平均水平，学历留学生占比达到 57.2%。2017 年，东盟国家来广西留学的学生主要以非学历留学生居多，学历留学生只占 38.4%。可见，对于东盟留学生来说，广西高校的非学历教育的吸引力要大于学历教育，也意味着广西高校在发展对外学历教育方面需要进一步深化改革，提升教学质量。在学历留学生中，东盟来广西留学的本科留学生数量最多，其次是硕士留学生，东盟专科生来广西留学人数是博士生的 2 倍。如图 10 - 2 所示。

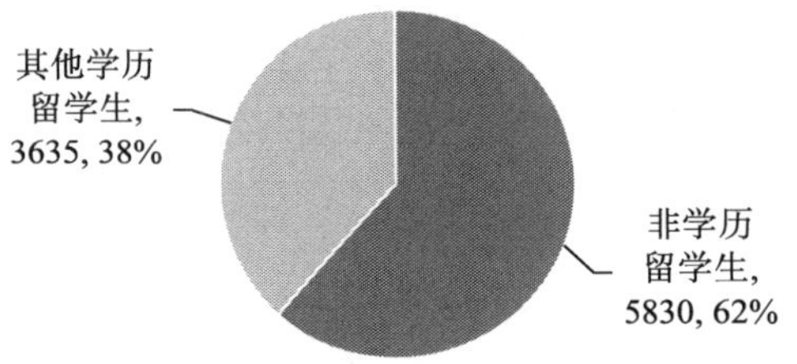

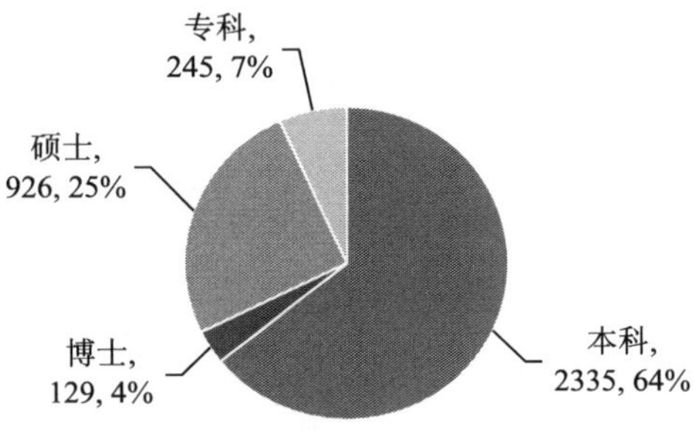

图 10－2　东盟来广西留学生教育类别选择人数及比例

数据来源：广西师范大学第一次教育对外开放工作大会数据。

近年来，广西每年都会对外派出一定数量的留学生前往新加坡、印度尼西亚等东南亚国家进行留学，从 2004 年开始，广西每年外派政府公务人员去新加坡学习，既能增加广西的专业人才数量，又能提升广西公务员的专业素养，推动广西地区的发展。

（三）合作办学

合作办学作为广西与东盟高校间教育合作的主要方式之一，在加强双方交流合作方面起着重要作用。随着广西与东盟教育事业的不断发展，以及广西与东盟教育交流合作的日益密切，其合作办学方式也日趋多样。

在人才培养模式方面，1993 年，广西民族大学与多个东盟成员国开展教育方面的合作，通过联合办学，创新高等教育领域人才培育机制。2004 年，广西师范大学通过参考别的高校的联合办学模式，在获得教育厅许可基础上，与越南两所高校进行了跨境教育合作，通过联合办学，创建了“2＋2”的高等人才教育培训模式，两国高校相互认证学分，并由越南两所高校中的一所颁发本科学历证书，本科毕业论文答辩通过后可获得学士学位证书。

在人才培训方面，广西每年外派大量高等教育语言专业的留学生前去东盟国家进行语言学习，同时接受东盟国家留学生来广西学习汉语，并且外派教育人员前往东盟国家开展教育培训活动或参加教育研究讨论活动。例如，广西师范大学连续多年举办“泰国本土汉语教师培训班”，对泰国汉语教师进行汉语教学技能强化培训。广西民族大学从 2006 年开始每年向东盟国家派出国际汉语教师志愿者前往泰国、菲律宾、柬埔寨和印度尼西亚等东盟国家的孔子学院或孔子课堂担任汉语教师，传播中国文化与精神[7]。

二、广西与东盟教育合作存在的问题

广西与东盟在教育领域的合作已有20多年，在此期间取得了许多成就，推动了双方教育业的进一步发展，但由于教育发展的历史积淀和经验不足，在双方教育合作事业发展的同时，一些问题也接踵而至，主要体现在三个方面。

（一）地方政府管理

1. 申请手续冗杂

中外合作办学存在一些问题，尤其是在审批手续、日常管理、政策督导方面缺乏有效且清晰的渠道，无法使之上下贯通。现如今，如果一个合作办学项目需要获取本科以上学历，而且想要得到国务院学位办颁发的国外学位许可证的话，有以下几步是必须完成的：办学项目单位方要向上级教育管理部门提交申请，经审核批准后，再向国务院学位管理机构申请有关教育办学资质，如接受教育部留学机构的审核与认证。除此之外，要想获得继续开办许可，办学单位还要通过教育部学位与研究生教育发展中心的评估以及学位办的批准。由此可见，申请手续过程的冗余繁杂程度，这给合作办学项目的发展进度造成了非常大的影响和延误。

2. 政策无法有效落实

政府有义务为社会的发展提供良好的外部条件。这些外部环境正是大学健康发展所必需的，而这些外部环境，仅靠大学本身的能力是不足以提供和解决的，所以政府在其中的作用尤为重要，尽管国务院发布的《关于实施西部大开发若干政策措施的通知》中有关于高等教育吸引人才、增加教育投入等方面的优惠政策，但因为广西人力物力的制约，地方政府并未将相关政策落实到广西高校与东盟高校的合作之中，也没有切实履行相关服务职能，管理越权、政策法规缺乏等问题不断发生，政府对高等教育的投入也有待进一步合理化，经费问题也并未得到妥善解决。

3. 缺乏监管力度

广西与东盟的合作办学属于中方与外方的合作办学，根据相关的政策法规，比如，《中华人民共和国高等教育法》《中华人民共和国中外合作办学条例》《中华人民共和国教育法》《中华人民共和国民办教育促进法》，地方政府教育行政部门应该对本地区中外双方合作办学机构及项目实施行政监管。合作办学大多都有高收费项目，教育事业的社会服务属性被完全无视了，这造成很多学校在教育工作开展上职能错位，给教育事业的发展造成很多的负面影响，2004年，我国明确提出“教育事业的发展要秉持公益性、社会性，绝不能以牟利作为教育事业的发展方向，不能走产业化发展道路”。通过观察中外院校合作办学的很多项目可以发现，其中不同程度的暴露出公益性、社会性不足的一些问题，一些院校并未深入研究合作办学项目的社会意义与公益价值，而在合作办学上仅从经济角度考虑可行就贸然开展计划项目，结果导致合作办学的教育质量低下，收费高昂，培养出来的人才专业能力低下，难以实现高等人才社会贡献价值的有效发挥。由于一些维护国家教育主权和保护学生、教职工的合法权益等问题穿插在合作办学过程中，加强对其的监管，维护其合法权益是必不可少的。而目前合作办学中存在的经费、管理、教学等各方面的不规范问题，都说明了中外合作办学的管理和监督力度不足。

（二）高校管理落后

1. 管理体制较为落后

广西高校与东盟高校合作办学的市场性和高等教育自身的计划性之间存在着冲突与矛盾。随着改革开放的推进，中外合作办学在国家政策的扶持下迅速发展。留学生培养计划、教学内容和形式以及管理模式是合作办学的主要内容，具有先进性的特征，入学与毕业的宽进严出也呈现在合作办学中。然而，广西高等教育的主要内容并没有从根本上得到改变，其培养计划、教学的形式内容和管理模式都是既定不变的，二者在合作中出现了明显的冲突。

2. 外籍教师的选择和管理上的混乱

相比国内教师，广西高校在外教的管理方面还存在一些困难，故要进一步达成广西高等教育国际化模式的目标，就要重视对外籍教师的管理并充分发挥其优势。根据笔者对广西各高校关于合作办学的官方信息整理情况看，外教主要用于教授外语课程，并不注重其他相关教学的开发。同时，在合作办学加速发展的背景下，广西高校面临外教供不应求的问题，于是存在不依据实际情况引进外教或引进的外教在资格评审上有不过关的情况，外教质量存在问题。

（三）留学生管理

1. 留学生管理人员素质堪忧

由于管理人员的数量无法与日益增加的东盟留学生数量相匹配，为了解决这一问题，学校让一些不了解学生来源国风俗、文化、信仰、宗教的人员参与管理，但是这些人员不会相关语言，英语水平也几乎为零，这就使沟通成为一个大问题，本来可以通过沟通解决的问题会被放大，从而造成不必要的麻烦。经过调查访谈，许多不会中文的留学生都表达出这样一个诉求，那就是他们需要一批受过良好培训的管理人员，这些管理人员不但要有尊重学生的意识，更要了解懂得他们的心理并与他们成为朋友，而像现在这种置身事外的管理人员是不应该被允许上岗的。

2. 狭隘的留学生社交圈

有研究表明，留学生的社交圈可以被划分为三个圈，一是单一文化圈，用于给本国学生提供文化交流与情感支持；二是双文化圈，其基本构成是由提供学业帮助的本国学生与来源国的留学生组成；三是多元文化圈，它由有相同兴趣爱好的留学生组成。这三个不同的圈子有着不同的影响又作用于东盟留学生生活的方方面面，有学者指出，留学生若有长期的沉闷期，其原因很可能是留学生在学校生活中的日常交往关系仅限于本国学生，这种状况的出现会引起很多消极因素，比如，会影响到他们对新生活或新环境的适应、会让他们对东道国产生不好的情绪、会严重妨碍到留学生本人对东道国语言的学习进展程度，因为与人交流才是迅速提高一门语言的正确途径，而将自己的社交圈限制在本国内，则会使其第二语言获得的速度减缓，同时阻碍其学习专业知识的进度。

现在，广西各大高校在留学生管理上大多采取隔离式管理，这给东盟留学生与中国学生在交流上又添了一道空间障碍，留学生会感到与中国人交朋友是一件很困难的事情，而实际上这些留学生不仅希望自己的科学文化知识能得到长足进步，还更进一步希望自己的社交圈得以扩充，尤其是和中国学生的社交活动，会让他们对中国的文化和各地的习俗有更加真实的了解。与所希望相反的是，在广西高校，留学生的日常活动范围被集中在了国际交流中心，他们的食堂、教室、宿舍等都在这里，他们结识中国学生的机会少之又少。

3. 留学生的后勤基础设施薄弱

与发达以及中部城市相比，国家在资金投入方面对广西各高校的投入较少，并且由于一些历史遗留问题，广西与外界的交流甚少，与东盟留学生的教育合作也存在一些问题，如起步晚、不成熟、规模小等。针对东盟留学生生活习惯和学习需要方面的基础服务措施还不够完善。同时因为不同留学生的宗教信仰、文化背景不同，所以也应该给予一些特殊的照顾措施。笔者认为，高校的后勤服务部门需要给予这些留学生充分的关心以及尊重，通过一些小的措施，如在食堂设立专门窗口提供特色的菜品，让他们感受到祖国的味道，从而对东道国也更添一分亲近。

三、推动广西与东盟教育合作的对策建议

推动广西与东盟教育合作的深化发展，要妥善处理好政府、学校和留学生的关

系，只有三方相互促进才能推动整体教育合作的进步。在中国—东盟国际产能合作大背景下，加快推进广西教育“走向”东盟国家，继续发挥文化交流对经济合作的促进作用。

（一）政府层面

1. 政策建议

第一，制定广西教育“走向”东盟国家的国别投资优先顺序。第一顺序投资国家为新加坡、泰国、越南，第二顺序投资国家为马来西亚、印度尼西亚、老挝、菲律宾，第三顺序投资国家为缅甸、文莱、柬埔寨。

第二，实行广西教育业参与中国—东盟国际产能合作的“三步走”战略。第一步，2017—2020年，继续做实做强广西和东盟国家现有合作教育成果，完善广西高等教育在东盟国家的布局，着手准备中等教育和基础教育“走向”东盟国家。第二步，2021—2025年，不断扩大高等教育“走向”东盟国家的规模，中等教育和基础教育“走向”东盟国家出具成效。第三步，2016—2030年，广西与东盟国家的高等教育合作进一步完善，中等教育和基础教育在东盟国家的规模翻一番。

第三，广西教育“走向”东盟国家以高等教育为主导，辅之以中等教育和基础教育。广西与东盟国家在高等教育领域已取得一定的成绩，下一步发展思路就是要不断扩大广西高等教育“走向”东盟的规模，以及完善在东盟国家的布局。同时，要解放思想，在中等教育和基础教育领域加大广西同东盟国家的合作，促进广西中等教育和基础教育“走向”东盟国家。

第四，不断丰富广西教育“走向”东盟国家的形式。在已有合作办学、培训、开办孔子学院等基础上拓展“走出去”形式。目前，中国在东盟国家现共设31家孔子学院，广西占7家。应继续加大孔子学院建设的力度。广西教育“走向”东盟可以实行海外办学模式。海外办学是新时期推动我国高等教育实现走出去，共建“一带一路”的重要举措[8]。同时，也可以在东盟国家开展中等教育和基础教育领域的海外办学。

2. 完善信息服务机制

信息已成为社会各项事业发展的关键因素，在广西与东盟的教育合作中，教育服务贸易信息和资源的整合显得尤为重要，因此，广西政府和教育主管部门应进一步完善教育服务贸易中心的建立，同时，广西各高校的有关部门也应加强对于这方面信息的收集、整理和发布，对东盟国家的教育合作需求进行调查和预测，形成信息网络，并进行资源共享。

3. 健全监管机制

为了规范中外合作办学活动，加强教育对外交流与合作，促进教育事业的发展，根据《中华人民共和国教育法》《中华人民共和国职业教育法》《中华人民共和国民办教育促进法》，2003 年，教育部制定并实施《中华人民共和国中外合作办学条例》（以下简称为《办学条例》），2019 年 3 月 2 日修订并继续实施，2004 年制定并实施《中华人民共和国中外合作办学条例实施办法》（以下简称为《实施办法》。广西政府应深入贯彻我国教育领域的指导方针，通过严格监督，把握广西与东盟国家在教育合作方面的主导权，另外教育管理部门应转变工作模式，对国际合作办学的动态进行深入调研，并根据《办学条例》和《实施办法》结合广西合作办学的实际情况来制定相应的办学标准和管理条例，更好地落实行政监督职能，保证合作办学和人才培养的质量稳步提升。

（二）高校层面

1. 彰显广西特色，提升教育优势

要加快推动中国由高等教育大国向高等教育强国的转变，就要重点提高高等教育的质量。教育质量的提高，首先要注重提升自身的师资力量，广西各高等院校应加强教师聘用管理，通过严格审核，以规范化程序聘任教师，提升教育队伍的人才质量。广西各高等院校还应根据自身现实情况，在合作办学上注重利用自身的教育资源优势，在对外合作方面着力开展国际贸易人才、语言人才、计算机人才教育培训，继而构建可以充分利用广西教育优势的国际化课程，以加深广西教育领域与东盟国家之间的教育合作与文化沟通；在选修课程的设置上，开设与国际关系、国际问题研究、周边国家研究相关的课程。加大对汉语言教学和教材的研究开发力度，提高国际汉语教材的质量，使之更适应东盟学生的汉语教学。

另外，广西与东盟国家的教育合作要紧跟双方经济社会的发展进程，根据目前双方经济不发达的现状，教育合作应更加注重培养广西与东盟经济社会发展所需的特殊人才，开发利用具备地方特色的教育资源。根据不同学科和专业的特点，塑造专业知识技能扎实和了解广西地区特点的高素质人才，从而在人才培养、科研领域、社会服务领域占据领先地位，形成自己独有的办学特色。

2. 改革传统教育模式，完善现代大学制度

党的十九大报告强调，建设教育强国是中华民族伟大复兴的基础工程，要求全面贯彻党的教育方针，落实立德树人根本任务，发展素质教育，推进教育公平，培养德智体美全面发展的社会主义建设者和接班人。这就要求我们必须进一步转换高

等教育的运行模式，深化高等教育改革，优化办学体制，健全招生就业体制。基于高等教育国际化的背景，广西高等教育要与市场竞争机制深度融合，深化分配制度、运行机制在内的一系列改革，完善现代大学制度。

（三）留学生层面

1. 保证教学质量

对于提高留学生的教学质量来说，不仅仅是针对汉语言教学的质量问题，更在于高校整体的教学质量和教学水平，吸引东盟国家的学生来广西留学的首要因素就是广西高校的教学质量。广西与东盟各个成员国应进一步开展深层次的教育合作，探索创新教育合作模式，扩宽合作范围，深化合作项目。在“一带一路”背景下，加强教育合作的深度广度，构建更为坚实的合作基础，通过教育合作项目推动广西与东盟国家之间的文化交流。同时，借鉴国外著名高校发展对外高等教育合作的经验，引进国外的优质教育资源和资金，吸收关于合作办学、互认学历等方面的管理经验，提高广西高校的整体办学水平。

2. 改善留学生的学习生活环境

在留学生的教育阶段，保障高校教学质量是吸引外国留学生前来我国留学的重要基础性工作，而针对留学生的后勤服务和管理工作则关系到来广西留学生群体的稳定性。因此，要不断深化后勤管理体制改革，学习欧美国家留学生管理经验，构建留学生管理新模式。同时，协调好院校的后勤管理部门与留学生管理部门之间的相互关系，防止在日常的后勤管理上出现某些不当行为而影响留学生在我国留学过程中遭遇到不公正待遇或歧视性待遇，造成不良的国际影响。此类不良事件的发生会影响广西高校在国际教育领域的声誉，也将直接影响广西高校今后的招生工作。

3. 加大宣传力度

广西高校要进一步吸引东盟学生来留学，就要重视舆论宣传工作。目前，东盟国家仍有许多学生并不了解广西高等教育在学科专业上的特色和政策上的优势，这就需要教育部门和广西高校进一步加强宣传力度，充分利用“广西—东盟国际教育展”、教育论坛等平台展现广西高校的风采，让更多东盟学生愿意来广西留学。

当今时代，互联网已成为各个产业宣传的重要平台，在教育领域，互联网招生宣传更是一个经济高效的途径。广西高校要做好留学生招生信息网站或招生信息页面的维护与招生信息的更新工作，让更多的东盟学生及时了解各个院校的招生信息。

四、结语

随着高等教育国际化的不断发展，广西在国际教育行业中的参与度也越来越高。而广西与东盟在政治、经济、文化方面的交流合作一直受到国内外的关注，在国家政策的大力支持下，广西应充分利用国家的政策优势和自身的区位优势，大力发展与东盟的教育合作，推动广西与东盟在教育事业上的双赢。

参考文献

[1] 中国—东盟中心．中国—东盟关系（2020 版）[EB/OL]. http://www.asean-chinacenter.org/asean/dmzx/2020-03/4612.html.

[2] 杨秀萍．中国—东盟命运共同体建设[EB/OL]. https://baijiahao.baidu.com/s?id=1644928138323900093&wfr=spider&for=pc.

[3] 国家汉办，孔子学院[EB/OL]. http://www.hanban.edu.cn/confucious-institutes/node_10961.htm.

[4] 数说广西：近 5 年来桂留学生数量年均增长 20% [EB/OL]. http://gx.sina.com.cn/news/sh/2018-12-07/detail-ihprknvt6163612.shtml?from=gx_yd-ph.

[5] 赵辉，马威．苏北高校创新创业教育实践平台建设研究——以徐州工程学院为例[J]. 吉林省教育学院学报（中旬），2015，31（12）：62-63.

[6] 王辉耀，苗绿．中国留学发展报告（2017）[M]. 北京：社会科学文献出版社，2017：151-152+156+164.

[7] 张翠方．"一带一路"建设背景下广西与东盟教育交流研究[J]. 广西社会科学，2017（04）：40-43.

[8] 熊嘉逸．"一带一路"战略下高职发展的困境及出路——以"中国—东盟教育合作"为例[J]. 中国高校科技，2017（07）：55-57.

后　记

本书是“中国—东盟区域发展省部共建协同创新中心科研专项及教育部长江学者和创新团队发展计划联合资助——广西参与中国—东盟国际产能合作研究（合同编号：CW201618）和广西哲学社会科学规划委托课题——广西参与中国—东盟国际产能合作研究（批准号：16WTGJB012）的研究成果，并得到广西大学出版基金的资助。

在资料收集、实地调研、专题咨询、会议研讨、评审鉴定、撰写出版过程中，先后得到全国哲学社会科学工作办公室、中共广西壮族自治区委员会宣传部、广西壮族自治区哲学社会科学工作办公室、广西壮族自治区人力资源和社会保障厅、广西壮族自治区社会科学界联合会、广西壮族自治区教育厅、广西壮族自治区发展和改革委员会、中国—东盟区域发展省部共建协同创新中心、广西大学中国—东盟研究院、广西大学社会科学处、广西大学商学院、广西大学土木建筑工程学院、广西大学公共管理学院、广西大学行健文理学院、华南理工大学工商管理学院、广西发展战略研究院、广西大学城市发展研究中心、广西房地产及住宅研究会、广西西大城市发展研究院等有关单位的大力支持、指导与帮助，广西壮族自治区哲学社会科学工作办公室和中国—东盟区域发展省部共建协同创新中心的课题评审专家提出了宝贵的修改意见，中国财政经济出版社编辑为本书的出版付出了辛勤的劳动，在此一并表示衷心的感谢！同时，在本书撰写过程中，参考和吸取了有关参考文献的研究成果，特向有关作者深表谢意！

本书由广西大学商学院张协奎教授负责整体策划、组织协调与具体实施及撰写工作，并对全书进行统稿、修订与审定，广西大学土木建筑工程学院陈伟清教授、广西大学商学院李红教授，广西大学商学院博士研究生刘伟，广西大学商学院在站博士后黄旭平、吴碧波，广西大学商学院博士研究生刘绍涛、樊光义，广西大学行健文理学院讲师、华南理工大学工商管理学院博士研究生张亚芬，广西大学商学院硕士研究生刘宇洋先后参加课题调研、资料搜集、专题讨论和研究报告撰写等工作。广西大学商学院硕士研究生于保成，广西大学公共管理学院硕士研究生罗羽妍，广西大学商学院经济学专业张淑雯、经济学专业邹晓薇、工商管理专业董济彰，广西民族大学管理学院市场营销专业卜质质等先后参加实地调研、资料搜集、国别研究报告撰写。他们为上述课题研究和专著撰写做了大量认真细致的工作，付出了辛勤的汗水，本书才得以顺利完成。在此，谨向所有为上述课题研究、成果鉴定、论文发表、专著出版付出艰辛劳动和聪明智慧的同志以及评审专家表示衷心的感谢！

虽然我们根据课题要求不断修改完善，尽心尽力完成了课题研究工作并撰写成书，但是由于知识水平与实践经验所限，加之疫情期间收集国内外数据难度较大，本书仍然存在不少缺点与不足之处，敬请各位专家与读者批评指正。

张协奎

2021 年 2 月于广西大学